我家有個小小哲學家

從每天洗澡時、睡覺前、回家路上的
親子對話中，練習獨立思考的能力

NASTY, BRUTISH, AND SHORT
Adventures in Philosophy with Kids

史考特·赫修維茲 **Scott Hershovitz** ／著　閻蕙群／譯

CONTENTS 目錄

第2章 復仇：別人打我，我可以打回去嗎？

第3章 懲罰：為什麼我要停下來？

CONTENTS 目錄

Part 2

了解自己：為什麼我有這樣的身分？

第6章 性別：為什麼男女要分開比體育？

CONTENTS 目錄

Part 3 了解世界：每個人看到的都一樣嗎？

第9章 真理：有所謂的正確答案嗎？

CONTENTS 目錄

謹將本書獻給茱莉、雷克斯與漢克

好評推薦

「涵蓋所有人都需要的重要概念，說明完整又有新意和啟發性，若我在高中開哲學課，會拿這本書當課本。」

——朱家安，哲學作家

「在這本詼諧而博學的書中，作者赫修維茲將育兒與哲學交織在一起，並與我們分享他跟孩子激辯無限、道德和上帝存在等議題的有趣過程。」

——喬丹・艾倫伯格（Jordan Ellenberg），暢銷書《形狀》（*Shape*）作者

「這是本令人讚嘆的新書。作者藉由一系列問題，像是我們有權做什麼？什麼時候可以做這件事或那件事？帶領我們走完一趟遍覽經典與當代哲學的旅程，那些問題探討了懲罰、權威、性別、種族、真理、知識的本質、上帝的存在及生命的意義等議題，赫修維茲的表現可圈可點。」——

——萊恩・霍利得（Ryan Holiday），《回到自己的內心，每天讀點斯多噶》（*The Daily Stoic*）作者

「這本書既令我開懷大笑、同時又讓我陷入省思——而且經常是同一頁的內容。強烈推薦給每個有孩子的人，尤其是那些老想知道『為什麼』的孩子。」

——艾蜜莉・奧斯特（Emily Oster），布朗大學經濟學教授

「這是唯一一本我堅持每個人都要讀的育兒書，無論他們是否有孩子。赫修維茲是個很棒的人，精力充沛、富有同情心、耐心、睿智，而且非常非常風趣，即便他談論的是沉重或困難的觀點。我很感激有他做為榜樣，教我如何與孩子交談，如何與他們一起思考。」

——莫薇・安姆瑞（Merve Emre），《你是哪一型人》（*The Personality Broker*）作者

「幽默風趣，引人入勝。赫修維茲透過與兩個兒子的談話，帶著我們一起領略哲學中最棘手的一些問題：宇宙是永恆的嗎？我們真的什麼都知道嗎？可以說髒話嗎？你應該復仇嗎？本書是一本簡單易讀的哲學入門讀物，告訴我們如何與孩子一起討論這些深刻的話題，以及自己如何思

考這些問題。」

——潘蜜拉・杜克曼（Pamela Druckerman），《為什麼法國媽媽可以優雅喝咖啡，孩子不哭鬧》（*Bringing Up Bebe*）作者

「這是本讀來輕鬆愉快的哲學書，但歸根結底，作者想要教大家如何更好地愛你的孩子。你想珍惜他們、尊重他們、幫助他們學習嗎？那就加入他們與生俱來的奇思妙想，親子一同享受做哲學的樂趣吧！」

——亞倫・詹姆斯（Aaron James），加州大學哲學教授

「本書將教你如何把童年的無盡疑問，轉變成無盡的哲學奇蹟。」

——林貝瑞（Barry Lam），瓦薩學院哲學系副教授

「作者赫修維茲詼諧地講述他跟兩個兒子雷克斯和漢克在洗澡時、睡覺前、接送上下學途中的對話，向大家證明哲學其實像好奇又吵鬧的孩子，可以提供啟發性的見解。在他看來，最容易接受複雜性和同情心的心智，很可能屬於一個孩子，我覺得這個人很像聖修伯里（Antoine de Saint-Exupéry）經典作品中的小王子。而赫修維茲則像書中的狐狸形象，牠告訴小王子（也告訴

我們）牠的簡單祕密——『只有用心才能洞察一切，最重要的東西，用眼睛是看不見的』。」

——全美公共廣播電台（NPR）

「作者赫修維茲將機智和智慧融入這本輕鬆有趣的哲學遊記中，並藉由與兩個兒子的對話證明了『任何人都可以做哲學，孩子當然也行』。有趣的軼事俯拾皆是，赫修維茲展示了如何透過認真對待孩子、教他們提問、鼓勵他們探索世界來吸引他們學習——成年人則可以從孩子身上學習到這些事。這本真誠又睿智的書，讓哲學擺脫了只屬於學術界之象牙塔的成見。」

——《出版人週刊》（*Publishers Weekly*）

「既滑稽可笑（多年來，漢克一直假裝不懂字母表讓爸爸擔心），又意味深長（四歲的雷克斯說『我認為，真實的上帝是假裝的，而假裝的上帝是真實的』），一本寓教於樂卻又認真嚴肅的哲學入門讀物。」

——《柯克斯書評》（*Kirkus Reviews*）

前言

在親子對話中，支持孩子成為思考者

滿嘴都是牙膏泡泡的漢克，在浴室裡口齒不清地大喊著：「我西要一個鵝鞋嘎。」

「你要什麼？」茱莉問。

「我西要一個鵝鞋嘎啦。」

「你漱口了嗎？」

漢克變得更激動了：「我西要一個鵝鞋嘎。」

「你先漱口啦。」

「我要一個鵝鞋嘎啦！」漢克還是不停要求著。

「史考特！」茱莉喊，「漢克需要一個哲學家啦。」

我是個哲學家，但從來沒有人需要我，我急忙跑到浴室：「漢克，我是個哲學家，你需要什麼？」

他張著嘴顯得很疑惑：「你不是鵝鞋嘎啊。」

「漢克，我是個哲學家，這是我的工作，你有什麼困擾？」

他仍舊張著嘴且滿臉疑惑，但沒有再說什麼。

「漢克，你哪裡不舒服？」

「偶的牙齒裡卡惹一薛東西！」

哦，原來漢克需要的是那種上面勾著一小段牙線的牙線棒啦，對於一個亟需解決口腔問題的兩歲幼童來說，牙線棒確實是他需要的東西，哲學家則不是；哲學家並非大家生活中的必需品，而人們很喜歡向哲學家指出這一點。

跟哲學家聊天有趣極了

「哲學家到底是做什麼的？」

「呃……我們主要是在思考啦。」

「思考什麼？」

「幾乎所有的事情啊，正義、公平、平等、宗教、法律、語言……」

「我也想過這些事情，那我是個哲學家嗎？」

「可能是吧，那你是很認真地在思考嗎？」

上述場景其實只是我的想像，我經常想像著，要是有個陌生人問我是做什麼的，我多半會說我是個律師；但如果對方是個律師，我就會說我是個法學教授，以自抬身價；但如果我遇到一位法學教授，我就會說我是個哲學家；但如果我遇到一位哲學家，我的身分就會變回律師。這是個精心設計的騙術，能讓我在任何談話占上風。

但我確實是個哲學家，而且到現在我自己都還難以置信，因為我並未立志成為一名哲學家。當年，我在喬治亞大學念大一時，之所以會選修哲學入門，是因為心理學入門滿額了；要是當年可以選修心理學入門，說不定我現在就是一名心理學家，然後寫了一本充滿實用建議的育兒書。

雖然本書中確實也有育兒經，但大部分恐怕沒那麼實用。其實我最主要的建議就是：**跟孩子聊天有趣極了（包括你自己的孩子及其他人的孩子），跟優秀的哲學家聊天也是如此**。

當年，我還錯過了哲學入門的第一堂課，因為正好遇上我們猶太人的新年，不過第二節課我便準時出席了，而且才上到第二個小時，我就為之深深著迷。我們的教授克拉克．沃爾夫（Clark Wolf）詢問每個人最看重什麼東西，他在教室裡轉了一圈之後，便把大家的答案寫在黑板上（見下頁），下面寫上我們的名字，最下面是曾經說過類似答案的著名哲學家的名字。

幸福	羅賓、萊拉	亞里斯多德
愉悅	安妮、艾力克斯	伊比鳩魯
做正確的事	史考特、奈拉吉	康德
虛無	維賈伊、艾德里安	尼采

看到我的名字出現在黑板上，不禁令我覺得自己對重要事物的看法說不定很重要——我搞不好可以跟人聊聊亞里斯多德、康德、尼采這幾位哲學大師呢。

這個想法很瘋狂，而且我爸媽並不支持。我記得當時我們正在一家烤雞店用餐，我坐在我父親對面，跟他說我打算主修哲學，他問：「什麼是哲學？」這是個好問題，他之所以不懂哲學是什麼，是因為當年他修課時，心理學剛好還剩一個名額，於是那就成了他的主修。這時，我發現我也有個問題：我明明已經上了好幾星期的哲學課，但我也不知道答案。於是我開始尋思，**哲學是什麼？我為什麼要研究它？**

我決定示範給我爸爸看，而不是直接告訴他答案：「您看啊，我們認為此刻我們正坐在餐廳裡吃烤雞，並且聊起我的學習情況。但萬一這不是事實呢？其實是有人偷了我們的大腦，並把它們放在一個桶子裡，還把我們的大腦連上電極、並給予刺激，好讓我們以為我們正在吃烤雞，並討論我的大學主修。」

「他們辦得到嗎？」他問。

「我不認為他們能做到，但那不是重點，重點是我們怎知道他們沒有這樣做？我們怎麼知道自己不是桶子裡的大腦、幻想著自己正在吃烤雞大餐？」

「這就是你想研究的東西？」他臉上的表情不是鼓勵。

「是的，我的意思是，你不覺得我們該擔心嗎？我們以為自己知道的一切，其實有可能都是錯的。」

他並不覺得有什麼好擔心的，當時《駭客任務》（*The Matrix*）系列電影尚未問世，所以我無法訴諸演員基努．李維（Keanu Reeves）的權威，來奠定問題的緊迫性。我嘮嘮叨叨地又說了好幾分鐘關於桶中大腦的問題後，隨口提到：「哲學系還開了好幾門邏輯課。」

「很好，」他說，「我希望你多多選讀那些課程。」

每個人小時候都曾是哲學家

我剛說過，我迄今不敢相信自己居然真的成了一名哲學家，但其實更令人難以置信的是，我「仍然」是個哲學家——不論是在當年的那頓晚飯或是在那之前，我父親都不曾阻止我成為一名哲學家。**因為打從我會說話的時候起，我就是個哲學家了，而且不只我一個人這樣，每一個孩子都是個哲學家**；但是等他們長大後就不再是了。所謂的長大，說不定就是不再研究哲學，而是開始做一些比較務實的事情。如果真是如此，那我其實不算完全長大，這點認識我的人都不會感到驚訝。

其實我爸媽也曾試著導正我，我生平第一次思考一個哲學謎題是在我五歲的時候。當時，我念的是我們猶太人社區的幼兒園，我在團體活動時間忽然想到了這個問題，而且我想了一整天。好不容易等到放學家長接孩子回家的時間，我急忙跑去找我媽，她在走廊另一頭的學前班教課。

「媽咪，」我說，「我不知道紅色在你眼裡是什麼樣子。」

「你怎麼會不知道，它看起來就是紅色的呀。」她說。

「對……呃，不對，」我結結巴巴地說，「我知道紅色對我來說是什麼樣子，但我不知道它對你來說是什麼樣子。」

她看起來很困惑，可能是因為我沒有把話說清楚，畢竟我當時才五歲嘛，但我還是很努力地想讓她明白我的意思。

「紅色看起來就像那樣。」她指著一個紅色的東西說。

「我知道那是紅色的。」我說。

「那你還有什麼問題？」

「我不知道紅色對你來說是什麼樣子。」

「它看起來就是那樣。」她顯然被激怒了。

「沒錯，」我說，「我知道紅色對我來說是什麼樣子，但我不知道它對你來說是什麼樣子。」

「它看起來是一樣的，寶貝。」

「你不懂啦。」我還是很堅持。

「不，我懂，」她又指了某個東西說，「那就是紅色的，對吧？」

她還是沒聽明白，所以我也沒放棄，試著向她解釋：「我們把同樣的東西都叫做紅色，因為你指著紅色的東西，告訴我它是紅色的，但如果我看到紅色就像你看到藍色一樣呢？」

「但你沒有啊，那是紅色，不是藍色，對吧？」

「我知道我們都說它們是紅色，」我說，「但你看到的紅色可能就像我看到的藍色。」

我不知道我們在這件事上討論了多久，但我媽一直沒搞懂我提出的觀點（老媽，如果你看到這篇文章，我很樂意再試一次）。不過我清楚記得她在結束談話時說：「別再擔心這個了，這並不重要，你看得很清楚。」

那是第一次有人告訴我別再搞哲學了，而且那並非最後一次。

任何人都可以做哲學

當時我纏著我媽非要問清楚的謎題，被哲學家稱為顛倒色覺（shifted color spectrum）[1]，雖然許多人公認這個概念出自於十七世紀的英國哲學家洛克（John Locke，他的思想影響了美國憲法的制定者），但我敢打賭在他之前，早就有成千上萬的幼兒園孩童想到了。（這是真的，著名的心靈哲學家丹尼爾．丹內特〔Daniel Dennett〕就曾說過，他的許多學生都記得他們小時候曾問過爸媽這個問題，只不過爸媽根本搞不懂他們在說什麼，也沒能看出這件事究竟有什麼意義。）[2] 但這道謎題其實是很有深意的：它是個視窗，讓我們得以了解這個世界，以及我們在其中的位置。

以下是洛克對這道謎題的解釋：

> 如果……同一個物件竟然同時在好幾個人的腦中產生了不同的想法，比方說一朵紫

> 羅蘭，透過某人的眼睛在此人的腦中產生的想法，與萬壽菊在另一人的腦中產生了相同的想法，皆不可斥之為虛假不實，且反之亦然。[3]

我知道各位心裡在想什麼。如果看過這段話的英文原文，你們肯定會覺得自己五歲時的英語程度比洛克高明多了，至少不會瘋狂地把字母大寫。請各位放心，我不會再引述一堆早已作古的哲學家的名言了，因為本書想要宣揚的重點是：**任何人都可以做哲學，甚至孩童也可以**。畢竟，連一個沒讀過洛克的幼兒園孩子都能提出哲學問題，我們當然也行。

但我們確實讀過洛克，現在就來看看自己到底讀懂這段話了沒。他究竟在說什麼？在這段簡短的敘述中，其實潛藏著許多謎團：關於顏色的本質，關於意識的本質，以及我們很難（或無法）用語言文字來描述我們的某些經驗。我們稍後會再回過頭來探究其中的一些奧祕，不過，剛剛提到的最後一點指向了一個更大的擔憂：**別人的思想對我們而言，基本上是封閉的**。

其他人眼中的世界可能與我們不同，而且這不僅是用來比喻他們對爭議性的議題有不同的意見，他們可能真的是以不同的方式看待這個世界。如果我能進入你的大腦、透過你的眼睛、用你的大腦來觀察——我說不定會發現，從我的角度來看，一切都是顛倒的：停車標誌看起來是藍色的，而天空看起來是紅色的。但也有可能兩者的差異相當微小，例如僅差一個色階，或是較為鮮豔明亮一些。

但因為我無法進入你的腦中，所以我無從得知這個世界在你眼中會是什麼模樣，我甚至不知道這世界在我最熟悉的人——我的妻子和孩子——眼裡是啥模樣。

這是多麼孤寂的想法啊，如果洛克是對的，那我們豈不是被困在自己的腦袋裡？根本無從得知其他人的經驗，我們只能猜想那些經驗會像什麼樣，但無法確知。

我認為，許多幼兒園的孩子會萌生此想法並非偶然，因為這個年齡段的孩子正在努力想要理解別人、想要讀懂別人的心思，如果你搞不懂別人的想法，你在這個世界上恐怕會寸步難行。

我們既要有能力預測別人可能採取的行動，還得有能力預測他們會對我們的行動做出什麼樣的反應；為此，孩子們不斷萌生與測試相關的理論，來理解周遭人的信仰、意圖和動機。孩子們當然不會這樣說，他們所做的事情並非出於反射動作，他們把內附吸管的兒童用塑膠水杯，從高腳椅扔到地上的行為，同樣不是反射動作，而是個兼具物理學和心理學意涵的實驗。（水杯肯定會掉下去，也一定會有人把它撿起來。）

我不知道為什麼，那一天我會在幼兒園裡思考那個顏色問題，但我再三思考後便發現：我無法讀懂別人的心思。雖然我只要觀察我媽的行為模式，就可以了解她的信仰、動機和意圖，但無論我怎麼做，我都無法得知她看到的紅色是否跟我一樣。

我們會回頭討論這個問題，而正如我所說的，那是一扇得以端詳這世界之最深層奧祕的窗子，孩子們時時刻刻都透過這扇窗在端詳世事，但大多數成年人卻都已忘了它的存在。

問題是怎麼憑空出現的？

當我說孩子們總是透過那扇窗戶仔細端詳世事時，人們都會抱持懷疑的態度，他們會反駁我：「你可是在小時候就想出了顛倒色覺的概念，而且你長大後也確實成了一名哲學家。」所以，他們認為這種事情對一個孩子來說並不正常，要是我沒孩子，我可能會相信他們說的話，但我有兩個兒子，前面提過的漢克，以及比他大幾歲的雷克斯。雷克斯在三歲的時候，就開始說一些跟哲學有關的事情，而且他壓根沒見過這些問題。

隨著孩子們日漸長大，他們的言談動不動就會跟哲學扯上關係。例如某天，茱莉問當時八歲的漢克午餐想吃什麼？她給他兩個選項：炸玉米餅，或是前一晚剩下的漢堡，漢克在這兩個選項之間猶豫不決，那為難的程度，你會以為我們是在問他如果爸媽同時落水了，他會先救哪一個。（其實他立刻就能回答這個問題，而且答案對我不利。）

過了好一會兒，他終於說了：「我要吃漢堡。」

茱莉回答：「好，漢堡就在桌上。」漢克每次都選漢堡。

但漢克對事情的發展很不滿意，而且還開始哭了。

「怎麼啦，漢克？」我問，「你不是想吃漢堡嗎？」

「媽媽根本沒有讓我做決定。」他說。

「她有啊，是你自己說要吃漢堡的，而且也給你漢堡了啊。」

漢克說：「她根本沒有讓我做決定，她早就猜到我想吃漢堡。」

「是啊，她猜對了。」

漢克依舊不依不撓：「這太侮辱人了。」桌上的漢堡都放到涼了，他還在哀嚎。

接下來的那一週，我的法律哲學課剛好上到預先懲罰（prepunishment）——指在排除合理懷疑的情況下，如果我們知道某人會犯罪，我們就可以在此人犯罪之前對他進行懲罰。有些人懷疑，我們有能力做出夠好的預測，而確知某人可能會犯罪嗎？其實我並不這麼認為，不過，還有另一種反對意見所持的理由跟漢克很像。

有些人說，當一個人還未做出決定，你就把他當成已經做出決定（因為你已經知道他會做出什麼樣的決定），這樣是很不尊重人的，因為情況會因為他的決定而有差別，而且在他做出決定之前，他仍可自由選擇不同的方向，即使你知道他不會。你能預測到他會怎麼做，這是否暗示他其實並沒有做決定的自由意志？

我把漢克的事情告訴了我的學生，我們討論了他覺得不被尊重的想法是對是錯，許多人認為他是對的。

我在教學時經常這樣做，我會分享兒子的事，藉以說明我們正在討論的議題，並討論孩子們的說法是否正確。我跟同事交流時也會這樣做，因為孩子們給了我很棒的例子，所以，現在雷克斯和漢克在法律哲學圈中小有名氣。

這些年來很多人告訴我，我家孩子跟一般孩子不一樣——他們之所以做哲學，是因為他們有個哲學家父親，但我並不這麼認為，**他們的想法往往是憑空出現的，而非源於我們的任何對話**。

譬如說，某天我們在吃晚餐時，四歲的雷克斯突然很擔心他這輩子是否一直在做夢？這個問題其實也困擾哲學家們很久了，但重點是沒有任何一個人曾問過雷克斯這個問題，也不曾有人在他身邊討論過這個問題。（我們會在第八章探討知識的本質時，再深入討論這個問題。）若硬要說我的孩子跟其他孩子有什麼不同，我想應該是：**我會注意到他們正在思考哲學問題，而且我會鼓勵他們**。

我從美國哲學家加雷斯・馬修斯（Gareth Matthews）的著作印證了我的觀點，這位哲學家把他的一生都奉獻給了孩子，可惜他已在二〇一一年去世，當時雷克斯只有一歲。我好希望當時有機會親自向他求教，因為馬修斯比任何人都更了解孩子們的哲學能力。

馬修斯的研究契機和我一樣，是受到那些極富哲理的童言童語所啟發。例如他家的貓毛毛身上有跳蚤，他女兒莎拉（四歲）問馬修斯，毛毛身上的跳蚤是怎麼來的。[4]

馬修斯告訴女兒，跳蚤肯定是從另一隻貓身上跳到毛毛身上的。

「那麼那隻貓身上的跳蚤又是哪來的呢？」莎拉問。

馬修斯說，肯定是從另一隻貓身上來的囉。

「但是爸爸，」莎拉鍥而不捨地追問，「事情不可能這樣一直下去的，只有數字能像這樣永遠延續下去！」

當時，馬修斯正在教宇宙論的論證（cosmological argument），課程的內容旨在證明上帝的存在。[5] 這個論證有許多版本，有些相當複雜，但基本思想還挺簡單的：每一個事件都有一個原因，但我們不可能永遠往回推，所以最初肯定有個無因的第一因（First Cause），有些人主張那就是上帝——其中最有名的學者就是中世紀神學家湯瑪斯·阿奎那（Thomas Aquinas）。

但這種論證是有問題的，為什麼因果鏈必須結束？宇宙說不定是永恆的，兩端都是無盡頭的；況且，即便真有個第一因，憑什麼認定它就是上帝？不過此論點是否說得通並不重要。（我們會在第十二章討論上帝是否存在。）**重點是莎拉竟然神複製了它的邏輯**，馬修斯寫道：「我正在教大學生們第一因的論證，而我的四歲女兒卻自己想出了第一跳蚤的論證！」[6]

莎拉的表現令馬修斯大吃一驚，因為他略懂發展心理學，根據瑞士知名的認知發展心理學家皮亞傑（Jean Piaget）的理論，莎拉應該處於前運算階段（pre-operational stage）[7]，顧名思義，這個階段的孩子還不會運用邏輯*[8]，但是莎拉的邏輯非常精妙，比宇宙論的論證更有說服力，無論你對原因的無限回歸有什麼看法，你都很難想像貓咪能無限回歸。

我能聽到各位的心聲：因為馬修斯也是個哲學家，所以他家才會出個小哲學家，因此他家的情況並不適用於一般的孩子。但其實馬修斯不只觀察自己的孩子，他還跟許多一般家長交談，並且得知很多孩子也有類似的故事。[9] 於是，他開始走訪各個學校，親自與更多的孩子交談，他會讀一些能引發哲學問題的故事給孩子們聽，然後聆聽孩子們的辯論。

在馬修斯敘述的故事中，我最喜歡的是一個名叫伊恩的小男孩的事，某天，另一個家庭來伊恩家拜訪，而這家人的三個孩子一直霸占電視遙控器，使得伊恩無法看他喜歡的節目。客人離開後，伊恩問媽媽：「為什麼三個人的自私要勝過一個人的自私？」[10]

我很喜歡這個問題，它是如此簡單明瞭，卻又充滿顛覆性，許多經濟學家認為，公共政策應該滿足最多人的喜好，部分哲學家也這麼認為。但伊恩卻要大家省思：**如果人們的喜好完全是自私自利的，我們應該在意這些喜好嗎？**這其中還潛藏著對民主的挑戰，假設伊恩的母親主張大家投票來決定要看什麼，真的是解決這個問題的好方法嗎？畢竟，最終很可能仍是那幫自私的孩子獲勝。

但我不這麼認為，如果伊恩是我的孩子，我會解釋說，因為來者是客，所以我們讓客人選擇看什麼，這是待客之道，而不是因為他們人多；所以即使投票的結果是轉台，我們也會讓客人看

* 馬修斯記錄了幾個皮亞傑根本不理解孩子們在說什麼的事例，因此錯過了他們思想的精妙之處，問題往往出在皮亞傑的創造力不如孩子們。

他們想看的節目。

那民主呢？這部分我們以後會再細談，因為雷克斯認為我們家應當團結一致，所以現在我只想說：民主不應該是人們自私偏好的總和，選民應該熱心公益，他們應該追求促進共同利益和重要價值觀，例如正義和公平，而非個人的私利。不過，請不要誤會我的意思，雖然民主制度沒能實現此一理想，但我還是相信它的，不過我和伊恩同樣認為，讓更多人自私行事只會產生更多的自私，這不是一個好的決策方式。

伊恩的母親對他的問題感到困惑，不知該如何回答，我猜大多數成年人都是如此。**小孩子經常會質疑大人們認為理所當然的事情**，這就是他們能成為優秀哲學家的原因之一，馬修斯指出：「思考哲學所需的思無邪（naiveté），對孩童而言是渾然天成，成年人則需要努力培養。」[11]

至少對幼童來說是如此，馬修斯發現，**「自發性的哲學探索」**[12]**在三到七歲的孩子間相當常見，但是等孩子到了八九歲，似乎就會放慢腳步**；[13]為什麼會這樣？原因不得而知，有可能是他們的興趣轉移了，也可能是他們感受到來自父母或同齡人的壓力，不能再問一些幼稚的問題。不過馬修斯也發現，超過這個年齡段的孩子，很容易就能進行哲學對話，而且他們巧妙的推理方式令馬修斯相當震驚，他聲稱孩童在某些方面的哲學見解，甚至比成年人更高明。

偶爾傻一回，重拾好奇心

我猜各位可能很不以為然。兒童發展的概念，似乎預示著孩子的思想會隨著年齡的增長，變得更加成熟與複雜。但馬修斯發現事實恰好相反，至少在某些技能方面是如此。*馬修斯發現，孩子們會以「最有想像力的成年人也難以匹敵的新鮮感和創意」[14]來研究哲學，而這份新鮮感源自於孩子們發現世界是個令人困惑的地方。

幾年前，有個名叫蜜雪兒・丘納德（Michelle Chouinard）的心理學家聆聽了幼兒與父母相處時的錄音，她在兩百多小時的錄音中，聽到了將近兩萬五千個問題。[15] **這意味著孩子每分鐘會提出兩個以上的問題，且其中有四分之一是在尋求解釋，孩子們想知道「如何」或「為什麼」**。

孩子們很喜歡把事情弄個明白，另一項研究的研究人員發現，那些在如何或為什麼的問題上得不到答案的孩子，會自行編造出答案。[16] 而且即使他們得到了答案，他們也未必滿意，他們要麼繼續提問另一個為什麼，要麼直接質疑大人提供的解釋。

* 我們將會在本書第十章中看到，許多發展心理學家現在都同意馬修斯的觀點：孩童的思想確實跟成人不一樣，但並無孰優孰劣之分。

而孩童是優秀哲學家的最重要原因是，**他們並不擔心自己看起來很傻，而且他們還不知道「嚴肅的人不會在某些問題上花時間」**。馬修斯是這麼解釋的：

> 哲學家會問：「時間是什麼？」[17]但一般成年人早就認定自己的知識水準已經無須再問這種問題，他們只想知道，是否有足夠的時間去做本週的採買，或是去拿一份報紙；他們會問現在幾點，但他們絕不會問：「時間是什麼？」聖奧古斯丁（St. Augustine）說得好：「時間是什麼？要是沒人問我，我就知道時間是什麼；但是要我向提問者解釋，我就會感到困惑。」

多年來，我一直試著回答一個聽起來同樣愚蠢的問題：「法律是什麼？」我是名法學教授，我在密西根大學的法學院和哲學系都有開課，所以各位肯定認為我該知道答案。但老實說，大多數的法律人會像聖奧古斯丁那樣，在你提問之前，我很清楚法律是什麼，可一旦你提問了，我就不知該從何說起。

我的大多數同事都很樂於忽略自己的無知，他們有重要的事要做。我知道他們覺得我很傻，因為我在這個問題上鑽牛角尖，但我認為，有時候我們就該像這樣傻一回。**我們應該暫時從現實

的問題中抽身，像個天真無邪的孩童般思考，如此一來，既能重拾對世界的好奇心，還能提醒自己，我們對世界的了解其實很少。

是藝術，也是遊戲

雷克斯升上小二的第一天，老師要全班同學寫下長大後想做什麼，然後把孩子們寫下的理想職業整理成一份清單，寄給家長。雖然她並沒有說明哪個孩子想從事哪種職業，不過要從名單中看出雷克斯的目標並不難，因為清單上有幾個未來的消防員、幾名醫生、幾名教師，以及為數多到驚人的工程師，但只有一個「數學哲學家」。

那天晚上吃飯時，我問了雷克斯我迄今仍然無法回答的問題：「老師說，你想成為一名數學哲學家，哲學是什麼？」

雷克斯僅僅想了半秒鐘就回答：「**哲學是一種思考的藝術**。」

我打電話給我爸爸：「老爸，你還記得當年我第一次從大學回家的時候，我們在那家烤雞店吃晚飯的事嗎？我跟你說我想研究哲學，你問我哲學是什麼，我現在知道答案了！」

但我爸不記得了，而且他也不是很在意。不過雷克斯是對的，哲學確實是一門思考的藝術，哲學謎題則是為了讓我們更了解自己和世界，而去認真思考這兩者。

成人和孩童探索哲學的風格不同，成人中規中矩，孩童天馬行空、較有創意；成人博學多聞，但孩童能幫助大人明白自己其實所知有限。相較於孩子們滿滿的好奇心和勇氣，成年人顯得過於謹慎和封閉。

任教於史丹佛大學的大衛・希爾斯（David Hills），將哲學描述為「試圖用律師慣用的方法，笨拙地解決那些對孩童來說再自然不過的問題」。[18] 這段話對專業哲學做了貼切的描述，卻也做了沒必要的分工，成人和孩童其實可以一起研究和探討哲學。

我們確實應該這樣做，因為孩子和成人之間的對話，可以為彼此帶來不同的想法。[19] **哲學其實也算是一種思想遊戲，**[20] **我們不僅應該以孩童天真無邪的方式思考，而且我們應該跟他們一起思考。**

逐步了解道德、自己與世界

雖然本書的靈感來自於孩童，但並非以孩童為受眾，他們其實是我的特洛伊木馬，我想教化的不是孩童，而是各位成年人。

不論是否有家長的陪伴，孩子都會研究哲學，但我還是希望本書能讓各位讀者願意再試一次，但願透過幫助各位看到潛藏在日常生活中的各種哲學問題，並提供相關的知識，能讓各位家長有信心跟孩子們談論哲學。

我將分享很多我兩個兒子雷克斯和漢克的故事，有時他們會注意到一個謎題，並試圖解開它；有時則是在不知不覺中，他們所說或所做的事情，碰巧跟某個哲學謎題不謀而合。還有一些則是我們親子意見不同的故事，最終透過哲學的觀點，讓我們明白是哪裡出了錯。

有時，我們會和孩子們一起思考；有時，我們需要從大人的角度獨自思考他們提出的問題；有時，我們會想念他們，幸好兒子們始終不會離得太遠，因為他們有很多話要說。

雷克斯和漢克將帶著我們遊覽當代哲學，不過，就像許多最棒的旅行一樣，這趟哲學之旅也挺奇特的。我們不但會遇見養兒育女過程中常見的問題，例如：權威、懲罰和上帝，也會碰到雷克斯和漢克感興趣的主題，例如：宇宙的大小。不同的孩子會對不同的事物感興趣。

一些家長聽到我要撰寫本書時，通常會分享他家的孩子提出的問題，有些問題頗為驚人，例如有個小女孩曾一連數週，在每晚睡覺前問她的母親：「為何日子一天接著一天不斷到來？」[21]她的媽媽解釋了地球的自轉，但她顯然對機制不感興趣；所以如果是我，我會告訴她基督教思想家主張的「物質不斷創生論」（continuous creation）[22]，即上帝在創造了世界之後，仍不斷在創造。其實我也沒把握這個答案能否讓她滿意，因為她的問題有可能來自於某個黑暗處——源自於她對世界的憤怒，以及她所遭遇的情況。

幸好我兒子並不黑暗，至少現在還不是，但他們一直對世事充滿好奇心，所以我們的討論會涉及很多方面。本書分成三大部分，第一部分是「了解道德」，我們將探討權利是什麼，以及如何才能推翻這些權利；我們還要學習如何應對錯誤行為，以及是否該有仇必報；我們還將了解懲罰的定義，以及我們為什麼要這樣做；然後我們將挑戰權威，思辨「因為我說了算」能否成為父母要求孩子服從命令的理由。最後，我們將思考我們不應該說的那些話——髒話。（我要警告各位，我說了不少髒話，但請別太苛責我，我會在第五章好好替自己辯護。）

第二部分是「了解自己」，我們將探討身分的問題，還會探討性別和種族議題，道德議題當然也在討論之列，我們會省思性別在體育賽事中應該扮演的角色；在探討種族議題時，我們會一併討論它是不是一種責任的基礎——政府是否該為奴隸制度和種族隔離做出賠償。

第三部分是「了解世界」，首先登場的是知識，我們將跟雷克斯一起思考，我們這輩子是否一直都在做夢，懷疑論將會是其中的重頭戲，因為有不少人擔心我們其實什麼都不懂。接下來我們將思考真相，包括世上是否真的有牙仙。然後我們想搞清楚意識是什麼、宇宙是否無限大，這趟旅程的壓軸好戲則是上帝是否存在。

時時抱持懷疑，把事情想清楚

我們行進的速度頗快，至少對哲學家來說是這樣，因為我們在本書中討論的任何一個主題，各位都可以窮一生之力來研究；所以我們只能儘量提綱挈領、抓住重點，但願各位讀者的哲學功力能在讀完本書時順利大增，將來遇到任何難得要命的哲學謎題時，都有能力靠自己，或是跟孩子一起解開謎團。而這正是我喜歡哲學的原因之一：**你可以在任何時候、任何地點，與他人共同討論，或是獨自一人思考，你所要做的就只是把事情想個清楚罷了。**

為了達到上述目的，我希望你在閱讀本書時，跟閱讀其他許多書籍時會有些不同。大多數非虛構作家總希望讀者相信他們在書中所說的事，他們希望你能接受他們的權威，並採用他們的方式來看待世界。

但我並不想這樣，我雖然也想說服各位採用我的方式來看待世事，但其實我很高興各位有不同的想法——只要你經過深思熟慮即可。事實上，**我建議各位對我提出的論述抱持懷疑，不要認為我說的都是對的，而應該假設我在某處出了錯，看看你能否找出破綻。**

但是我要拜託各位，千萬不要為了反對而反對；如果你認為我錯了，就找出我錯在哪裡，並想想我可能會說什麼來回應，而你要怎麼回答，然後我又會怎樣反駁，以此類推，直到你覺得你再也學不到任何東西為止。**還有不要太快放棄，因為走得越遠，你就懂得越多。**

這就是哲學家的工作方式（至少成年的哲學家是如此）。我常告訴學生，當你反對另一位哲學家的看法時，你應該認為她已經想到了，而且她認為這個想法錯得離譜，甚至不值得一提，然後你再仔細推敲為什麼會這樣。如果你非常認真地推敲了，還是弄不明白你哪裡有錯，那你就該把此事告訴其他人，這麼做的目的是要養成一個習慣：**對待自己的想法，要像對待其他人的想法一樣嚴格**。

我就是以這種態度跟我兒子交流意見的，我們家不會像一般美國人那樣對孩子說「你有權發表你的意見」，而是「你必須為你的意見辯護」。我會問我兒子一堆問題，然後質疑他們提出的答案，所以他們必須對自己的想法進行批判性思考。這有時會令他們很火大，但我認為這是育兒過程的一個重要部分。

現在的家長多半都很支持孩子的興趣，還會幫助他們發現新的興趣，我們讓他們接觸藝術、文學和音樂，鼓勵他們嘗試各種運動，我們和他們一起做飯、一起跳舞，我們教他們科學知識，帶他們探索大自然。但是很多家長忽略了一件事：**支持孩子成為一個思考者**，因為他們並不認為這是他們的分內事。

但在這本書中，各位家長將會學到很多方法，來支持你的孩子成為一個思考者，**最簡單的方法就是提出問題和質疑他們的答案，但千萬別以老師自居**。

賈娜・莫爾・隆恩（Jana Mohr Lone）是華盛頓大學兒童哲學中心的負責人，她跟馬修斯一樣拜訪過許多學校，與許多孩子談論哲學。但她並不教他們哲學，而是和孩子們一起討論哲學，兩者的差異看似不大但很重要。[23]孩子們已經有能力討論哲學了——在某些方面的表現甚至比家長更好，所以家長要把孩子當成合作者，認真看待他們的想法，試著與他們一起解決問題，而非幫他們解決問題。這在你們談論哲學時應該不難辦到，因為你很可能也不知道答案。

然後是我的最後一個請求：把你的成年人感性放在一邊，大多數成年人都像我父親那樣，對哲學家苦思的各種謎題毫無耐性，因為那些哲學謎題一點都不實用。整日杞人憂天是不會幫你把衣服洗好的，但我還是希望我跟孩子們能翻轉這個劇本，哪怕只有一陣子也好。但話又說回來，要是世界真的不像它看上去那樣，幹麼還忙著洗衣服咧？

雷克斯和漢克一直搞不懂，為什麼要用《糟糕、野蠻又短命》（*Nasty, Brutish, and Short*）做為這本書的原書名，大家之前可能聽過這幾個字，它們出自英國哲學家湯瑪斯・霍布斯（Thomas Hobbes）的著作，他與洛克算是同世代的人。霍布斯想知道世間如果沒有任何政府——哲學家稱之為「自然狀態」（state of nature）——人的生活會是什麼樣子；霍布斯認為自然狀態非常可怕，它會是「人與人互相對抗」[24]，所以，在自然狀態下的生活會是「孤獨、貧窮、糟糕、野蠻又短命」[25]。

我是不懂自然狀態啦，但是用「人與人互相對抗」來描述一個有小孩的家庭，還挺恰當的。

我們算是很幸運，我們的生活既不孤獨也不貧窮，但我們的孩子確實挺糟糕、野蠻，而且身材短小。

不過他們其實也有可愛、善良的一面，說實話，雷克斯和漢克超級可愛和善良，但因為所有的孩子都有糟糕和野蠻的時候，所以我們要思考復仇的問題，並探討是否可以透過懲罰來打造出更美好的生物。

對於這樣的「人設」，孩子們倒是不以為意，至少是部分接受啦。

我問漢克：「你是個糟糕的野蠻人（brutish）嗎？」

「我還滿糟糕的，」他說，「但我不是英國人（British）。」

雷克斯想說服我採用另一個書名——《不糟糕也不野蠻，只是短小》，在遊說失敗後，他拜託我答應讓他用這個標題當作他的部落格名稱，所以各位要注意了，他有可能會出現在你附近的網路上。

不過，現在他跟他弟弟漢克只是這場秀的明星，他倆是我認識的哲學家當中，最搞笑的一對活寶，並且給我帶來最大的樂趣。

Part
1

了解道德

維繫社會的準則，可以推翻嗎？

第 1 章

權利

爲什麼不能
全照我想的做？

我很喜歡放洗澡水，但不是我自己要泡澡，因為我是個在上世紀社會化的直男，所以我不泡澡，而且我的情緒表達也很簡單。但我兒子喜歡泡澡，而且必須有大人幫他們放好洗澡水，所以我會儘量爭取做這個工作。

為什麼？因為浴缸在樓上，而樓下是個吵翻天的瘋人院，當孩子越來越疲憊時就會越來越躁動，他們的自制力蕩然無存，吵嘈程度直逼搖滾音樂會。一下子有人大喊著該練琴了，或是沒時間練琴了；接著有人大喊我們還沒吃甜點，或是我們已經吃過甜點了，但是弟弟把甜點沾到衣服上了；再來是莫名其妙地尖叫，尖叫是宇宙的常態。

像這種時候，我就會選擇遁逃到樓上。「我去幫漢克放洗澡水囉。」說完後立刻衝上樓，接下來便是我一天中最美好的時光，我關上浴室門，打開水龍頭，用手試試水溫，不能太熱也不能太冷。我來來回回地用手攪水，好像真有辦法把水調到適溫，但不管我多用心，最後水溫總是被嫌太熱或太冷，因為孩子拒絕接受不矛盾法則。雖然我的服務注定無法讓太子爺滿意，但我很淡定，因為在浴室裡聽不見尖叫聲，我可以坐在浴室的瓷磚地板上，與我的思想獨處（其實就是手機啦）。

但我老婆識破了我的詭計，所以有時她會先發制人：「我來幫漢克放洗澡水。」這句話立刻令我的靈魂崩潰，因為她是個在上世紀社會化的直女，所以她會白白浪費這個獨處的大好機會。她打開水龍頭開始放水後，不是趁著水滿前的空檔滑手機，而是跑去做其他家事，例如洗衣服。

我知道我應該慚愧，但獨處真的是為人父母者負擔得起的最佳奢侈品，反正，總得有人享受這段忙裡偷閒的時光，要是老婆大人沒空享受，那就我來囉。

正當我坐在浴室的地板上滑手機時，朦朧間感覺到樓下的騷動程度更勝於平時，五歲的漢克正在哭天搶地，肯定是發生了天大的小事。浴缸的水也快滿了，我只好把水龍頭關掉，寧靜時光到此為止。

我在樓梯上大喊：「漢克，洗澡水放好了。」

沒有回應。

我在他的尖叫聲中又喊了一次：「漢克，洗澡水放好了。」

他哥哥雷克斯非常滿意地接著喊道：「漢克，洗澡水放好了。」

接著他媽媽很生氣地喊道：「漢克，**洗澡水放好了！**」

然後我聽到了嗚咽聲，小傢伙正一步一步慢吞吞地爬上二樓，精神恍惚地走進浴室。

我試圖讓他平靜下來，輕聲地對他說：「漢克，怎麼啦？」沒有反應，我更輕聲地問他：「漢克，發生什麼事了？」他還是一副要死不活的樣子，我幫他脫掉衣服，最後他終於進了浴缸，我再問一次：「漢克，你到底怎麼了？」

「我……我沒……我沒有……」

「你沒有什麼，漢克？」

「**我沒有任何權利！**」漢克又開始嚎啕大哭。

「漢克，」我再度輕聲細語地希望能安撫他，不過我現在更好奇了，「什麼權利？」

「我不知道，」他抽抽噎噎地說，「但我什麼都沒有。」

孩子擁有權利嗎？

這次，漢克確實需要一個哲學家，而他很幸運，眼前就有一個。

「漢克，你有權利啊。」

這句話引起了他的注意，還稍微止住了他的淚水。

「漢克，你真的擁有權利啊，而且很多哦。」

「我有嗎？」漢克的情緒總算平靜了些。

「你有，你想了解它們嗎？」

他點了點頭。

「那好，我們就來聊聊虎子吧。」虎子是從漢克出生後，就一直陪伴他的小白虎絨毛玩具，

「別人可以把虎子從你身邊帶走嗎？」

「不行。」

「別人可以沒問過你就和虎子玩嗎？」

「不行，虎子是我的。」漢克的淚水幾乎快要止住了。

「沒錯，虎子是你的，這就表示你對它有權利，除非你說可以，否則沒有人可以帶走虎子，或是和它一起玩。」

「但有人能帶走虎子。」漢克提出反駁，而且眼淚似乎又要流下來了。

「你說得沒錯，確實有人能帶走虎子，但那麼做是對的？還是錯的？」

「是錯的。」

「你說對了，這就是擁有權利的意思；如果有人帶走虎子是錯的，那麼你就有權利不讓他們這麼做。」

漢克的小臉終於亮了起來：「我對我所有的物動擁有權利！」他還故意把動物講成物動，來逗我開心。

「你說得沒錯！你確實擁有權利！這就是它們屬於你的意思。」

「我對我所有的玩具擁有權利！」漢克開心地說著。

「是的，你有！」

但是，他那可愛的小臉突然又垮了下來，而且還開始抽泣。

「漢克，你為什麼這麼難過？」

「因為我對雷克斯沒有權利。」

原來這就是剛才樓下鬧哄哄的根源，漢克想和雷克斯一起玩，但雷克斯想讀書，而漢克確實對雷克斯沒有權利。

我趕緊解釋：「是的，你對雷克斯沒有權利，他可以決定他是否想玩；**除非別人對我們做出承諾，否則我們無法對其他人主張權利。**」

這樣的說明有點過於簡化，因為有時候即使別人沒有對我們做出承諾，我們仍可對他們提出要求。不過，我決定等漢克不那麼心煩意亂的時候，再好好跟他說個分明。所以現在我只告訴漢克，當雷克斯想讀書時，漢克自己可以做些什麼事。

漢克在淚眼婆娑間對權利做了一番敏銳的觀察。我一開始便問他，是否有人可以未經他的允許帶走虎子，他說不能；但他隨即想到，還是有人有辦法未經他的允許便帶走虎子，其實這就是之前漢克對雷克斯幹的「好事」。

虎子本來是雷克斯的，而且雷克斯把它命名為傑瑞非；當漢克剛學會爬時，他一有機會就爬到雷克斯的房間，然後用下巴夾住傑瑞非，並以最快的速度溜走。雷克斯對傑瑞非的權利，明明一點也不輸給漢克對虎子的權利，但漢克還是搶走了傑瑞非。

這件事對權利有什麼啟示？漢克對虎子的權利，保護了他對虎子的占有，但這種權利提供的保護不是「物理性」的，在虎子的周圍，沒有任何力場可以阻止其他人奪走它。用哲學家的話來說，權利提供的保護是「規範性」（normative）的，也就是說，它是由規範良好行為的常規或標準所產生的。一個行事正派的人，不會未經漢克的允許便拿走虎子（除非他能提出一個很好的理由，我們稍後會再深入探討這個問題）。但並不是每個人都奉公守法、行事端正，**所以權利所提供的保護，繫乎於其他人是否願意承認和尊重它**。

在我們繼續深入探討之前，我先簡單說明一下有些人會過度拘泥於文字的情況。我問漢克，是否有人「可以」在未經他允許的情況下帶走虎子，他說不可以，然後他想了一想後又說「能」，他第一次的說法是對的，第二次也是對的。

何以如此？這是因為「can」和「could」這種字眼太有彈性了，各位且先聽我說個小故事，就能明白我想要表達的意思。

當年，我還在牛津大學念書時，有個朋友帶我去他們學校的酒吧。他跟吧檯點了兩杯啤酒。

酒保說：「大哥，不好意思，我們已經打烊了。」

我的朋友看了看他的手錶，當時是晚上十一點零一分，酒吧的打烊時間是十一點。

「別這樣，就來兩杯啤酒嘛。」

「抱歉，不行啦（can't），這是規定。」

「欸，**你可～以～的**（coooould）。」我的朋友說。

故事就說到這裡。我的朋友是在說那個酒保不懂「could」這個字的意思嗎？當然不是，他刻意用那冗長的「coooould」是要告訴酒保，他不賣酒給我們是「不為也」，而非「不能也」。雖然酒保說沒有老闆的允許（permissible），他是**不能**賣酒給我們的，但我的朋友點出了賣酒給我們是**可能**的（possible），因為旁邊並沒有其他人，所以他不會被舉報。*結果我的朋友說服成功，那酒保給了我們兩杯啤酒，因為他能（不會被發現），所以他便順勢而為了。

我跟漢克的對話也有同樣的情況，他明白我的第一個問題是在問他，是否有人可以（在未獲得允許的情況下）帶走虎子，所以他正確地回答說不可以。但他又想到有人「可能」會帶走虎子，所以他才又開始哭了起來。

為什麼要對文字如此吹毛求疵呢？因為這就是哲學家的工作，我們非常注意文字的運用方式，況且，各位肯定遇過那種覺得這樣回話很厲害的人——

你很有禮貌地問：「我能（Can I）喝杯茶嗎？」

「你能嗎？這我可不知道。」

那個人認為你應該更客氣地問：「敝人在下我能否（May I）喝杯茶呢？」這傢伙是個混球，把他從你的人生中剔除吧，並且告訴他應該向一個幼兒學習英語，因為他的英語還不如一個小娃兒呢。[1]

權利是一種關係

現在話題回到權利上，權利到底是什麼？這不是三言兩語就能說得清的。某天，我跟漢克又聊到了這個話題，當時八歲的他花了一下午打掃房間，然後邀請我去看他的成果。

「哇，看起來好棒啊。」我說。

「謝謝！差不多所有的東西都收好了。」

「那你把你的權利放在哪裡了？」我問。

「什麼意思？」

「你的權利啊——比如你對虎子的權利，你放在哪裡？」

「那個我沒有把它收起來，它在我的身體裡。」

「是嗎？在哪裡？在你的肚子裡嗎？」

「不是，它不在一個特定的地方，它只是在我的身體裡。」

* 酒保有啤酒、有酒杯，還有靈活的雙手，所以他確實「能」斟出兩杯啤酒。總之，我想表明的是 possible 這個字的含義，會隨著上下文的語境變化而改變。

「你為什麼不把它拿出來？放在身體裡很重吧。」

「它不是那種你可以拿在手上的東西。」

「那你能用打嗝把它弄出來嗎？」

「不能，權利是不能打嗝打出來的。」

說完他就跑了，所以我倆仍未弄清楚權利究竟是什麼，唯一確定的是我們沒辦法把它們嗝出來。

接下來就由我來完成這個任務吧，漢克只說對了一半，**權利並不是那種你可以拿在手上的東西，但權利也不在你的身體裡，權利是一種關係**。

請容我解釋給你聽，假設你有個權利是我必須付給你一千美元，那麼你的權利就是對這筆錢的支付請求（claim），這個請求是針對我的，如果我是唯一欠你錢的人，那就只有我必須付錢給你；但有時你的權利會及於好幾個人（例如茱莉和我都欠你錢），有時候你擁有的權利甚至及於所有人，例如你有個不被打臉的權利，要是任何人提出要打你的臉，你可以提醒他們有義務不能這麼做。

正如上段的最後一句話所示，**當你擁有某個權利時，別人就會有個義務**，所以我才會說權利是一種關係。每項權利至少有兩個當事人：權利擁有者和義務承擔者，權利和義務永遠結伴同行，它們是從不同當事人的角度來描述的同一關係。

這種關係的本質是什麼？我們可以從我一直以來最喜歡的哲學家之一茱蒂斯．賈維斯．湯姆森（Judith Jarvis Thomson）那裡得到幫助，她是位倫理學專家，很會設計思想實驗——那是哲學家用來測試想法的短篇故事，我們很快就會看到她寫的一些故事，不過湯姆森的權利理論也很有名。[2]

湯姆森指出，當你擁有一項權利時，你就會跟承擔相應義務的人處於一種複雜的關係中。此一關係有許多特點，僅舉其中幾個例子：假設我得在下週二還你一千美元，要是我認為到時候恐怕付不出錢來，那麼我該預先警告你；如果時間到了，而且我真的沒付錢，那我就該向你道歉，並尋求用某種方式補償你。但最重要的是，在其他條件都沒變的情況下（all things equal），我應該如期在下週二付給你一千美元。

我說「在其他條件都沒變的情況下」是什麼意思呢？這是哲學家用來說明「天有不測風雲」的一種說法。我必須在週二付給你一千美元，現在週二已經到了，結果我需要用那筆錢來付房租，否則我們全家就要露宿街頭，我該付你錢嗎？或許吧，如果我沒付你錢，你遭受的痛苦可能比我更大；但如果你沒什麼大麻煩，那麼我就該拿這筆錢去付房租，並為了沒有付錢給你而鄭重道歉，並想辦法盡快補償你。

道德哲學中最迫切的問題之一是：究竟要發生多大的事才能凌駕一項權利？其中一個答案是：其實不多，只要忽視這項權利會比尊重它獲得更好的結果，或許我們就該忽視它。根據這個觀點，如果打我臉產生的好處多於壞處，那你就該打下去。

有些人覺得這個觀點很有道理，但請大家注意，這麼一來，權利就變得無關緊要了，與其擔心誰擁有什麼權利，還不如直接問：「你正在考慮的行動，會產生好結果還是壞後果？」如果是好結果，那就去做；如果是壞後果，那就別做了。權利並不會影響你該做什麼。

此種觀點被稱為後果主義（consequentialism）[3]，因為它主張一個行為的道德地位取決於其後果。功利主義（utilitarianism）是大家最熟悉的後果主義，它主張我們的目標應該是追求福祉（welfare）或效益（utility）的最大化，所以它有時也被稱為效益主義。功利主義是什麼？它有許多不同的解釋，最常見的觀點是：這是宇宙中快樂與痛苦的平衡。如果你想知道該不該打我的臉，某種類型的功利主義者會鼓勵你，只要想想人們在打臉之後體驗到的快樂，是否會超過此事帶來的痛苦即可，權利完全沒有被列入考慮。

但美國法學家朗諾・德沃金（Ronald Dworkin）並不喜歡用那樣的方式思考道德，所以他寫了《認真對待權利》（*Taking Rights Seriously*）[4]一書（德沃金堪稱是過去數十年來最有影響力的一位法律哲學家，我的哲學工作在某些方面便是延伸自他的主張）。德沃金從紙牌遊戲（例如橋牌）借用了一個概念，來解釋權利的相關性。他曾在一場道德辯論中指出，**權利的地位高過對福祉的關注**。[5]

想要了解德沃金的想法，請看這個通稱為「器官移植」的故事：你在某家醫院工作，你有五個亟需做器官移植的病人，每個人需要的器官都不一樣，要是他們不能立刻得到需要的器官，五個人都會死。此時，有個男人走進了急診室，他只是手臂骨折，並沒有生命危險，但你心中閃過一個念頭——如果殺了他，你就可以摘取他的器官，拯救其他五個人。你問他是否介意，他說他非常介意。[6]

你該這麼做嗎？雖然這件事可以這麼說：失去一人的生命，讓整體（五個人）的福祉增加，但那又怎樣？此人擁有活下去的權利，而他的權利高過其他病人的福祉。*

要讓五個人死，還是讓一個人死？

但真是這樣嗎？我們現在來到了當代哲學中最難解的難題之一——「電車難題」（Trolley

* 之所以用「可以這麼說」（arguably）一詞，是因為此事有可能產生所謂的次級效應（secondary effect），意即如果人們開始擔心去急診室時，可能會有人想要摘取他們的器官而被殺死，大家就會盡可能避開這些地方，導致整體福祉減少。於是，哲學家們會在案例中加入一些特性，以避免發生這樣的次級效應，例如移植器官案中，我們會假設醫生可以神不知鬼不覺地殺死那個倒楣鬼，這樣的安排是為了凸顯出相關的問題：即使殺人能提高整體的福祉，殺人是否仍是錯的。

Problem）。

要搞懂這個問題，我們需要一個新的故事，我們需要湯姆森的故事，第一個故事稱為「轉轍器旁的路人甲」，[7] 故事是這樣的：

軌道上有輛剎車失靈的電車，正朝著五名工人飛馳而去，那五名工人正在前方施工，如果電車繼續行駛，就會撞死這五人。好消息是你就站在轉轍器附近，你可以讓電車轉到另一條軌道上；但壞消息是——那條軌道上也有一名工人在施工，如果你讓電車改道，他肯定會死。

你會怎麼做？

大多數人會選擇讓電車轉換軌道，這樣電車就只會壓死一個人，而不是五個人。

且慢！剛剛的「器官移植」案不是才說過，**那個人的生存權高於別人的福祉，所以不能為了拯救其他五個人而殺死他，那為什麼同樣孤身一人的電車工人，卻沒有同樣的生存權**？

我最近剛好教到電車難題，因為是在我家上課，所以我兒子也可以旁聽，他們用玩具火車的零件組，打造了「轉轍器旁的路人甲」的場景。他們還會在我們討論到故事的變化時，幫忙調整模型。

但他們最喜歡的故事是湯姆森所寫的「胖子」[8]（這個名字確實不好聽，但他的肥胖是案情的關鍵）。故事是這樣的：同樣有輛失控的電車朝五名工人駛去，但這次你不是站在轉轍器旁，而是站在一座天橋上，目睹整個事件的發展；然後你注意到旁邊有個胖子就靠在欄杆上，如果你推他一把，他就會墜落在軌道上，他的龐大身軀應當能讓電車停下來，並且救下那五名工人，胖子即便不是當場摔死，也會被電車撞死。

你會怎麼做？把胖子推下去以便拯救五名工人？還是任憑電車壓死那五名工人？這回大多數人都說，他們不會把胖子推下去，而是會讓那五名工人死亡。

為什麼會這樣？前面說的三個案例，全都牽涉到道德計算——要讓五個人死還是讓一個人死？在「轉轍器旁的路人甲」那個案例中，大多數人認為是可以殺人的，但是在「胖子」案和「器官移植」案中，大多數人卻認為不可以殺人。

為什麼？中間有什麼區別呢？這就是著名的「電車難題」。

被侵害的權利

「電車難題」令我們重新思考我們在「器官移植」案中的說法：我們認為殺死手臂骨折者是

錯誤的，因為不能剝奪他的生命權；但是「轉轍器旁的路人甲」案中，獨自在另一條軌道施工的那名工人也有生命權啊，可是大多數人對於殺死他卻不覺得難受。由此看來，生命權似乎會在許多人的生命受到威脅時讓步，因此，我們需要一個新的解釋，來說明為什麼在「器官移植」案和「胖子」案中，殺人是不被允許的。

我們希望找到的是「器官移植」案和「胖子」案中遭到侵害的權利，而不是「轉轍器旁的路人甲」案中遭到侵害的權利。

有這樣的權利嗎？或許有，於是有人想從康德（Immanuel Kant）的思想獲得一些啟示。康德生活在十八世紀的德國，是少數能與柏拉圖和亞里斯多德相提並論，極具影響力的哲學家。康德的生活作息極其規律，據說他每天的散步時間準時到被鄰居們用來調校他們的手錶。

康德堅信，我們不該只把人視為實現目的的手段，而應把人當成「人」來對待，[9]也就是說，我們必須承認並尊重他們的人性——亦即區分人與物（objects，這才是我們該用來達到目的的手段）的那些特質。人跟物差在哪呢？人有能力為自己設定目的，並琢磨出他們的目的應該是什麼，以及如何追求這些目的。所以要做到把人當人看，我們必須尊重這些能力。

但我也必須說，康德認為有時候把人當作達成目的的手段是可以的。例如：有學生請我幫她寫封推薦信，她就是把我當作達成她目的的手段，她希望我寫的這封信能幫助她找到工作。但她使用我的方式，跟她用電腦來發送求職函是不一樣的，我是以人的身分幫她寫推薦信，我可以選擇是否要把她的目的當成是我的，但電腦只能乖乖配合。

那康德能幫助我們解決電車難題嗎？有些人認為可以，他們認為其中涉及的權利是：**人應被當成人來對待，而不只是達到目的的手段**。

且讓我們再次深思我們的案例，在「器官移植」案中，如果你殺了那個手臂受傷的人，你顯然侵犯了這項權利。你問他是否願意為其他人犧牲自己的生命，他回答說不願意，如果你還是硬要殺了他，那麼他在你眼中只不過一堆器官，而非一個有權為自己做決定的人。

同樣的道理也適用於「胖子」案，如果你把那個站在欄杆邊的胖子推下去，那麼你並沒有把他當人看，你只在乎他的身軀是否夠龐大，大到足以完成擋下電車的任務。

至於「路人甲」案呢？乍看之下很糟糕，因為你明明沒有得到那個在支線工作的工人的許可，因為沒時間問他；不過你也沒有把他當作達成目的的一種手段，他根本與你的計畫無關。就算他不在那裡，你還是會讓電車轉向，他的死只是你的救人計畫——把電車轉到不同的軌道來救下五個人——所產生的不幸副產品。[10] 如果他能以某種方式逃過劫難，你會欣喜若狂。

這使得此案與「胖子」案和「器官移植」案相當不同。在那兩個案例中，逃跑會使你的計畫受挫，所以看起來（只是也許啦）我們已經找到電車難題的解決方案了。

但事情可能不像我們想的那樣，湯姆森肯定知道康德，而且她也考慮過我們剛才想出的解決方案，但她並沒有採用它。[11]

為什麼呢？呃，接下我們就要講湯姆森的另一個故事了。

這個故事叫「環狀軌道」，[12]它跟「路人甲」案很像，只不過多了一個轉折：多了一段環狀軌道。電車正駛向五名工人，但如果你扳動轉轍器，電車就會被轉向環狀軌道，那裡只有一個工人；但是這段環狀軌道，會回過頭來連接到第一條軌道上，如果那名工人不在環狀軌道上，電車就會經過環狀軌道後，從另一側撞上五個人。在環狀軌道上的這名工人碰巧體型壯碩，足以擋下失控的電車，但他卻會被撞死。

把電車轉向環狀軌道是被允許的嗎？請注意，這次你是把環狀軌道上的那名工人當作達成目的的一種手段，如果他不在那裡（比方說他以某種方式逃脫了），那麼你想要拯救那五個人的計畫就行不通。這次，你同樣需要靠那一名工人的龐大身軀來擋下電車，否則那五名工人就會死，這使得「環狀軌道」案看起來很像「胖子」案。

這使湯姆森認為，把電車轉到環狀軌道是可以的，她不明白在工人身後多加一條軌道，會有什麼道德上的差異。在她看來，「環狀軌道」案就跟「轉轍器旁的路人甲」案一樣，多出來的軌道無關緊要，電車甚至根本不會碰到它！

如果湯姆森是對的，那麼康德派信徒提出的解決方案——人有權被當成人對待，而不只是達成目的的手段——並不能解決電車難題。

現實情況往往比故事更複雜

有些哲學家認為湯姆森是對的，[13]雷克斯就是其中之一，我們最近聊到了「環狀軌道」案。

我問他：「你會扳動轉轍器嗎？」

「會啊，它就像第一種情況，」他指的是「轉轍器旁的路人甲」案，「雖然軌道變得比較長，但那並未改變任何事情。」

「不，有些事情改變了。」然後我解釋說，多了這段環狀軌道，你變成必須利用工人的身體來擋下電車，「這下它變得跟『胖子』案一樣。」

「嗯，確實有點像『胖子』案，但兩者是不一樣的。」

「怎麼說呢？」

他猶豫了一下：「你需要利用那個工人，但你沒有。」

「什麼意思？」

「工人已經在軌道上了，但是在『胖子』案裡，你必須把胖子推到軌道上，我認為兩者是不同的。」

雷克斯說的沒錯，兩者是不同的，但問題是，這個差異重要嗎？有些哲學家認為這很重要，在「器官移植」案和「胖子」案中，你會與你將要殺死的人有身體上的接觸，光是這點就挺噁心的。

但這在道德上重要嗎？為了驗證此想法，我們需要再嘗試一個案例，我們把它稱之為「站在活板門上的胖子」。[14]故事的開頭和「胖子」案一樣：失控的電車、五名工人和一個站在天橋上的胖子，但幸運的是，這個胖子就站在位於軌道上方的活板門上，只要你拉起閘柄，他就會掉到下方的軌道上，並讓電車停下來，從而救出那五個人。他同樣會死掉，但你連一根手指頭也不會碰到他。

這樣的安排能否拯救這個故事？我不這麼認為，但拉起閘柄讓他掉到軌道上，至少不像把他推落軌道那麼噁心。不過，不管是哪一種情況，他都是因為你害他摔落軌道而死亡的，至於靠的是什麼機制似乎不是重點。

關於電車難題的文獻非常多＊[15]，其中包括一系列令人眼花繚亂且錯綜複雜的案例，包括雪崩啦、炸彈啦、第二輛電車，以及可以轉換軌道的轉盤。

所以，這部分的哲學有時被戲稱為電車學（Trolleyology），[16]這個略帶貶義的名詞凸顯出有些事情已經失控了，我們原本從嚴肅的道德問題開始談起（關於權利的範圍及其限制），聊著聊著竟然扯到了電車爭論上，而且那些沒完沒了的故事，都被設定在脫離現實的背景中。

在局外人看來，這件事挺瘋狂的，在諸多批評電車學的文章中，我最喜歡一位名叫德瑞克·威爾遜（Derek Wilson）的鐵路工程師在《環球郵報》（*Globe and Mail*）上的投書：[17]

失控電車的倫理困境，呈現出人們在哲學課上不知如何是好的窘況。其實電車和火車是不大可能失控的，因為它們都配備了「列車警示設備」，當司機失去行為能力（例如：昏迷或猝死）時便會自動剎車。

急公好義的救援者是不可能扳動轉轍器的，因為軌道轉轍器都有上鎖，以防遭人惡意破壞。而且救援者的反應，必須取決於電車的行進速度，如果時速低於每小時十五公里，救援者大可跳上電車、敲響警鈴，立刻救下五條人命。如果時速未超過每小時三十公里，那麼，擁有轉轍器鑰匙的救援人員就可以扳動轉轍器，只殺死在支線施工的那個人。

但如果電車的時速超過三十公里，那麼扳動轉轍器會導致電車脫軌，雖能救下在軌道上施工的工人，但會造成車上的乘客受傷或死亡。所以，讓載了很多乘客的電車，繼續在主軌道上運行，會是更好的選擇，只不過那五名工人將因而喪命。

* 其中最令人驚訝的一點，或許是湯姆森在其生命的最後一段時光中，改變了自己的想法。她決定「轉轍器旁的路人甲」案中，讓電車改道的行為終究是不可以的，她開始對本案、「器官移植」案及「胖子」案一視同仁。如果湯姆森是對的，那就意味著根本沒有電車難題需要解決，因為問題的重點一直都是我們對這些案件的判斷是否一致。然而，大多數人還是認為，在「轉轍器旁的路人甲」案中將電車改道是可以的，讓電車難題依舊存在。

我喜歡這封投書的原因有二。其一，它提醒了我們，現實世界永遠不會像哲學家的假設那麼簡單。威爾遜的看法是，現實世界的情況有時會「更」簡單些，他認為要是你對電車稍有了解，就會發現電車難題其實很容易解決。

但與此同時，威爾遜也告訴我們，現實世界比哲學家們講的故事更為複雜，看看我們遺漏了多少東西：列車警示設備、電車的行進時速，以及最重要的，轉轍器很可能是鎖住的。**實際的電車難題跟哲學家設想的情況完全不一樣！但哲學家有充分的理由把故事講得太簡單，因為我們試圖把一個問題孤立出來單獨思考，但現實世界有個討厭的習慣，就是同時丟出好幾個問題。**

我喜歡威爾遜這封投書的第二個原因是，即使他批評了哲學家，但他其實也是在討論哲學。他有著功利主義的本能——盡可能救下最多的人，所以如果電車的時速低於三十公里，他就會扳動轉轍器，殺掉那個倒楣鬼。但如果電車的時速超過三十公里，他就會為了拯救根據推測為數更多的電車乘客，而讓軌道上的那五個工人犧牲。

威爾遜認為這顯然就是我們該做的，而且其明顯程度高到根本沒必要多加討論；但我不敢苟同，要是威爾遜在我的班上，我就會問他對「器官移植」案的看法，我想知道：當電車的時速介於十五到三十公里之間時，威爾遜會為了救五名工人而殺死一名工人，那麼他在「器官移植」案是否也會採取相同的做法？如果他說不會，那我們就只好繼續編織那些令他不爽的故事了。

電車難題不重要，但權利很重要

漢克一直問，電車難題的答案究竟是什麼？自從我告訴他我教的法律案例後，他已經很習慣聽到法律案件。

每當他感到無聊的時候就會跟我說：「爸爸，再跟我說說另一個案例吧。」

他知道，在我倆來來回回地討論他認為案件應該如何處理之後，我就會告訴他法院的判決是什麼。所以，自從我頭一次告訴他電車難題之後，他就一直在問：「法官是怎麼說的？」而且他不接受我解釋這故事並不是真的，他急切地想知道答案。

其實我也很想知道答案，**但在哲學這個領域裡，並沒有題解，你必須盡己所能去找出答案**。要是你有一下午的時間，我很樂於用一塊白板試著說服你，雷克斯對「環狀軌道」案的看法是錯誤的，就連湯姆森也錯了；我會主張多出來的那一截軌道確實有差別，我還會在白板上提出新的案例，並且大力捍衛康德主張我們不可以用一條人命去拯救五個人的理念。

待我講完這一切後，我意外發現到，我們論及的所有案例，以一種迂迴的方式，為墮胎的相關辯論提供了啟示：[18]如果國家強迫婦女懷孕後不能墮胎，就是把她的身體當成達到目的的一種手段，而這是不被允許的，即使是在一條生命受到威脅的時候。（我會這樣主張啦，不過就像我之前說的，這不是三言兩語就說得清的事。）

我在提出我的論證時，會關閉電車難題的回路。電車難題系列是一位名叫菲莉帕・傅特（Philippa Foot）的英國哲學家，在一篇關於墮胎的論文中引入哲學界的；之後湯姆森把傅特的故事改寫得更加完善，並引進其他的相關故事，使得電車難題聲名大噪。但哲學家設計一系列的電車難題故事，並不是想要知道德瑞克・威爾遜這種電車專業人員，會如何處理失控的電車。

電車難題其實是哲學家用來思考道德結構的工具——**思考我們擁有哪些權利，以及他人的需求會在什麼情況下，凌駕這些權利的行使；它們也是哲學家用來思考墮胎和戰爭法這種嚴肅問題的工具**。

想像一下你是美國前總統杜魯門（Harry S. Truman），你正大傷腦筋，思考是否要在日本長崎投下一顆原子彈（它碰巧也叫「胖子」），這顆原子彈將會殺死數以萬計的人，但它會縮短戰爭的時間，從而救下更多人。*

你什麼時候可以殺死一些人以拯救其他人？這是個很重要的問題，而電車難題能幫助我們思考這樣的問題。要是外行人認為這種問題很傻，那是因為電車難題進入了流行文化，卻喪失了當初用來思考嚴肅問題的本意。

電車難題或許不怎麼重要，但權利很重要。

不只要捍衛權利，更要懂得分享

當你和小孩一起生活時，弄清楚權利就格外重要了；當初漢克擔心自己沒有任何權利時，他並不知道權利是什麼，但他已經很擅於主張權利了。每當他為了阻止別的小朋友玩某個玩具、而說那個玩具是「我的」時，他就是在對一個物品主張他的權利，並排除其他人的占用，哪怕只是一會兒。

當你把初生嬰兒從醫院接回家時，你的主要工作就是讓孩子活著，這份看護工作的內容包括：餵奶、打嗝、洗澡，以及永無休止地更換尿布，然後隔天醒來（如果你有幸睡著）再重複一遍相同的工作。這工作做了一年多以後，你的任務變成讓孩子融入群體，這時，你就必須讓孩子明白權利和責任的概念，當然，你有可能不是用這些硬邦邦的名詞跟孩子說明。當漢克想要綁架傑瑞非時，我們就會向他解釋，他必須先問過他哥哥，因為傑瑞非是雷克斯的。我們還教了漢克哪些權利是他的，以及雷克斯何時需要徵求他的同意。

這些早期的財產課程，很快就加入了承諾、隱私和個人空間等主題，有時，我們不免感覺像

---

* 抑或者你是這麼認為的，但你有可能是錯的，而且這裡還潛藏了一個道德問題：當你不能確定結果時，應該如何做出決定？

是開辦了一間規模很小的法律學校，學生是那些搞不清楚自己權利和責任的人。孩子們從契約課上學會了要遵守承諾；從侵權行為課上學會了不能亂摸別人；還有房門緊閉的房間，一定要先敲門，獲得應答後才能進入；他們還從刑法課學到了不良行為是要承擔後果的。

道德的內容不只是權利和責任，事實上，一個孩子能學到的最重要課程，**就是你不該只顧著捍衛自己的權利，而應分享屬於你的東西，至少在某些時候應如此。這就是善良和關愛，當孩子們培養出這些美德時，權利的重要性就會下降**。父母對孩童幼年期的教養，即便形式或有不同，但多半與道德有關，這就是為什麼我們的哲學旅程始於權利，然後接著討論復仇、懲罰和權威，因為它們皆與權利有著密不可分的關聯。

扭轉局勢，反問孩子為什麼

隨著兒子們對權利日益了解，他們化身成已經準備好維護自身權利的小律師（我們將會在第三章看到），而且對於別人指控他們侵權的說法，很懂得提出辯解以捍衛自己的清白。當漢克知道什麼是權利以後，他發現權利幾乎無所不在。

某天晚上，我們全家外出用餐，漢克（當時六歲）注意到冷飲吧檯有芬達汽水，於是問了六或十七次，能否給他來一杯，我們說不行後便坐下來吃飯。漢克很不高興，並提出抗議，他甚至宣稱我們侵犯了他的權利。

我問：「侵犯了你的什麼權利？」

「決定喝什麼的權利。」

「那是你擁有的權利嗎？」

他用一副理所當然的口氣回答：「是啊！」

「為什麼？」這是我很愛使出的育兒伎倆之一。

孩子們動不動就問「為什麼」，簡直把它當成武器，不過他們通常是真的感到好奇，所以家長若能即時提供適當的解釋，其實是件好事。但我們很難提出面面俱到的完整解釋，每種解釋都還有很多地方沒有提及，這意味著孩子們可以隨時再問一次為什麼，一遍又一遍，不厭其煩。

剛開始孩子們是為了好玩而問為什麼，他們想看看你能提供多少種解釋，但隨著年齡的增長，他們開始意識到，一個恰當的「為什麼」，可以暴露出家長的權威基礎不夠穩固，或是把你逼瘋。

但家長也不是省油的燈，我們可以扭轉局勢：**反問孩子為什麼，並要他們做出論證**。

所以我問漢克：「為什麼你有權利決定喝什麼？」

「我不知道，」他聳了聳肩說，「我就覺得我有。」

「那可不行，」我說，「如果你說你有權利，你最好給個理由。」

漢克開始動腦筋思考，結果還真給了我一個理由，呃，其實是兩個。

「如果讓你來決定我喝什麼，」漢克說，「你可能會讓我喝一些我不喜歡的東西。」這是一種基於自我知識（self-knowledge）而提出的論證，然後他還補充說：「你可以決定你要喝什麼，那我應該也可以決定我要喝什麼。」這是基於平等（equality）而提出的論證。

這些論證有用嗎？完全沒用。

我就先說說漢克根據自我知識所提出的論證，我要求漢克喝他不喜歡的東西，幾乎不存在任何風險，比方說吧，晚上漢克多半只有兩種選擇：牛奶或水，牛奶他很喜歡，至於水嘛，雖然說不上喜歡，也不到討厭的地步。

再者，根據自我知識所提出的論證假定，漢克喝到他喜歡的飲料很重要，這點或許很重要，但更重要的是，漢克需要健康的飲食，這就是為什麼我們給他提供水和牛奶。含糖飲料只能偶一為之，它是種特殊的待遇，如果讓漢克放縱口腹之欲，他搞不好在一週內就會患上糖尿病了。

那麼基於平等概念提出的論證呢？平等論證在處境相似的人之間頗具說服力，但漢克的處境跟我並不一樣，我懂的事情比他多很多；例如我知道糖尿病是什麼，也知道不好好控制飲食會得糖尿病，而且我已有良好的自制力，但漢克還不具備這能力。不過最重要的是，身為家長的我對漢克負有責任，而他對我卻沒有。漢克會一天天長大，我的工作就是確保他能成為一個成熟的成年人，而不是一個為所欲為的媽寶。所以我必須設下限制，特別是對漢克可以喝多少汽水。

這些都是我認為漢克其實無權決定自己可以喝什麼飲料的理由，而且也是我們為什麼會認為，我有權決定他可以喝什麼的理由（這個權利是身為漢克爸媽的我們共同擁有的）。

我向漢克解釋了其中一些情況，我還提醒他，等他長大了，他就可以自己做選擇了，但現在他只能聽從我們的指導。

不過為了結束這場論戰，我和漢克達成一項協議。

「如果你停止爭論，」我說，「那麼週六晚上朋友來我們家玩時，你可以喝點汽水。」

「真的嗎？你保證？」漢克問。

「我保證。」

「那好吧。」他說。

週六轉眼間就到了，我們的朋友也依約而至，等他們一進門，漢克就迫不及待地去領取他的汽水。

而且他還邊走邊嚷嚷：「我有喝沙士的權利哦。」

第 2 章

復仇

別人打我，我可以打回去嗎？

漢克今天不用上課，所以我也跟著放假，我們正在玩他最喜歡的活動之一：他躺在床上，我像煎魚一樣把他翻過來翻過去，他開心地咯咯大笑。

不過玩著玩著，漢克突然安靜下來。

「怎麼啦，漢克？你還好嗎？」

「昨天凱頓罵我是個狗蛋，然後凱莉就來找我談話。」

各位看到這段話可能有很多問號，有些問題很容易回答：凱頓是梧桐班的一個孩子，差幾天才滿四歲的漢克最近才剛分配到這班*，凱莉是他們的班導，因為我知道這些情況，所以我接著問他：「什麼是狗蛋？」

「是很糟糕的話。」

「你確定嗎？說不定狗蛋很酷耶，我們應該上谷歌搜尋一下。」

「爸爸！狗蛋並不酷。」

我們為這個問題爭論了一會兒，因為狗蛋念起來很好玩，聽漢克念則更好玩。漢克說的沒錯，成為一個狗蛋是很可怕的，雖然沒有人知道狗蛋是什麼，說不定跟「fuckface」（討人厭的笨蛋）一樣糟糕。（有趣的是，也沒有人知道 fuckface 是什麼意思，用這種意義不明的字眼來侮辱人，還挺奇怪的。）

不過，漢克真正想談的是事件的第二部分，也就是凱莉來找他談話的那部分。

「凱莉也和凱頓談了嗎？」

「沒有，」漢克憤憤不平地說，「她只和我談。」

「為什麼，你有沒有告訴她凱頓罵你的事？」

「之後才說。」

「在什麼事之後才說？」

此時證人不吭聲了。

「漢克，你是不是對凱頓做了什麼？」

沉默。

「漢克，你是不是對凱頓做了什麼？」

「凱莉跟我談了。」

「談了什麼，漢克？」證人依舊悶聲不吭，我尊重這點，所以我改變了策略。

「漢克，你是否認為你對凱頓做一些不好的事情是可以的，因為他對你說了一些難聽的話？」

＊在此聲明，凱頓並非真名，本書中提到的其他孩子皆為化名。

「對，」漢克悻悻然地回我，彷彿我是個笨蛋，「他罵我是個狗蛋耶。」

碰到這種事，高明的爸媽會適時來個機會教育，把摩城唱片（Motown）推出的經典歌曲〈錯錯不能得正〉（Two Wrongs Don't Make a Right）教給孩子*，這首歌在《告示牌》（*Billboard*）道德類流行歌曲榜單上，排名僅次於〈黃金法則〉（The Golden Rule）。

不過我不是個好家長，我是個天才家長，所以在接下來的二十分鐘，我們狂唱一堆跟復仇有關的歌，打頭陣的是詹姆斯・布朗（James Brown）在一九七三年推出的放克幻想曲〈血債血還〉（The Payback）：「復仇！我氣瘋了！一定要討回公道！必須討回一些公道！血債血還！」

但其實我根本沒那麼酷啦，至少當下我並沒有那麼做，我既沒有唱詹姆斯・布朗的歌，也沒有告訴漢克「錯錯不能得正」的道理。而且我其實有點後悔選擇布朗的歌，因為很多年後我才知道，孩子們認為他寫的歌詞很好笑，確實如此：「呃！哈！上帝啊！您真的太好啦！」孩子們其實也跟我一樣很喜歡他的音樂，不過我要提醒家長們播歌的時候要注意，否則你會重蹈我的覆轍——不得不跟漢克解釋什麼是性愛機器。

不過，我並不後悔沒跟漢克說「錯錯不能得正」，因為這是我最不喜歡的教育語錄之一，錯錯其實可以得正，或者說得更精確點：**第二個錯確實可以導正壞事**，如果我們不承認這點，那我們就是在自欺，以及欺騙我們的孩子。

復仇，是動物的本能

為什麼一講到復仇，大家就避之唯恐不及？首先，復仇是有風險的：你想傷人卻可能反倒傷了自己；更糟的是，復仇會引來對方的報復，然後是復仇，然後是報復，然後是復仇，然後是報復……結果你可能會發現自己陷入一個沒完沒了的暴力循環中。

但風險並不是我們拒絕復仇的唯一理由，很多人覺得暴力是無意義的，就以《舊約聖經》中的「以眼還眼」公式為例，來放大凱頓對漢克的攻擊：假設凱頓把漢克的一隻眼睛弄瞎了，那麼，即使漢克弄瞎凱頓的一隻眼睛也於事無補，因為漢克的瞎眼並不能復明，還讓世上又多了一個必須靠一隻眼睛活下去的孩子。

既然復仇毫無意義，那人們為什麼還要復仇呢？

其中的一個可能性是天性使然，當有人做了對不起我們的事，我們就會想要復仇。有證據顯示小孩的復仇傾向尤為強烈，某項研究讓四到八歲的孩子玩一個電腦遊戲，然後研究人員會要求

＊此曲是由小貝瑞．戈迪（Berry Gordy Jr.）和史摩基．羅賓遜（Smokey Robinson）合寫，並先後在一九六一年和一九六三年由巴雷特．史特朗（Barrett Strong）及瑪麗．威爾斯（Mary Wells）演唱並收錄在唱片中。

部分受試者偷拿其他受試者的貼紙，或是送貼紙給他們當作禮物。[1] 結果發現孩子們一有機會，就會對偷他貼紙的人進行報復，並從他們那裡偷回貼紙，而且比例遠高於從其他受試者那裡偷東西。但是，他們對送貼紙的人並未展現投桃報李的善意，由此可見，**報仇似乎比報恩更合乎人性**。

還有更多的證據證明復仇是天性的假說，科學家指出，侮辱確實會激起人們的報復心。**復仇所刺激的大腦部位，跟人們想要滿足飢餓和其他渴望的大腦部位是一樣的**，[2] 都在左前額葉皮質。看來古希臘詩人荷馬（Homer）說「復仇是甜蜜的」，[3] 並非胡言亂語，他搞不好還低估了這一點。我就曾經看到有人穿了一件T恤，上面寫著「復仇的滋味比性愛更美好」；前蘇聯領導人史達林（Joseph Stalin）的說法更是誇張到極致，他說「復仇乃是人生至樂」。[*4]

我是不懂這一點啦，性愛明明挺棒的，而且史達林是個反社會的瘋子，但復仇確實可以令人感到滿足，而復仇之所以能讓我們感到快樂，有可能是埋在我們大腦深處的一些電路產生了作用。**即使我們出於動物的本能而復仇，我們仍然可以質疑這麼做的目的是什麼；並在反思之後，決定我們應該順應，或是克制這股復仇的衝動。換言之，我們應該弄清楚復仇是否真的像乍看那樣毫無意義。**

謹慎看待親手復仇的行為

威廉．伊恩．米勒（William Ian Miller）是我同事中最搞笑的一位仁兄了，他也是研究復仇與實踐復仇文化的頂尖專家，他說的故事和他看待世界的方式，都極盡搞笑之能事。米勒曾經告訴我，他「故意」投保理賠金額很低的壽險：「我不打算讓家人在我死後變得一貧如洗，但我要讓他們必定會懷念我。」他還問我是否保了高額保險，我說還行吧，他就叫我要保護好自己，以免遭暗算（他講這話時，雷克斯還在蹣跚學步呢）。

米勒對那些認為復仇不理智的人沒有半點耐心，雖然凱頓的眼睛本身對漢克沒有用處，但奪走它肯定會有幫助。如果人們預期漢克會反擊，那麼他們出手前便會三思而後行。所以，打造出「有仇必報」的名聲，猶如一張保單，可保護你免受傷害；它甚至比一般的保險更好，因為它可以完全防止你受到傷害，而非給你理賠金去療傷。

所以復仇可以是理性的，復仇的樂趣其實是一種幸災樂禍——對他人的痛苦感到高興，特別

---

* 這個故事是由英國歷史學家賽門．蒙提費歐里（Simon Sebag Montefiore）所轉述的：「在某次酒宴上，加米涅夫要求與會的每個人說出他們生活中最大的樂趣⋯⋯史達林回答——『我最大的樂趣就是選擇一個受害者，仔細地準備好計畫，然後報仇雪恨，完事後上床睡覺，世上再沒有比這更甜蜜的事情了。』」

是那些令你痛苦的人。

但為什麼要以此為樂呢？一個常見的答案是：此人罪有應得。有些人相當認同一種特殊形式的正義——應報式正義（retributive justice），主張那些違法讓別人受苦的人就該吃點苦頭，而且在惡人吃到苦頭之前，某些宇宙的帳本是失衡的，這樣的快樂來自於看到正義獲得伸張。

不過，我認為這種想法有點不近人情，復仇者想要親手讓加害者受苦，而不只是看到正義獲得伸張。而且失衡的不是某些宇宙帳本，這是人與人之間的關係，我們會說「償還」的時間到了，他必須為自己所做的一切付出代價。這些都是會計上的隱喻，但因為債務人和債權人的角色互換了，[5]所以帳兜不攏，是時候該把帳算清楚了。

我們應該認真看待這種說法嗎？在人類歷史上，很多人（甚至是大多數人）都會認真看待，所以我無意唱反調，但我抱持很大程度的保留。我不知道宇宙帳本放在哪裡，也不知道我們為什麼要關心其中的內容，如果它們屬於上帝，祂一定會把帳目算得清清楚楚。（主說：「伸冤在我，我必報應。」[6]）我認為，**我們需要更多理由，而非單憑一個比喻，就合理化我們自己動手伸張正義的行為**。

有一些哲學家並不認同應報式正義，他們認為那純粹是誤導性的隱喻，所以我們最好將它拋到腦後，我倒是認為我們可以做些補救，不過要留待下一章討論懲罰時再說。現在，我要聊聊另外兩種正義。

當你傷害別人，你也可能受傷

很久以前，哲學家亞里斯多德（Aristotle）明確區分了所謂的分配型正義（distributive justice）和矯正型正義（corrective justice）。[7]分配型正義與「平等」息息相關，例如我們有個派，大家會要求均等分配，如果你拿到的派比我的大，我可能會抱怨分配不公。假設我們每個人都拿到了自己的那一份派（不論大小），而你偷走了我的派，我想討回它，這時就輪到矯正型正義上場了，**矯正型正義會要求你把派還給我，並彌補我的損失**。

復仇算是一種矯正型正義嗎？似乎是的，「以眼還眼」跟「把派還給我」差不多，要是漢克奪走凱頓的眼睛，他就能拿回他失去的東西——一隻眼睛，但他拿到的並非他原本失去的東西，凱頓的眼睛對漢克根本毫無用處，因為漢克不能用它來看東西。

儘管如此，米勒還是認為以眼還眼是實現矯正型正義的一種方式，而且是一種相當天才的方式，[8]但關鍵是要認清一個道理：**賠償不一定要以實物的形式支付**，有時你會還我一塊派，有時你會賠錢給我，失去眼睛的情況也是如此。

米勒指出，以眼還眼這樣的同態報復法則（law of the talion），其目的不是為了弄瞎更多眼睛，而是讓受害者取得與加害者談判合理賠償的籌碼，如果凱頓和漢克活在《聖經》的時代，而且兩人都已成年，當凱頓弄瞎了漢克的眼睛時，同態報復法則就會讓漢克成為凱頓其中一隻眼睛的主人，漢克可以取走那隻眼睛，而且他希望凱頓認為他會這樣做。但其實漢克未必會真的奪走凱頓的眼睛，因為凱頓可以從他那裡「買回去」，**凱頓為了保住眼睛所付出的代價，將可補償漢克失去的眼睛**。

換句話說，失去自己眼睛的可能性，會促使凱頓透過補償漢克的眼睛，來達到矯正型正義的要求。如此看來，**同態報復法則的核心精神竟是同理心，它強迫你去感受他人的痛苦，如果你傷害了某人，你也會遭受到完全相同的傷害**，這讓你在傷害別人之前，得想清楚自己可能受到同樣的傷害，希望這能阻止你衝動行事，這樣就不會有人受傷了。但如果威懾不起作用，你就必須根據同態報復法則，對你造成的傷害做出賠償，因為如果你不付錢，你自己很快就會受到同樣的傷害。

同態報復法則的智慧和威力

某天，我在午餐時問雷克斯：「我可以跟你講一個復仇的故事嗎？」

雷克斯當時十歲，他問：「會很噁心嗎？」

我向他保證：「不會啦。」

「那好吧。」

我承認：「呃，或許有一點。」

「你一定要告訴我嗎？」

「是的，我必須告訴你。」

「你正在寫復仇，對吧？」

我竟然被這孩子看穿了。「是的。」

「那好吧。」

我講給雷克斯聽的故事是冰島的《古德蒙傳奇》（*The Saga of Gudmund the Worthy*）。[9]

「有個叫斯凱林的人，到港口跟一群挪威商人做生意，結果交易失敗，他們竟砍掉他的手。」

「爸爸！那太噁心了，非常噁心。」

「是啦，但我保證這是唯一噁心的部分，你想知道接下來發生了什麼事嗎？」

「想啊。」雷克斯說。

「斯凱林去找一個叫古德蒙的親戚幫他討回公道，古德蒙召集了一群人，他們騎馬到港口去找挪威人算帳，你認為他們到了那裡會做什麼？」

「殺了挪威人。」

「你猜錯了，當古德蒙到達港口時，他要求挪威人要為砍掉斯凱林的手賠償，你知道這意味著什麼嗎？」

「不知道。」

「他要挪威人付一些錢給斯凱林，讓他不那麼難受。」

「是哦，那他們會付錢嗎？」

「他們說只要古德蒙開出的賠償金是公平的，那他們就願意付錢，結果古德蒙開出一筆天價，真的是很大一筆錢。」

「多大？」

「三千元。」

「這樣算是很多錢嗎？」

「故事是這麼說的，但挪威人認為，這個數目是殺死斯凱林才應支付的賠償金，而不是砍掉他的手。」

「那他們付錢了嗎？」

「沒有，他們對古德蒙很不滿，認為古德蒙獅子大開口。」

「結果古德蒙怎麼做？」

「你猜猜看。」

雷克斯嚴肅地說：「他殺了他們。」

「不對。」

「他把他們的手剁下來！」現在他對同態報復法則有感了。

「不對，但相當接近了。古德蒙是個很聰明的人，你認為他在剁掉任何東西之前會做什麼？」

「他會告訴挪威人，如果他們不付錢，他就會剁掉他們的手！」

「沒錯！古德蒙說他會自己付這三千元給斯凱林，但他將挑選一個挪威人來砍掉他的手，挪威人可以自行決定賠多少錢補償那個人。」

「這有用嗎？」

「你覺得咧？」

「我打賭他們付錢了。」他說。

「沒錯，他們付了那三千元。」

「古德蒙真聰明。」雷克斯說。

古德蒙確實很聰明，同態報復法則也是。挪威人之所以願意乖乖付錢，**是因為古德蒙重新塑造了賠償金的意義**，**這筆錢不再是用來購買斯凱林的手**，**而是為了留住某個挪威人的手**。米勒的觀察很正確：「比起支付奪走別人雙手所付出的代價，大多數人確實願意為了保住自己的雙手，而付出更高的代價。」[10] 這是有道理的，手留在原主人身上會更管用。

古德蒙的足智多謀還展現在另一方面，他不僅讓挪威人乖乖付了錢，還藉此過程羞辱了他們，顯現出他們的不厚道。挪威人一開始還惺惺作態，說任由古德蒙出價，但一聽到高價便立刻反悔，這時，表示自願以天價賠償給斯凱林的古德蒙則成了大善人。最後還讓挪威人成了懦夫，因為他們得知自己的手有可能被砍掉後，就改變主意，願意賠錢了。

古德蒙所做的這一切，還大大提升了他的榮譽，那榮譽是什麼呢？榮譽重要嗎？榮譽無法簡單定義，它是一種抽象的特質，攸關一個人在社會等級中的地位，榮譽在古早的冰島社會中非常重要，米勒是這麼解釋的：

> 別人會不會把你當一回事，會不會聽你的話，皆是以你的榮譽為基礎；它也是讓惡人在肖想奪取你的土地、強姦你或你的女兒之前，會先三思而後行的要素。榮譽甚至攸關你說話的方式，能說多大聲、說多久、對誰說、什麼時候說，以及你說話時是否有人會聽。榮譽還攸關你能站得多高，胸膛能有多挺，你能瞪著別人看多長時間，甚至是敢不敢看對方。[11]

簡言之，榮譽能看出你在別人眼中的價值有多高，之後我會更深入討論此主題。但在我們徹底結束古德蒙的故事之前，且讓我們先比較他解決斯凱林的索賠案，跟現今法院的做法有何不同。

我們現在已經不再採用同態報復法則了，法院嘗試的是矯正型正義，如果你受到傷害，你可以提告加害者，如果你能證明傷害是由錯事造成的，法院就會判賠。

法院在設定賠償金額時會公事公辦，不會訴諸情感或同情心之類的因素，而會要求陪審員依據勝訴者所遭受的傷害，給予公平且合理的賠償。不過在實務上，原告律師通常會尋求陪審員對其客戶的同情，他們會詳細描述原告所受傷害的慘況，盡可能使其聽起來很可憐，以拉高損害賠償的金額。

但事實證明，**尋求陪審員的同情遠不如訴諸同理心**。我曾教過凱伊．肯頓（Kay Kenton）的案例，[12] 某天她坐在凱悅酒店的大廳裡，兩座重達十五噸以上的室內天橋因為設計不良而坍塌，墜落在下方的客人身上，造成一百多人死亡。肯頓雖然逃過一劫活了下來，卻遭受了生不如死的嚴重傷害：頸部骨折，全身失去知覺，呼吸系統、膀胱和腸道功能受損，還有錐心刺骨的劇烈疼痛，以及嚴重的心理創傷等諸多問題。

陪審團裁定酒店應賠償肯頓四百萬美元，這金額乍聽是筆巨款，但其實光是肯頓的醫療費用估計就超過一百萬美元。事故發生時，肯頓還在法學院就讀，但日後恐怕再也無法工作，更不用說是當律師了，她整個職業生涯的薪資損失粗估約兩百萬美元。扣除相關數字後，陪審團估算肯頓所承受的疼痛和痛苦僅值一百萬美元左右。

這樣看來，賠償金似乎不像表面上那麼慷慨（更何況她的律師很可能拿走其中的四分之一或更多）。再換個角度來看，如果有人說他願意支付所有的相關費用，並為你承受的痛苦和折磨提供一百萬美元，你願意承受肯頓受到的傷害和痛苦嗎？我可不願意，門都沒有。

然而，凱悅酒店卻厚顏無恥地以金額過高為由，要求法院將賠償金減半，法院駁回了該公司的要求。試問：凱悅酒店願意支付多少錢，來防止其最高層管理團隊遭受肯頓的傷害？要是依照同態報復法則，那麼肯頓可是有權把凱悅酒店的室內天橋（或類似的重物）砸向凱悅酒店的執行長，請問該公司願意支付多少錢來阻止肯頓這麼做？

如果你的猜測是超過四百萬美元，我敢肯定你猜對了，我甚至猜測他們願意付到四千萬美元以上，甚至有可能遠高於此數目。這就是同理心的力量，而**同態報復法則的威力，便是來自於運用同理心的力量**。

我相信陪審員肯定對肯頓的遭遇感到難過，也會同情她的處境，但我很懷疑他們真能對她的痛苦感同身受，反倒是擔心自己可能被砸的凱悅酒店高階主管，應該會比較有感吧。

以眼還眼並非真正的平等

同理心並非以眼還眼的唯一吸引力，它還為復仇設定了上限：「**頂多**」**只能到以眼還眼的**

程度。

人類對復仇的胃口似乎來自於演化，而胃口是有可能失控的，想想你有多常吃太飽。（呃，我好像在影射某人，雷克斯說赫修維茲家男人的座右銘就是我又吃太多了。）

有些人無法滿足於以眼還眼，他們要麼是高估了自己，要麼是低估了別人，再不然就是那種為了芝麻小事就抓狂的暴走哥。復仇文化完全無法容忍這種人，因為在他們面前幾乎沒有和平的可能，以眼還眼規定了合理賠償的範圍來約束這幫人。[13] 還有所謂的「和事佬」（oddmen），他們會在人們無法自行達成協議時介入解決爭端。[14] 之所以稱他們是「odd」，因為他們並非雙方當事人，而是第三方，就像米勒說的：「少了這位和事佬，事情就是擺不平。」

陪審團制度便承襲自「和事佬」，他們做的是一樣的事。陪審團代表社會來決定什麼是合理的賠償，但陪審團設定的補償與「和事佬」不同，「和事佬」執行的是以眼還眼，他們不會像陪審團那樣廉價出售受害者的身體部位。

我猜這聽起來有點怪，因為在大眾的想像裡，美國陪審團要求的賠償金通常是太多而非太少，但是我並不這麼認為，法院通常會將損害賠償額定得遠遠低於任何人因遭受傷害而接受的賠償額，如果你事先向他們提出要求的話。

我曾問過我的法律系學生，要多少錢他們才會願意接受像肯頓那樣的傷害，大多數人會說，給他們多少錢都不幹，只有少數人說如果對方賠個數億美元，他們或許願意為家人犧牲自己。不過，從來沒有一個學生願意為了四百萬美元（肯頓實際收到的賠償金）遭受肯頓那樣的傷害。

對於那些視復仇為家常便飯的人，我們喜歡自以為比他們高一等，認為他們皆是「過著低級、下流和野蠻生活的暴力分子」。[15] 但米勒說這是個天大的誤會，事實上，生活在同態報復社區裡的人生其實挺昂貴的，不信的話你就去殺個人，然後用你自己的命去抵他的命。我們其實是不重視生命和肢體的一群人。[16] *

所以，我寧死也不想活在同態報復的社會，大部分的現代生活之所以可行，是因為我們願意讓陪審團廉價出售身體。正如米勒所指出的，如果「每一起交通事故都賦予受害者的親屬殺人的權利」，我們就無法開車了，而且我們必須放棄的不只是汽車，還包括現代生活中的所有機器：飛機、火車、卡車、電動工具，幾乎所有帶馬達的東西。我們之所以能夠享有這一切便利，就是因為我們願意放棄以牙還牙，接受較微薄的補償。

但是現代生活的便利性並非我們拒絕復仇文化的唯一原因，稍早時我曾說過凱頓可以付錢給漢克以保住他的眼睛，但他需要一筆錢來實現此目標，如果他沒錢，他就不得不放棄他的眼睛，或是讓漢克擁有其他東西，例如：充當一名奴隸來還清弄瞎漢克眼睛的代價。[17] 因此，**以眼還眼並不算是真正的平等**。

在那些固守以眼還眼法則的社會中，奴隸制並非唯一令人厭惡的特點，另一個則是榮譽的概念。各位可還記得之前我曾說過，古德蒙為斯凱林的斷手設定的賠償價錢，其實是當時的人對於殺死像斯凱林這樣的人所設定的賠償金額，一個人的身價（以及他身體各個部位的價碼），會隨著此人的榮譽高低而有所不同，像婦女、僕人和奴隸根本不被視為人，除非他們隸屬於某個重要人物。而那些被當成人看待的人，每一個都在拚命想要提高自己的榮譽，或是努力防止他們的榮譽被別人奪走。

這種情況光聽就覺得累，**我們應該感恩自己生活在現代，在這個社會中，一個人的身價取決於一些有意義的事情**，例如她在臉書上的最新貼文獲得多少讚。呃，我的意思是，我們應該感恩自己生活在一個對每個人都一視同仁的社會裡。

不，這樣說還是不對，我真正的意思是，**我們應該感恩自己生活在一個「聲稱」它會對每個人都一視同仁的社會裡**。

我是真的這麼認為，雖然我們尚未達到這個理想，但至少這是我們的理想，此事本身就是一項道德上的成就，因為很少有社會擁有這樣的雄心壯志。當然啦，要是我們真能建立一個對每個

---

* 至少在法庭上，因為法庭講究的是如何應對錯誤行為。米勒指出我們在醫療保健上的花費驚人，尤其是在生命的最後階段，他指出：「此舉顯露出的不是我們的美德而是陋習，不是我們對人類尊嚴的承諾，而是人類尊嚴的缺乏。我們如此懼怕死亡和痛苦，以至於寧願讓後代子孫破產，也要在生命的盡頭增加更多無用的歲月。」我認為米勒對於「錢」的看法不正確，我們的子孫並不會因為聯邦醫療保險（Medicare）而破產，不過他的這番觀察還是頗值得你我深思。

人都一視同仁的社會，那就太棒了。

不過現在的重點是，**我們可以拒絕復仇文化**，但不得不承認以眼還眼在當時的社會裡，真的是一種實現正義的天才方式。

被欺負時，你可以捍衛自己

小孩子雖然對這種天才的做法一無所知，卻很懂得復仇，為什麼會這樣呢？漢克根本說不清楚他復仇的理由，當他被要求解釋時，他只是反覆說著一個已有證據的事實——凱頓稱他為「狗蛋」——彷彿這樣的解釋就足夠了。

這樣的解釋當然是不夠的，但漢克復仇的理由昭然若揭：他是要為自己討公道，但那是什麼意思？漢克為什麼一定要這麼做？

基於我們之前看到的原因，漢克絕不能讓其他孩子把他視為好欺負的軟柿子，也就是說，**把自己塑造成一個有仇必報的人，對漢克是有利的**。雖然漢克無法清楚地說出這一點，但他很可能已經感覺到了。如果復仇的欲望是與生俱來的，很可能就是出於這原因。

但我認為原因不僅於此，除了想要保障未來的安全，漢克還有其他在意的利害關係，關於這方面，我們可以求教美國哲學家潘蜜拉．希羅尼米（Pamela Hieronymi），她是影集《良善之地》（*The Good Place*）的顧問，而且還在最後一集客串了一段演出。希羅尼米對於人類的道德生活有著相當敏銳的觀察，尤其是對於錯誤行為傳達出的訊息，以及我們必須對此做出反應的原因格外感興趣。

假設凱頓推了漢克一下，漢克可能會受傷、也可能不會，但不管怎樣，被別人推的感覺很討厭，因為它傳達了一個訊息：漢克是那種凱頓可以隨意推來推去的孩子。

希羅尼米說漢克有充分的理由抵制這樣的訊息，**因為他的「自尊」受到威脅了**，[18] **漢克不想把自己視為那種可以被別人推來推去的人，除此之外，他的「社會地位」也處於險境，漢克不會希望別人把他視為那種可以被推來推去的人**。

為了捍衛自己的社會地位與恢復自尊，漢克必須對凱頓做出回應，如果他就這麼算了，而且其他人也不吭聲，那他可能會面臨這樣的風險：**人們有可能做出凱頓可以把他推來推去的結論，事實上，就連他自己也可能會這樣想**。以受虐為例，人們往往會習慣成自然，竟開始認為這是他們必須忍受的事情，或者更糟糕，認為這是他們應得的報應。

漢克該如何回應呢？希羅尼米說，他應該感到憤怒和怨恨，[19] 這兩種都是不討喜的情緒，所以很多人都會出於本能地反對它們；但是希羅尼米相當贊同哲學的一個傳統，**把怨恨看成是攸關自尊的問題，**[20] **怨恨是在抗議錯誤行為隱含的訊息**，如果漢克怨恨凱頓，表示他在告訴自己，凱頓推他是不對的。[21]

但怨恨只是第一步，**下一步是把抗議公開化**，**這就是你為自己挺身而出時要做的事情**。而且漢克有幾種方法可以做到這一點，首先，他可以直接告訴凱頓：「你不可以隨便推我。」但光是嘴巴說說可能還不夠，如果凱頓沒有因為推漢克而承受一些後果，他可能會繼續認為他可以推漢克，不必理會漢克怎麼說，而其他孩子也可能會產生相同的印象。

所以，漢克有理由讓凱頓承擔後果，但他該怎麼做呢？他可以把凱頓推回去，那個動作形同在說「你不能隨便推我」，而且還意味著：我跟你是平等的，如果你能推我，我也可以推你。

但凱頓實際上沒有推漢克，他罵他是個狗蛋，但這只表示他傳達的訊息更明確。凱頓說出了漢克在他眼中的低下地位，漢克是個狗蛋，或至少是個可以被稱為狗蛋的孩子，凱頓把這一點傳達給漢克，以及其他每一個聽到這個侮辱性字眼的孩子。

我不知道漢克做了什麼回應，但應該不會很糟糕，因為我們並沒有收到班導寫的事件報告。要我猜的話，我猜漢克很可能以牙還牙，回敬凱頓也是個狗蛋或類似的可笑名稱。但不管漢克做了什麼，他都是在捍衛自己，對凱頓及目睹此事的其他孩子說：**我不是那種你可以隨便罵我是個狗蛋的孩子**。

如果你在現場看到那場爭吵，你會把漢克拉到一邊，並告訴他「錯錯不能得正」嗎？我不會，事實上，我對這小傢伙的表現感到很滿意，我覺得他將來應該能在這個世界上混得很好。

我在本章的開頭就曾說過，第二個錯誤有可能導正事態，我現在仍堅持此一說法，因為前後兩個錯誤行為的象徵意義並不相同，當凱頓稱漢克是個狗蛋時，他是想表明自己比漢克高一等，而漢克以同樣的侮辱性字眼還擊時，則是想表明自己與凱頓是平等的。

說實話，我之所以會對「錯錯不能得正」的說法有所保留，是因為只要你別做得太離譜，那麼第二個錯根本不算錯。**一個行為的道德品質有一部分取決於它所傳達的訊息，雖然他倆說了同樣的話，但一個是捍衛自己，而另一個則是貶低別人，兩者是截然不同的。**

我最近問孩子：「你們有沒有報過仇？」（漢克早已忘了狗蛋那件事。）

雷克斯說：「有啊，當漢克打我的屁股時，我就會打他的屁股。」

漢克超級自豪地說：「我也是！當雷克斯打我的屁股時，我就會打回去。」

我問：「這樣可以嗎？」

漢克說：「可以啊，我們是兄弟，我們可以觸摸對方的屁股。」這小子又劃錯重點了。

我又問：「那你有沒有在學校裡報復過某個人？」

雷克斯說：「沒有耶，錯錯又不能得正。」

「你為什麼這麼說？」

雷克斯說：「如果有人做錯事，然後你也做錯事，那你也一樣壞。」

「你確定嗎？」

「確定啊。」

「那如果第一個人是壞心眼，而第二個人是為了捍衛自己的尊嚴呢？」

雷克斯說：「哦，我明白了，我想那並不是壞事，它只是不好。」

「那又是為什麼呢？」

「嗯，因為你總會有別的辦法的。」

這話確實有幾分道理，就像我們告訴幼兒的那樣，你不必為了捍衛自己而反擊對方，你可以動口不動手；你還可以要求別人為你主持公道，例如班導凱莉可以明確告訴凱頓不可以叫漢克狗蛋，而且要是漢克向她尋求幫助，她說不定就會這麼做。

但我並不認同雷克斯說「你總會有別的辦法」的樂觀態度。漢克也許可以指望凱莉來糾正凱頓，但老師不一定會來救人，而且有時候當你向別人尋求幫助時，會顯得你很軟弱。如果你指望凱莉來保護你，那麼當她不在你身邊時，你該怎麼辦？**我不希望我的孩子去傷害別人，但我希望他在面對平常的侮辱和羞辱時，有能力捍衛自己**。

我也希望我的孩子能夠為他人挺身而出，怨恨和報復是受害者抵制錯誤行為所隱含之訊息的方式，但是旁觀者也可以在抵制這些訊息方面發揮作用，當他們這樣做時，不但可以寬慰受害者，而且形同向他們保證，並不是每個人都像壞傢伙那樣看待他們的。

漢克在念幼稚園時，某晚他告訴我們，他不再跟某些朋友一起玩了，因為他們在操場上欺負另一個男孩，他不想跟他們一樣，他還想知道怎樣才能讓他們停止那樣的惡行。我們聽了非常高興，因為他為了朋友挺身而出，而且他懂得尋求幫助。

拒絕錯誤行為所傳達的訊息

成年人應對錯誤行為時也需要幫助，雖然他們不能像孩子那樣向父母和老師求助，但是他們可以求助於法院。之前我曾說過，法院試圖對錯誤行為進行矯正型正義，但成效不彰，至少不符合亞里斯多德的本意。凱悅酒店從肯頓那裡奪走很多東西——她原本能正常工作，過著獨立自主且無痛的生活。她得到的賠償金或許能幫助她應對受害後的生活，但無法返還她失去的東西，而且復仇也無濟於事，即使讓凱悅酒店的高階主管受到同樣的傷害，也無法消除肯頓受到的傷害和痛苦。

不過，**矯正型正義還有另一項功能，我們雖然無法修復傷害，但我們可以糾正錯誤行為所傳遞的訊息**，[22]在法庭上，肯頓呼籲她的群體拒絕接受凱悅的不當行為所隱含的訊息，在她的要求下，法庭明確表示凱悅酒店有責任保護好所有客人的安全，法院還明確指出，凱悅酒店沒有顧好肯頓的安全，這樣的情況是不能容忍的。

我想這就是很多人上法庭想要尋求的東西：維護合法的權益並獲得賠償，他們希望法院確認他們遭到不當的對待，而他們有權不遭受那樣的對待，他們還希望法院明確指出，惡意行為是不能善罷干休的。

我引用歌手泰勒絲（Taylor Swift）的故事來向學生說明這一點，[23]二〇一三年，一位名叫大衛．穆勒（David Mueller）的電台主持人，趁著與泰勒絲合照時捏了她的屁股，泰勒絲投訴了此事，穆勒丟了工作，結果他竟然告泰勒絲誹謗，說他並未摸她，泰勒絲則反告對方非法侵犯她的身體，並且要求一美元的賠償，結果她贏了。

這場官司的重點是什麼？泰勒絲並不需要這一塊錢，她也不是為了獲得賠償金而提起訴訟的，泰勒絲告對方是為了表明，她的身體不是公共財產，不是任何人想摸就可以摸的。換句話說，**她要求法院拒絕接受穆勒的摸臀行為所傳遞的訊息**。法院的判決書明確告訴穆勒及在場所有人：除了泰勒絲本人，沒有人有權碰觸她的身體，而且因為法院適用了人身侵權法律的一般原則，所以它對每個人的屁股發出了一個訊息——鹹豬手勿近。

雖然一般人很排斥上法院，但法院給了我們一個機會，呼籲大家拒絕接受錯誤行為所傳達的訊息，這就是矯正型正義，而且它是復仇的最佳替代品。

對了，還有一段話是父母很喜歡拿來告誡小孩的：「棍棒和石頭可能會打斷我的骨頭，但酸言酸語無法傷害我。」

我媽就很認同這句話，要是哪個孩子對我說了些刻薄的話，她就想用這句話說服我。我雖然年紀小不懂事，也知道這不是真的，因為有些惡毒的話非常傷人，而且比打斷骨頭還疼。

所以我從不拿這句話教育我的孩子，我還想讓他們正視惡毒的話語確實很傷人的事實。不過，這句話當然也有值得學習之處，我們可以用它來激勵自己，在聽到別人的惡毒言語時，不妨表現出毫不在乎的樣子。

某個孩子叫你狗蛋，無非是想激怒你，即使你對他說的話很不爽，也最好別中他的計；要是你能告訴他，他說的任何話都侮辱不了你，那就更好了，這也是扭轉局勢的一種方式。把他當空氣就是在顯示對方的無足輕重，所以你根本不在乎他說了什麼，要做到這一點很難，卻是讓他停止挑釁的最好方法。

某天晚上，我跟漢克聊到有個孩子說了一些很刻薄的話，於是我趁機把這個道理教給漢克，我告訴他，我可以教他一個最厲害的句子。

「你準備好了嗎？」

「準備好了。」

「你確定？它真的很強大哦。」

「我準備好了。」

「當有人對你說一些刻薄的話時，你可以說，**我才不在乎你怎麼想呢**。」

漢克大喊：「爸爸不在乎我的想法！」希望能引起他媽媽的注意。

「傻瓜，我當然關心你的想法，我是說當別人對你說了些很惡毒的話時，你可以這麼回敬他，你想練習嗎？」

「想。」

「你這麼矮，就連螞蟻都看不起你。」

他咯咯笑了起來，然後回：「我才不在乎你怎麼想。」

「那是你的眉毛，還是毛毛蟲停在你臉上？」

更多的咯咯笑聲：「我才不在乎你怎麼想。」

「你刷牙了嗎？你的口氣聞起來好像你的臉在放屁。」

狂笑聲，然後是：「我才不在乎你怎麼想。」

我們又練習了幾個回合，但我已經想不出孩子能聽的挑釁詞了，所以我們決定到此為止並互道晚安。

我一如往常地說：「晚安，漢克，我愛你。」

「我才不在乎你怎麼想咧。」

狗蛋。

第 3 章

懲罰

爲什麼我要停下來？

「哎呀呀呀呀呀呀呀呀呀呀！」

「安靜，雷克斯，乖乖吃飯。」

「哎呀呀呀呀呀呀呀呀呀！」

還不滿兩歲的雷克斯正在尋找自己的聲音，或者應該說，他想知道自己可以發出多大的聲音，而且他完全不想停下來。

最後茱莉發怒了：「你需要暫停一下。」她把雷克斯從高腳椅上抱到客廳，這是他的第一次暫停（time-out），但他哪可能自己乖乖坐著，所以茱莉把雷克斯放在她的腿上：「我們要休息一下，因為你太吵了。」

雷克斯問：「為什麼我們要休息？」

茱莉再次說：「因為你太吵了，所以我們要休息一下。」

雷克斯一點也不難受，反而非常高興地說：「耶！我們在休息！」

我那擔任社工的老婆大人會告訴你，暫停的時間應該跟孩子的年齡一樣長，所以兩分鐘後，她又帶著雷克斯回到餐桌上。

被媽媽綁在高腳椅上的雷克斯說：「我想多休息一下。」

「雷克斯，乖乖吃飯。」

「我想多休息一下！」

「不行，雷克斯，現在該吃飯了。」
「哎咿咿咿咿咿咿咿咿咿！」

嚴厲懲罰孩子，合理嗎？

看來懲罰似乎沒啥效果，這也難怪嘛，因為懲罰本來應該是不愉快的，但雷克斯卻發現暫停很有趣，可以讓他從日常作息喘口氣，況且他完全不介意坐在他媽媽腿上。如果我們真想懲罰雷克斯，必須要更嚴厲些。

且慢，我們為什麼要嚴厲對待一個孩子？甚至，我們為什麼要嚴厲對待任何人？懲罰的合理性何在？

最常聽到的標準答案是「報應」，這是我們在第二章中提過的想法——有些人做錯事，所以他們理應受到懲罰。為什麼呢？這很難說，而且一些報應論者也不願多言，在他們看來，不道德的壞人為他們犯下的罪惡受點懲罰，乃是天經地義的事。其他人則提出了我們在第二章中提過的那些隱喻，他們說做錯事的人對社會有負債，他們必須為自己做的事情付出代價。[1]

正如我之前說的，我們不能單憑一個隱喻來解釋，為什麼我們要把痛苦加諸於任何人，即便是那些做錯事的人。我們當然也不能僅憑義憤填膺就覺得我們應該懲罰人，如果我們要為懲罰所帶來的壞處辯解，那我們就必須知道懲罰能帶來什麼樣的好處。

稍後，我會透過說明為什麼讓一些人受苦是合理的，來「洗白」報應的概念，但目前我們要先把這個問題擱置一下，因為我們很清楚，用報應來解釋我們為什麼要嚴厲對待一個兩歲幼童是說不通的。認定某些成年人受苦是罪有應得或許說得通，但我們真的很難想像一個小孩受苦是罪有應得，特別是像雷克斯這麼年幼的孩子。

那我們為什麼要判他暫停呢？因為我們希望雷克斯停止尖叫，並且乖乖吃午飯；呃，主要是我們希望他能停止尖叫，這樣我們才能好好吃午飯，所以暫停想要立即達到的目的就是，讓他知道尖叫對他沒有好處而閉嘴。

我們夫妻想要做的事叫做「威懾」，此概念跟我們對復仇的想法是一樣的，大人會對激勵措施產生反應，孩子也不例外。雷克斯以大聲尖叫為樂，如果我們想讓他停下來，就必須讓尖叫失去樂趣。不幸的是，雷克斯發現暫停比尖叫更有趣，於是他更加用力尖叫好被判暫停。

對於年僅兩歲的幼童，轉移注意力會是比威懾更好的策略，如果這樣還不管用，那就無視他的尖叫聲，可能會比懲罰他更快讓他閉嘴。我是從我們的馴狗師那裡學到這招的，我們養了一隻名叫貝莉的迷你黃金貴賓犬，牠也很愛尖叫，還喜歡跳到人身上，然後咬他們的手。馴狗師教我們一個遊戲，叫做「看不見狗」，這遊戲再簡單不過了，當貝莉跳起來或咬人時，我們完全無視牠，彷彿牠根本不存在；但只要牠變乖，遊戲立刻結束，我們會瘋狂表揚牠，並給牠獎勵。這樣做的目的是要讓牠知道，當牠不亂跳或不咬人時，就會有好事發生。換句話說，我們是透過正面的激勵措施（而非負面的懲罰）來調教牠。

這方法十分有效，且效果好得驚人，效果好到如果時光能倒流，我會帶著小雷克斯去找馴狗師，她非常專業，比我們這些爸媽高明多了。而且不是只有她這麼厲害哦，動物訓練師都很擅長消除壞行為與鼓勵好行為，而且除非必要，他們很少懲罰動物。

與其事後懲罰，不如事先馴服？

說了半天，我們為什麼要懲罰人呢？為什麼我們不能像訓練動物一樣訓練他們就好了？這是個好問題。《紐約時報》（*New York Times*）曾在二〇〇六年刊登了美國作家愛咪・桑德蘭（Amy Sutherland）的一篇文章，當時她正在寫一本關於動物訓練師學校的書，[2]當她觀看他們工作時，突然靈機一動：她可以訓練她丈夫。

她丈夫也叫史考特，當時他有一堆令人震驚的壞習慣：衣服脫了就扔在地上、經常搞丟鑰匙，更糟糕的是，每當他搞丟鑰匙時就會抓狂。這些毛病我都沒有，至少在過去一兩天裡沒犯，所以就算茱莉讀到這篇文章，對我來說也不成問題。

其實我一讀到那篇文章就知道大事不妙了，所以我把當天的報紙藏了起來，並且絕口不提我讀到的內容。可惜我沒辦法讓網路消失，所以茱莉最終還是看到了桑德蘭這篇文章。它的標題是〈虎鯨教會我了關於幸福婚姻的那些事〉（What Shamu Taught Me About a Happy Marriage）[3]，桑德蘭在文中提到，在她開始這項研究之前，她會嘮叨丈夫的缺點，可是這非但沒用，還讓事情變得更糟，幸好動物訓練師給她上了一課。

桑德蘭指出：「我從動物訓練師那裡學到的核心課程是，我應該獎勵我喜歡的行為，並忽略我不喜歡的行為。畢竟，你不能靠嘮叨來讓海獅學會用鼻尖頂球。」[4] 海洋世界主題樂園裡的一位海豚訓練師教桑德蘭「反增強法」（least reinforcing scenario）——如果海豚做錯事，馴獸師就會完全不理牠，甚至連瞧都不瞧一眼，得不到回應的行為通常就會漸漸消失。桑德蘭還學會了「漸次接近法」（approximations）——當對方朝著你想要鼓勵的行為邁出了一小步，便給予獎勵，之後每進步一點都給予獎勵，如此反覆不歇，直到海獅學會用鼻尖頂球為止。

桑德蘭立刻在家中應用她學到的新技能，她感謝丈夫把髒衣服放進洗衣籃裡，且完全無視被扔在地上的衣服。一陣子之後，地上的髒衣服開始變少，要不了多久，她的海獅就學會用鼻子頂球了。

我很快就注意到茱莉也在做同樣的實驗，她突然不再抱怨我亂扔衣服，要是我把地上的衣服撿起來，她就會把我誇上天。同樣的場景也在廚房裡上演，每當我把髒碗放進洗碗機，而不是隨手堆在水槽裡，她也會大力稱讚我。於是我開始做一些小測試，果不其然，只要往正確的方向邁出一小步，都會產生正向的強化作用。

我問她：「你這是在馴服我嗎？」

「可惡，你也看了那篇文章？」

「每個人都看到了。」那可是有史以來獲得最多電子郵件轉發的文章之一。

「嗯，還挺有效的。」但她臉上突然沒了笑容，因為她恍然大悟，「你是不是也在馴服我？」

這點我就不予置評了。

我們發現彼此都不想讓對方知道這篇文章時，不禁相視而笑，並且達成了一個停火協議，不再互相馴服對方。但其實老婆大人仍在馴服我，而我決定完全無視它，仔細想想，這不也是馴服術嗎？要是她肯收手，我就會給她點獎勵。

我為了誘導茱莉做出良好的行為而給她一點甜頭的行為，是不是令各位看倌覺得不大舒服？肯定會吧，這種諜對諜的做法實非夫妻相處之道，也非人與人之間的相處之道，待各位明白個中緣由後，肯定會對懲罰產生新的看法。

彼得・史陶生（Peter Strawson）是牛津大學的形而上學教授，他曾在上世紀發表了一篇極具影響力的哲學論文，它的標題是〈自由與怨恨〉（Freedom and Resentment）[5]。史陶生在這篇文章中提及兩種待人之道，其一是把人當物對待，彼此的關係將受制於因果法則——因為人可以操縱或控制物；視人為物就像是把人當成你家裡的電器，你可以調節恆溫器以獲得想要的室溫，或是用微波爐加熱食物以免燒焦，或是更換爐子的濾網以提升其效能；以上這些東西你都可以調整輸入來影響輸出，這就是桑德蘭對她丈夫做的事。

史陶生指出，視人為物就是把人看成「可被管理、處理、治療或訓練的東西」。[6] 桑德蘭並不恥於用這種方式看待她的丈夫，她還解釋她所做的實驗是為了「把他推向完美」，[7] 並「使他成為一個不那麼討人厭的伴侶」。請各位注意這些動詞：她想把他「推」向一個新的方向，「使」他「變」得比以前更好。她的丈夫徹頭徹尾成了她的實驗對象，一個可以用她的新技能來操縱的東西。

史陶生稱桑德蘭對她丈夫採取的是客觀式（objective，把他視為一個物件）態度，與此成對比的則是他所謂的回應式（reactive）態度，這是我們在普通人際關係中顯現的態度，例如憤怒、怨恨和感激。當我們處於某種關係——配偶、同事、朋友，甚至只是同胞——我們就會對對方的行為有所期望。基本上，我們期望人們以善意對待我們，當他們的行為超乎預期時，我們會心存感激，當他們的行為不如預期時，我們就會感到憤怒和怨恨。

史陶生指出，**抱持回應式態度，我們才會把人當人看，而不會視人為物，因為人必須對自己**

的行為負責，物則無此必要。當我的恆溫器故障時，我不會對它生氣，但我可能會對製造和安裝它的人生氣，甚至是氣我自己，當初為什麼沒有購買更好的產品？因為只有針對有責任（或至少可能有責任）的人生氣才有意義，我們的憤怒傳達了一種判斷：這個人理應做得更好才對。[8]

我知道各位在想什麼，有時候你會對無生命的物件生氣，我也是，我不只一次咒罵壞掉的電腦。但是當我們對一個物件生氣時，我們是在把它擬人化，把它當成人對待，要求它對它幹的好事負責，但我們明知它跟這件事沒半點關係。

桑德蘭則是反其道而行——把人當成物來對待，物是受人操縱和控制的。**但人不只是物，我們需要對自己的所作所為負責，或至少有能力負責**。像憤怒之類的回應式態度，就是我們讓彼此負責的一種方式。

懲罰是對錯誤行為的回應

某天晚餐時，我問孩子們：「你們知道什麼是懲罰嗎？」

漢克說：「那是壞事。」他緊接著又說：「我們可不可以別在我吃飯的時候聊這個？」漢克不喜歡在吃飯的時候談論不愉快的事情，呃，其實是任何事情。

但雷克斯卻接話：「懲罰就是有人對你做的壞事，或是他們要你做一些你不想做的事情。」

「那如果我說你該練鋼琴了，而你卻比較想在外面玩，那我是在懲罰你嗎？」

雷克斯說：「不是。」

「為什麼不是？」

「因為我沒有做錯事。」

「所以懲罰是對錯誤行為的回應？」

「是的！」雷克斯說，「懲罰是因為你做了壞事，所以有人對你做壞事。」

「我們能不能不要在我吃飯的時候談這個？」

雖然漢克過早打斷了我們的談話，但雷克斯還是對懲罰做了很好的闡述。事實上，在美國法哲學家喬爾．范伯格（Joel Feinberg）出現之前，人們對懲罰的定義就跟雷克斯說的差不多——**懲罰是由權威機構針對不法行為所施加的嚴厲處置**（或者像雷克斯說的：因為你做了壞事，所以有人對你做壞事）。

范伯格在亞利桑那大學教哲學，他的學生克拉克．沃爾夫（Clark Wolf）是我的第一個哲學教授，另一個學生朱爾斯．科爾曼（Jules Coleman）則是我在法學院的導師，所以范伯格堪稱是我的哲學師祖，但他也是一位重要的刑法思想家，出版了多本刑法的相關巨著。

范伯格發現懲罰的標準說法中有個問題，[9] 茲以美式足球比賽中的干擾接球（passinterference）判罰為例：裁判判決進攻方在防守方犯規的地方，完成了第一次進攻。這項判罰是相當嚴重的，有時甚至會左右比賽的輸贏。而這個判罰是由一位權威人士（裁判）施加於一個不當行為（干擾接球），所以如果雷克斯的定義是正確的，那麼這個判罰就是懲罰了。干擾接球確實是一種判罰，但我們不會為此懲罰球員。

再舉另一個例子來說明，你在暴風雪時忘了移車，因此當鏟雪車經過時，你的車就被拖走了。這同樣是個令人不爽的待遇，你必須專程前往違規拖吊保管場，付清罰款把車子取回來，這同樣是判罰而非懲罰。事實上，如果罰款只限於車子的拖吊費與保管費，你甚至搞不清楚這筆罰款算不算是判罰，因為你只是被要求為你的錯誤支付一筆費用罷了。

范伯格認為，雷克斯的定義忽略了懲罰的象徵性意義，懲罰表達的是怨恨和憤慨之類的回應式態度。范伯格指出，當國家判定某人是罪犯並把他關進監獄時，便譴責了他所做的事情：「罪犯感受到獄警和外界赤裸裸的敵意，但這種敵意其實是自以為是的。」[10]因為他們把它視為是對罪犯的錯誤行為所做的適當回應。

如果懲罰真如范伯格所說的那樣，是一種表達回應式態度的方式，那麼就會出現兩種情況。首先，茱莉叫雷克斯暫停時並未真正懲罰他，她只是想阻止他尖叫，她並不打算譴責他的行為。但從范伯格的角度來看，茱莉判罰了雷克斯（而且成效並不好）。所以，搞不好我們借用體育賽事的比喻從頭到尾都是錯的，我們不應叫孩子暫停，而是該罰他們下場坐冷板凳。

其次，是比較嚴重的一點，由於懲罰表達的是回應式態度，此事實限制了我們可以適當懲罰的對象。我們前面便說過，**回應式態度是讓人們對其行為負責的方式，所以我們只該懲罰那些必須對自己的行為負責的人**。因此，刑法中才會有諸多理論，旨在確定被告是否確實要對自己的所作所為負責，例如：我們不會懲罰那些精神錯亂或有其他方面問題的人（至少不會正式懲罰）*，我們也不會懲罰遭到脅迫而去犯罪的人，我們只懲罰那些我們認為他們理應做得更好的人。

理性是做你應該做的事

人為什麼要對自己的行為負責？這是個很難回答的問題，我無法在這裡給出一個面面俱到的答案，我只能提出一個精簡版的答案：因為人有能力識別理由並做出回應，但是物（甚至是複雜的動物）並不具備這種能力。我們的馴狗師常說貝莉會不惜一切代價來獲得牠想要的東西，如果咬人能讓牠得到牠想要的關注，牠就會一直咬下去。如果咬人得不到貝莉想要的關注，牠就會停止，並做其他的嘗試。但可以確定的是，至少牠在一段時間內，會克制自己的衝動。現在牠已經學會了坐好，以及等我們喊開動才吃東西，但牠只有在有利可圖時才會克制自己的衝動。

人跟人之間有什麼不同？你會遇到一些你覺得跟你沒啥不同的人，我們都認識一些眼前無利可圖就不大想採取行動的人，但人會依理性行事，什麼是理性？這又是個複雜的問題，所以我只能給出個差強人意的簡單答案；粗略地說，**理性是做你「應該」做而非你「想要」做的事**。你餓了是我餵你的理由，即便我比較想要看到你餓死；你會痛是我不再站在你腳上的理由，即使我很想繼續站在那裡；我答應了是我做這件事的理由，即使我想做別的事情。†

有些人並不認為這有什麼差別，但是蘇格蘭啟蒙運動的推手暨知名哲學家大衛・休謨（David Hume）指出：「理性是，且只應是激情的奴隸，除了服務和服從於激情，再不能有其他任何職務。」[11] 言下之意就是，其實我們跟貝莉差不多，雖然看起來不像。我當然可以不踩你的腳，即使我很想留在那裡，但是休謨認為我之所以會離開你的腳，只是為了服務於不同的欲望——例如不被你揍的欲望。休謨認為理性能幫助我們搞清楚如何滿足我們的欲望，而非與欲望競爭。

休謨自有一群支持他的粉絲，但我並不是，我認為理性和欲望是獨立運作的，我們的欲望並

---

* 括弧中的敘述是為了說明一個事實：我們的刑事實務並未落實這一點，監獄裡有許多人患有嚴重的精神疾病，因此我們應當懷疑他們有必要負起相關的道德責任。

† 不過這些理由並非決定性的，例如漢克餓了，是我餵他的理由，但有時候會出現更厲害的理由來「攪局」。漢克經常會發現，雖然他餓了，但如果快到晚餐時間了，我們就會要他再等等，因為我們認為只要有機會就應該全家一起吃飯。

不一定會產生理性。（希特勒想要滅絕猶太人，並不是他可以這麼做的理由。）而且我們的理由並不一定是以欲望為基礎的，甚至一般來說都不是以欲望為基礎。（即使我不想還清我的債務，但我還是應該這麼做，且其理由不只是為了避免挨揍。）說實話，**人之所以為人，就是因為我們有能力分得清楚什麼是我們該做的、什麼是想做的**。

你就無法跟貝莉講道理，你只能靠調整牠的動機來塑造牠的行為，但我們可以跟彼此講道理，回應式態度即是其中一種方式；當你對某人生氣時，你就是在告訴對方，他應該做得更好。雖然他可能會不開心，但至少你是把他當人看，認為他應該對自己做的事負責，而非把他當成沒辦法講道理的物品或動物。

現在我們可以看出桑德蘭的實驗中令人擔憂的地方了，當她開始訓練她丈夫時，她不再把他當人看，而是當成一個她有權操縱和控制的物。（還記得第一章提過的康德思想嗎？我們應當把人當人看，而非視人為物。）她不再跟他講道理、而是開始塑造他，至少她試圖訓練他。我相信在其他方面和其他時候，桑德蘭確實有把她丈夫當人看，而且我不想太苛責她。稍後我將提到，有時候我們應該以客觀式態度對待別人，包括我們所愛的人，不過我仍要堅持：**你不應該馴服你的配偶**。

客觀看待幼童的行為

那你的孩子呢？你是否應該馴服他們？當然要，而且是每天從早到晚，至少在他們年紀還小的時候，因為小孩子還「不算是人」，至少在相關意義上不是。你沒辦法跟一個兩歲小孩講是非對錯的道理，雖然你看似在跟他們講道理，但我敢打包票你不是，因為小孩子還無法理解想要做什麼跟應該做什麼之間的區別。

我已經數不清有多少次跟小孩進行過這樣的對話——

我：你為什麼打他／要拿那個東西／在公共場合脫褲子？

孩：因為我想這麼做。

我：那你為什麼要這麼做？

孩：我就這樣做了啊。

我：是的，但是為什麼？你想達到什麼目的？

孩：我就是想這樣做啊。

我：我得告訴你多少次？欲望並不是行動的理由。

孩：拜託，嬰兒潮世代，我也讀過休謨的書。

我：你說啥？我才不是嬰兒潮世代，我是X世代。

孩：理性是我激情的奴隸，X世代。

我承認這段對話是我胡謅的，但是當中提及一個很嚴肅的問題：小孩子無法對自己的行為負責任，他們無法正確分辨對錯；即便他們可以，他們也不一定能調整自己的行為，他們不具備相關的能力，而且這不是他們的錯，他們就是這樣的啊。

所以，結論就是你不能對一個小孩子發火，但怎麼可能不被小孩子激怒？當年雷克斯從醫院一回到家後，我就開始對他生氣了。因為剛開始他幾乎整天不睡覺，茱莉的分娩過程很不順利，有幾個晚上除了餵奶外，其他的照顧工作都落在我身上。當我抱著哭了好幾小時終於停下來的雷克斯時，心中真的是五味雜陳，其中當然也包含對雷克斯的怒氣。幸好這股怒氣並不持久，因為這不是他的錯，不能算是。雷克斯並不是那種人們可以對他生氣的生物，因為他無法對自己做的事情負責任。

你必須對幼童（四五歲前的小孩）採取客觀的態度，因為小孩要到六七歲左右才開始成為真正的人，在那之前他們只是動物，極度可愛的動物；他們雖然看起來像人，講話也有點像人，但他們絕對不是人，小孩子是「需要被管理或處理或治療或訓練的東西」。[12]

而且拜託大家一定要好好教育小孩，漢克兩歲多時，我會帶他去一間大型運動中心參加學齡前兒童遊戲。漢克很喜歡通往泡綿池的跑道，他會全速往前衝，然後完全停住，再小心翼翼地跳進泡綿池裡（赫修維茲家的孩子絕不莽撞）。但是喜歡那條跑道的不只漢克一人，爭先恐後的孩子們只能排出一條凌亂的隊伍，所以起跑點前亂糟糟的，但遊戲規則很嚴格：要等你前面的孩子從泡綿池中走出來，你才能開始跑。

有次我站在泡綿池旁邊，幫忙孩子們爬出來，那天有個小男孩（約莫三四歲），不肯乖乖排隊，並且一再用後空翻的方式跳進泡綿池裡。他有幾次在半空中失手，而且不只一次落在一個正要爬出來的孩子身上，我向他的母親尋求幫助，她卻只是聳了聳肩說：「他就是這樣，他是個野孩子。」

他確實是個野孩子，我拚命忍住才沒有對他媽媽說：「但教好他是你的工作。」

對於成年人，我們設定的懲罰目的是讓他恢復某種能力（rehabilitation），但是對於那個小男孩，則應把前面的「恢復」（re）拿掉，需要幫助他養成良好的習慣，使他具備跟其他人一起生活的能力（habilitation）。

他的母親應該怎麼做呢？首先，她應該當場制止他的行為，懲罰的另一個目的是使犯罪者喪失行為能力，例如：把縱火犯關進監獄，他就不能亂燒東西了。如果那個小男孩是我的孩子，我就會抓住他的衣服把他拉回來，這樣他就不會傷害到其他孩子。接著我會蹲下來站在他的高度，看著他的眼睛，然後……把他擬人化。

說真的，雖然我剛剛才要各位別把小孩子當成人，**但家長必須從小就把孩子當成人看，訓練孩子依理性行事**，你必須向他們解釋：「你不可以隨意跳進泡綿池裡，因為那樣會傷到別人。」而且你必須展現出回應式態度，而非大發脾氣，因為孩子並沒有瞧不起你，你只需要告訴孩子你很失望，你對他做的事情感到難過。但如果你好說歹說，孩子還是要用後空翻的方式跳進泡綿池裡，那你要麼叫他去罰站，要麼提早結束遊戲時間。

我雖然被那個小男孩的行為惹惱了，還擔心他可能會傷到別的孩子，但我並沒有對他生氣，他會那麼做不是他的錯，因為你還無法期待他能夠依理性採取行動；把他養育成一個懂事的生物，是他爸媽的工作，要做到這一點，他們必須教他理性與回應式態度。

幫助孩子建立正面的自我意識

說了這麼多，我該提醒大家注意，孩子固然需要體驗回應式態度，**但爸媽要小心別做過頭，如果你生氣了，甚至是暴怒，那你反而成了那個需要被暫停的人**。

我跟茱莉隨時會適時給對方喊個暫停，當她聽到我大聲說話，感覺我真的生氣了，就會立即叫我退下：「我知道了，你去休息一下吧。」然後她會心平氣和地跟孩子說明他做錯了什麼事，當茱莉失控時我也會為她做同樣的事，但是換我接手的機會比她少得多，跟社工老婆一起養育孩子是有好處的。

即便你的心態是正確的，你也必須小心自己說的話，你不應羞辱孩子，不要讓他們認為自己很糟糕，標準的做法是跟孩子討論他們的行為，而非他們的性格。但這種說法也不完全正確，當一個孩子做了一些好事，你應該讚美他們的行為，因為這反映出他們的性格，例如：「哇，你願意分享玩具真的很棒，你是個善良的孩子，想讓大家一起玩。」但是，當一個孩子做了壞事時，你應該批評他的行為與他的性格不一致，例如：「拿走那個玩具是不禮貌的，這讓我很難過，因為你明明是個樂於分享的好孩子。」

教養的重點在於幫助孩子建立一個正面的自我意識，你要讓他們看到良好的行為已經內化成其人格的一部分，而不好的行為則是一時的脫序行為，而且他們有能力改正。

拜茱莉的社工經驗之賜，再加上天賜的好運氣，讓我們在孩子還小的時候，找到了這些有眾多研究支持的育兒策略。[13] 它們都指出讚美孩子的正向性格特徵，並把他視為一個負責任的人，較能培養出負責任的孩子。你無法完全控制孩子的性情，但在某種程度上，你可以塑造他們的為人，這就是為什麼我認為用好的育兒策略馴服孩子是值得一試的。

應報式正義：譴責不法分子

一個孩子不可能在一夕之間變成一個有責任感的成年人，而是隨著他們逐漸獲得新的認知能力，慢慢培養出來的。回想當初雷克斯從醫院回到家的第一個晚上，我是以完全客觀的角度來看待他的，但隨著他日漸長大，我開始把他當人看待，並發現自己會對他的行為有所感，包括憤怒、怨恨和感激。某天，我會拚命忍笑假裝不高興，但隔天卻是真的很不開心，因為我認為這孩子可以做得更好。之後情況又會出現反轉，因為孩子的發展並不是一條直線，而是經常會出現迴圈。

漢克剛學會走路的時候，雷克斯已經四歲了，他的體力超好，老是在屋裡跑來跑去。漢克還不會走動的時候，兩人倒也相安無事，因為雷克斯可以輕鬆避開弟弟。可一旦漢克也開始趴趴走，雷克斯就開始會撞到他了，大多數情況下是意外，但只要雷克斯撞到漢克，漢克就會哭，雷克斯則立刻替自己辯護。

要是我跟他媽媽剛好目睹事故的發生，他就會立刻說：「我不是故意的！」

他以為這樣他就可以完全免除責任，但他很快就知道，這樣的說法在面對他可能面臨的最嚴重指控——「侵犯人身」時，有多麼無用。於是我對他說明了過失的概念，並告訴他在漢克的身邊必須小心，我還對他說了一句我從法學院同事馬歌．施蘭格（Margo Schlanger）那裡學來的台詞：「我很高興你不是故意的，但你必須注意。」

這是個微妙的教訓，但雷克斯學得很快，他還是撞上了漢克，而漢克果然哭了，不過雷克斯立刻提出了新的理論。

他說：「我有想要注意！」

於是我又教了他一些關於過失的知識，侵權法並不在乎你是否想要小心，它只管你出事的當下是否真的很小心；法律關注的是你的行為，而非你的心理狀態。法律會這樣規定的原因很多，主要是為了防範那種明明不小心、卻假裝很小心的情況，就像雷克斯經常做的那樣。

我會說：「我很高興你想要小心，但光『想』是不夠的，你必須真的很小心。」然後我就會判雷克斯一個暫停。

對我們夫妻和雷克斯來說，暫停感覺像是雷克斯第一次受到正式的懲罰，因為我們並非隨口敷衍，而是真的希望他能長點記性，我們譴責了他所做的事情，並傳達出他應該做得更好的訊息。但這件事的意義不只於此，我們覺得我們必須保護漢克，並讓雷克斯明白他必須留意弟弟的情況。

暫停對雷克斯來說也非比尋常，因為他看得出來我們真的很生氣，也明白我們希望他能做得更好，所以他覺得很難受，有時他會無法承受我們的責備而癱倒在地上。

要求雷克斯留意弟弟的安危來維護漢克的權利，是落實了矯正型正義。雷克斯表現出一副他似乎不需要照顧漢克的樣子，我們則清楚地告訴他，他必須顧好漢克，而且我們不只是口頭上說說而已，我們還讓雷克斯為他的粗心大意付出代價。同時，我們還落實了一點應報式正義。

那是什麼？我們已經把這個問題擱置一段時間了，現在終於可以再度開始聊聊，並弄清楚為什麼有時讓某人嘗點苦頭是有意義的。**如果說矯正型正義是要為受害者討公道，那麼應報式正義則是為了譴責不法分子**，我們透過矯正型正義來貶低他們的社會地位（至少是暫時的），以表示否定他們的所作所為。懲罰標誌著你已經失去了地位，因為你將遭受原本有權免於受到的苛刻待遇。[14]

這點從成年人身上比較容易看明白，我們以布羅克．特納（Brock Turner）的案子為例，[15]他因為在一場派對後性侵了香奈兒．米勒（Chanel Miller）而被判刑。檢察官要求判處他六年徒刑，法官卻只判了六個月，可想而知判決出來後群情譁然，而我要跟各位探討的問題是：此判決有什麼問題？它的缺陷是因為讓某些宇宙帳本不平衡嗎？如果是這樣，特納必須承受多少痛苦才能讓帳本變平衡？要把它轉換成多長的刑期才算適當？

我認為這個判決的缺陷在於：它對米勒和特納發出了錯誤的訊息，刑期太短不足以幫米勒討回公道，而且似乎還暗示了她的痛苦遭遇沒那麼嚴重——或者更糟糕的，是她這個人無足輕重。這個判決既是矯正型正義的失敗，而且過短的刑期也未實現應報式正義，它顯示了特納的行為並沒有那麼糟糕——他在短暫的「暫停」後，就應該被接納並回歸社會。

美國入監服刑的人口比例之高令人咋舌，人均監禁人數高於其他任何國家，[16]這並非我們該欣然接受的榮譽。我們雖然應該努力減少入監服刑的人數，但我並不主張完全廢除監禁制度。若有人虐待他人，就應該讓他負起責任，入監服刑就是很好的懲戒方式。把一個人關進監獄，表明他暫時不適合與我們其他人一起生活。這表示我們不信任他們，對某些罪行來說，入監服刑是一種適當的懲罰。

如果我們的監獄不是一個如此人滿為患的可怕地方，那麼入監服刑會是種適當的懲罰。有時候，把某些人從社會中分離出去是合法的，但是把人塞進過度擁擠的監獄則另當別論；他們在那裡將面臨被其他囚犯和警衛施暴的風險，他們的健康需求被忽視，而且被以非人道的方式對待。一個行為惡劣、甚至是罪大惡極的人，也仍是個人。**當我們不尊重一個犯錯者的人性，其實形同不尊重我們自己的人性，因為我們暗示了人性是很容易失去的東西**。

此外，我們還應該記住：我們遲早會跟那些被我們禁錮起來的人，再度一起生活，幾乎每個案子皆是如此。所以懲罰應有一種可能性，我們可以和諧地進行懲罰，如果我們以非人道的方式對待別人，那麼當他們以其人之道還治其人之身時，我們就不該感到驚訝；反之亦然，如果我們以尊重的態度對待別人，就比較可能獲得相同的對待。有時懲罰是必要的，包括與朋友和家人分開的嚴厲懲罰，但我們沒必要讓他們在監獄裡過上危險且悲涼的生活。

不過各位可能會想，如果我們傳達出的訊息是最重要的，如果監獄真是那麼可怕的地方，為什麼我們不能光用語言譴責不法分子？為什麼我們必須把他們送走？答案是：因為語言無法傳達所有的訊息，俗話說得好，「行動勝於一切」，你會相信一個嘴巴經常說愛你，但從未如實行動的人嗎？我是不信啦。不認同也是如此，你嘴巴說對某人的所作所為很不爽，卻未見你改變對待他們的方式，別人就不會把你的話當真。

我們為什麼要懲罰？我們已經看到了很多原因：威懾、使不法分子改邪歸正，使他們喪失行為能力，但最主要的原因還是報應；我們用懲罰來表達譴責，而應報式正義講求的就是，在某人應受到譴責時加以譴責。

有時候，我們可以網開一面

不過這並不表示我們一定要這樣做，有時候我們是可以網開一面的，有時候甚至應該讓正義開小差。

我曾經擔任過大法官露絲·貝德·金斯伯格（Ruth Bader Ginsburg）的助理，我不只從她那裡學到了很多法律知識，還學到很多生活知識。這位大法官與丈夫馬蒂的婚姻美滿，所以人們經常向她求教夫妻相處之道，她會轉述她婆婆在她結婚前對她說的話：「有時候聽而不聞，對於婚姻的美滿是有幫助的。」[17]

她的意思是，不要對一些微不足道的事斤斤計較，大而化之反倒更好過日子，改用客觀的角度看事情也很有幫助，這就是桑德蘭馴服她丈夫的心得，她指出：「過去我老是把他的缺點看成是衝著我來，認為他把髒衣服扔在地上是瞧不起我，表示他對我不夠關心。」[18]但是當她改以客觀的角度看待時，她才意識到那些事根本與她無關，她發現有些習慣只是「太根深柢固、太出於本能了，所以改不掉」。[19]

桑德蘭用這種客觀的態度來釋放她的怨恨，史陶生一點也不驚訝，不過一直對別人採取客觀的態度也是有危險的，因為這會威脅到他人和你自己的人性。如果你不認為他人有責任，你就不會認為自己是權利的承擔者，因為它們是一枚硬幣的兩面。不過史陶生亦認為，客觀的態度在某些時候是有幫助的，他解釋：「我們可以把它當成逃避參與壓力的避難所，當成政策的輔助工具，或光是滿足你的求知欲也行。」[20]

雖然我仍堅持你不應該馴服你的配偶，不過偶爾採取一種客觀的態度也是挺有好處的，因為我們並非完全理性的生物，我們雖然可以依理性採取行動，但我們無法看出所有的理由，也無法對我們看到的所有理由採取行動。所以，**我們應該努力接納彼此性格中那些根深柢固、難以改變的部分，並看到其中隱藏的優點**。

孩子們就沒有這樣的問題，因為他們根本還未定性。不過，成年人確實會因為疲憊、飢餓和壓力，影響到我們依照理性行事的能力（當茱莉肚子餓的時候，最好別妨礙她），小孩子就更不用說了，當他們疲憊或飢餓時，他們的表現就會最差，這時家中的氣氛會變得有些緊張，茱莉通常不會跟孩子計較，並且會說：「讓他去睡覺吧。」但我多半會做出一些回應，生怕孩子會把「累了」當成一個萬用藉口。現在回想起來，我覺得我倆的做法都是對的，都符合正義，有時候是可以放孩子一馬的。

若把這些觀察放大來看，會發現我們的社會極其嚴苛，我們把很多在疲憊、飢餓或壓力下犯了微罪的人關進監獄，我們需要在監獄外的世界多加努力，以減少人們陷入這樣的困境。但是請各位記住：**我們不必譴責我們看到的所有錯誤行為，有時候我們可以網開一面，因為這麼做反倒能實現更深層次的正義**。

我們偶爾會一家四口擠在一張床上，陪孩子們在睡覺前讀點書。某天晚上，當時八歲的漢克正在讀一本有關電玩遊戲《當個創世神》（*Minecraft*）的書，他讀得津津有味，輪到他熄燈時，仍不想停下來。

茱莉在發出幾次警告後說：「漢克，該闔上你的書了。」

「不要。」他一口回絕。

「漢克，現在很晚了，該睡覺了。」

「我不會停下來的。」他一邊說一邊又翻了一頁。

「如果你不停下來，你明天就不能玩《當個創世神》了。」

這是個嚴重的威脅，《當個創世神》是漢克在疫情期間的主要社會接觸形式。

漢克說：「你不能叫我停止閱讀，我沒必要照你說的做。」

茱莉說：「你必須照我說的做。」她伸手把書拿走，還說：「而且你最好不要再這樣跟我說話了。」

漢克說：「我想怎麼說就怎麼說。」

這番話顯然有欠考慮，明天肯定玩不成《當個創世神》了。

幾分鐘後，我走進漢克的房間，跟他道晚安，茱莉幫他掖好被子，但他心情很不好，蜷縮成一團靠在牆上哭。

我在他身邊坐下來：「你今晚口氣不大好哦。」

他哭著說：「對，但我不敢相信你會因此責備我。」

我說：「你不尊重人。」

「我知道，但責備我也不公平，我當時很難受嘛。」

我強忍住笑，漢克是個厲害的律師，很會找藉口，不過我無法認同這一點，雖然他確實很難受，但休想煽動我站到他這邊。不過最後我還是抱了抱他，並且告訴他我愛他，我還說了一些愚蠢的笑話，最後他終於破涕為笑。

漢克收到了不能玩《當個創世神》所傳達的訊息，明白自己的行為很糟糕。但我不希望他只聽到這個訊息，他是我們家的一員，而且永遠都是，無論他表現得多麼糟糕。

第 4 章

權威
爲什麼你說了算？

雷克斯說：「你又不是我老闆。」

「我是啊。」

「你才不是咧。」

「去你媽的。」

故事就是這樣，只不過最後那句「去你媽的」，只出現在我腦裡跟夢裡，天底下再沒有比出門前孩子卻不肯穿鞋更令人崩潰的事了。

「穿上你的鞋子。」

沉默。

「穿上你的鞋子。」

令人發瘋的沉默。

「雷克斯，你必須穿上鞋子。」

「不穿。」

「雷克斯，你必須穿鞋，把它們穿上。」

「不穿。」

「穿上你的鞋子。」

「為什麼？」

因為它們能保護你的腳，還能讓你的腳保持乾淨，因為全世界的餐廳都有個告示牌，上面寫著：赤腳者恕不招待。

還有，**因為我說了算**。

「不穿。」

「好吧，等我們到了那裡就穿上。」

這段對話是什麼時候發生的？我不知道，反正這樣的對話根本是家常便飯。

雷克斯還沒上小學就會回嘴：「你又不是我老闆。」他當時才三四歲耶，但他早就我行我素，一派老子誰也不甩的作風，小小孩都是這樣。

小小孩只有在心情好的時候才會照你說的去做。

權力和權威是什麼？

我是雷克斯的老闆嗎？那要看所謂的「是某人的老闆」是什麼意思。

若從我告訴雷克斯該怎麼做這個角度來看，我確實在對他「發號施令」，但是各位應該也看出來了，我的指揮並沒有成功。

哲學家們對「權力」和「權威」做了區分。[1] **權力（power）指的是一種讓世界按照你的意思改變的能力——讓世界變成你想要的樣子，當你能讓一個人做你想要他做的事時，你就擁有了支配他的權力**。

而我擁有讓雷克斯聽命於我的權力，在緊要關頭時，我可以直接把鞋子套到他腳上。但我還有其他方法來達到目的，例如：扣留雷克斯想要的東西，直到他按照我說的去做；我也可以給他一個獎勵，或是勸說他，或是捉弄他。（曾經有好一陣子，對他說「你做什麼都行，只要不穿鞋就好」，是最快讓他穿上鞋子的方法。）

其實雷克斯也很會掌控我，如果你有在記分，就會發現我倆控制對方的實力不分軒輊；雖然雷克斯不能對我發號施令，但他可以躺在地上耍賴，或是拚命反抗，直到他遂其所願為止。他甚至可以靠裝可愛來控制我，而且此舉經常奏效，由此我們可以得知：即使在最不對稱的關係中，權力也鮮少是單向的。

但權威（authority）通常是單向的，我跟雷克斯都有支配對方的權力，只不過程度不同，但只有我有權威。那什麼是權威呢？它不是支配一個人的權力（至少不是直接支配此人），而是支配此人的權利和責任。[2] **當你只需命令某人去做某件事，就能強迫（oblige）此人完成此事時，你便擁有了支配他人的權威**。雖然這並不表示他一定會去做那件事（人們並不一定會去做他有義務要做的事），**但這確實意味著，如果他不去做，他就違反了他的義務**。

當我要求雷克斯把鞋穿上，或是最近開始要求他洗碗，他就有責任做這些事。在我叫他洗碗之前，洗碗並非他的責任，要是他主動把碗給洗了，那我就會非常開心，如果他不洗碗，我也沒有資格發火。可一旦我開口要求他洗碗，劇情就急轉直下：即便他乖乖洗好碗，我也不會像他主動去洗碗那樣喜出望外，因為我本就期望他去洗碗，如果他沒照做，我就會很生氣。

哲學家用一起持槍搶劫案，來說明權力和權威之間的區別：[3]你走在大街上，有個持槍的歹徒要你交出身上所有錢，他有命令你聽話的權力嗎？顯然有，而且你多半會乖乖把錢交給他；他有讓你聽命行事的權威嗎？在他向你要錢之前，你並沒有給他錢的義務，現在你也沒有義務給他錢，其實你甚至有權叫他滾蛋（不過我是不敢建議你這樣做啦）。

與持槍搶劫形成鮮明對比的，是每年都會如期而至的稅單，政府同樣跟你要錢，而且它如果得不到想要的東西，還會把你送進監獄，所以它擁有要你聽命行事的權力。那政府有讓你聽命行事的權威嗎？它肯定會說它有，政府認為人民有納稅的義務，但你真有這個義務嗎？在一個民主國家，許多人的答案都是肯定的——你有義務支付政府說你欠它的錢。

你是被逼著做，還是自己想做？

但是羅伯特・保羅・沃爾夫（Robert Paul Wolff）並不這麼想，他不認為政府可以強迫你去做任何事，事實上，**他懷疑任何人可以僅憑說你必須做某件事、就強迫你去做那件事**。

沃爾夫的職業生涯始於一九六〇年代，他曾在哈佛大學、芝加哥大學、哥倫比亞大學及麻州大學等名校任教——對於一個公開表態的無政府主義者來說，這樣的資歷堪稱十分顯赫。不過，這是因為沃爾夫並非那種上街示威和滋事的無政府主義者（至少我認為他不是）；反之，沃爾夫只是個哲學上的無政府主義者。

沃爾夫認為，人的理性思考能力使得我們必須對自己的行為負責，他說我們有義務透過深思熟慮，為自己的所作所為承擔責任。[4] 沃爾夫認為**一個負責任的人，會想要根據自己深思熟慮後做出的決定自主行事**，[5] **但這個人不會認為自己可以為所欲為，他明白自己對他人負有責任**，[6] **不過他也會堅持，只有他自己才是這些責任的評判者**。

沃爾夫認為，自主與權威是不相容的，[7] 想要自主行事你必須自己做決定，而不是聽從別人的決定，但權威卻要求服從。

沃爾夫指出，照別人的吩咐行事也不是不行，但你絕不能因為別人叫你做什麼、你就去做，只有當你認為這樣做是正確的時候，你才應該去做。

其實沃爾夫的結論比看上去更為激進，他不只是說你在服從權威的命令之前應該先深思熟慮，他的意思是這些命令並沒有什麼差別——沒有人可以單憑對你說你應該做某件事、就要求你去做那件事——不論對方是警察、爸媽、教練或老闆，全都不行。*[8]

這樣的論述還挺出人意表的，不過其他哲學家很快就發現沃爾夫的論證有問題，其中最主要的批評者是知名的法理學家約瑟夫．拉茲（Joseph Raz），他曾經長期擔任牛津大學的法律哲學教授。

拉茲認為，沃爾夫遺漏了理由的重要作用：**當你思考自己該怎麼做時，偶爾你會發現聽取別人的意見是合理的，**[9]**這時你就應該按照他們的指示去做，而非自己做決定**。

為了了解拉茲的意思，請假設你想學習烘焙，並且報名了一個課程；你的老師是個非常厲害的烘焙大師，此刻她正在發號施令：「測量這個、混合那個、揉麵團、量不用放那麼多……」你該按照她的指示做嗎？

沃爾夫會要你質疑每個指示，每一次都問：「這真的是我該做的嗎？」但你哪有能力回答這問題，畢竟你對烘焙一無所知，所以你才會來上烹飪班呀！你的無知給了你一個很好的理由去聽

＊至少對成年人而言是如此，至於孩童嘛，沃爾夫說孩子們的責任與他們的推理能力成正比。

從老師的吩咐。

況且當你這樣做時，你並未喪失你的自主性，**你雖然是按照別人的指示去做事，但這是因為你自己決定你應該聽從老師的判斷。**[10]**當然啦，如果你總是按照別人的吩咐做事，你的自主性就會受到損害，但是偶爾聽從別人的指示——當你認為這樣做是正確的時候——並不違反你的自主管理。**

因為我說了算，到底對不對？

我父親對雷克斯與漢克時常挑戰我的權威感到樂不可支，因為他認為這是一種報應。我老媽有很強的獨裁傾向，她很喜歡發號施令，但我卻不願聽從，我從很小就會跟我媽唱反調。

她每發出一個命令，我立即就問：「為什麼？」

她會說：「因為我說了算。」

我堅持說：「這不成理由。」我是個四歲的反威權無政府主義者。

她會說：「這就是全部的理由。」她很固執，總認為自己是對的。

每當我向父親尋求幫助時，他都會說：「讓你媽高興就好了啦。」我發現這句話跟「因為我說了算」一樣令人火大。

我搞不懂，為什麼我們要活在這個女人的暴政之下？就算四歲的我還不會這麼想，但肯定在十四歲以前就這麼想了。

所以我完全沒料到自己竟然也會說出「因為我說了算」這種話。

不過我並不喜歡這樣說，而且我很少劈頭就這樣說，當孩子們問我為什麼的時候，我很樂於解釋我是怎麼想的。但並非每次都有時間這麼做，而且我也不是每次都願意進行完整的對話，一部分要歸咎於他們會沒完沒了地重提這些議題。

況且，即便我好好解釋了，他們也不一定認同我的看法，這無所謂，他們可以嘗試說服我；有時他們會成功，但如果他們失敗了，我的觀點就會勝出，結果搞了半天，就算一開始我沒說「因為我說了算」，最後我給的理由仍然會是「因為我說了算」。

不過說實話，「因為我說了算」不能算是真正的理由，它只是父母在詞窮，或是不想給孩子理由時所說的話，所以我四歲時的想法是對的。

但其實我錯了，拉茲幫大家看到在某種程度上，「因為我說了算」確實可以成為一個理由——而且它是個決定性的理由。在適當的情況下，一個人可以決定另一個人應該做什麼，而且只需要命令他去做就行了。

那所謂的適當的情況是指什麼時候呢？拉茲以烘焙課的案例為基礎，指出只要聽從別人的命令、能幫你更好地完成你應該做的事情，你就有義務聽從別人的命令。[11] 譬如你在練習烘焙時，正好有個烘焙專家在旁邊，那你就該按照她說的做，否則你恐怕無法做出很棒的蛋糕。又譬如你在打籃球，教練給了你一些指示，那你就該好好遵循教練的指示，與隊友共同完成戰術。

拉茲主張，**權威的重要性在於為從屬者提供服務**，所以他把他的觀點命名為服務性權威觀（service conception of authority）。[12] 他指出權威當局應通盤考慮到從屬者的所有理由，然後發布命令，幫助他們按照這些理由行事。**如果從屬者服從命令，會比自行決定做得更好，那麼這些命令就具有約束力，而從屬者就有義務服從命令**。

權威可以透過很多方式提供這樣的服務，事實上，我們已經看到其中兩種方式。

其一，**權威可能比它的從屬者更了解情況，亦即權威可能擁有更多的專業知識**，[13] 那位技藝高超的烘焙老師，就是因為這個原因而擁有權威；資深的外科醫生也是如此，他會告訴菜鳥醫生該怎麼做，因為經驗能讓他做出高明的判斷。

其二，**權威有能力幫助一個團體達成個別成員無法憑一己之力實現的目標**，常見的做法是讓團體保持同步，哲學家把這些情況稱為協調問題（coordination problems），[14] 開車就是最經典的例子：我們每個人都必須跟其他人行駛在道路的同一側，否則大家就會撞成一團。重點不在於我們要開左邊還是右邊，我們只需選擇其中一側即可。交通當局透過制定道路規則，協調每個人的行為，幫助我們避免各自為政可能產生的混亂。

要行駛在道路的哪一邊純屬協調問題，因為答案並非重點，我們只需選定一側即可。但並非所有的協調問題都是純粹的協調問題，因為有時候某些解決方法確實優於其他解決方法。再拿籃球來舉個例吧，球隊決定採取哪些打法和戰術固然重要，因為有些戰術比較容易成功，但重點是球員要能齊心協力，否則再好的戰術還是有可能輸球。

而球隊教練的權威，有一部分便是來自於能讓球員齊心協力的調度能力，如果他能讓球員同心協力，那麼「因為我說了算」就會成為他的球員聽命行事的一個理由。[15]他們可以等到比賽結束後，再來質疑教練的決定，但如果比賽時他們不聽從教練的指示，結果幾乎肯定會比乖乖聽從教練的指示來得更糟。

不過大家必須明白，「因為我說了算」是給球員的理由，而不是給教練的理由。教練應該要能夠解釋他為什麼做出這樣的選擇，他的權威並未賦予他靠著奇思妙想行事的權利，他必須讓球隊打出最好的比賽，他的工作是幫助球員去做他們有理由做的事情——也就是贏得比賽，而且他的權威繫乎於他能否做好這件事。*

* 當然啦，教練也可能會犯錯，每個教練都有失手的時候；但拉茲看重的是教練的命令，能否在整體上幫助球員獲得比他們自己做時更好的成績，偶爾的失誤不會讓人質疑教練的權威，但失敗次數多了可就不行了。

拉茲認為家長也適用同樣的道理，爸媽之所以有權指揮孩子，是因為他們可以幫助孩子做出更好的行為。由爸媽擔任決策者的優點很多，首先，他們懂得比孩子多，例如我知道孩子需要多少睡眠，而且我很清楚當他們睡眠不足時會發生什麼事（比恐怖電影還可怕）。所以，由我來設定睡覺的時間，肯定比讓孩子們自己設定來得更好。

但知識並不是父母能比孩子做出更好決定的唯一原因，父母的另一項優勢是自制力，大多數父母的自制力優於小孩子，孩子多半著眼於目前正在發生的事，父母則會放眼未來，做出對孩子有利的決定。

此外，父母可以為孩子解決協調問題，例如我們會制定一個練鋼琴的時間表，以確保每個孩子在睡覺前都能練上一輪。或是我們會要求漢克負責把洗碗機裡洗好的餐具拿出來，這樣雷克斯洗好的碗就可以立刻放進空的洗碗機裡。雖然事情未必會如計畫般順利運行，但它原則上是可行的，所以我們會繼續嘗試。

爸媽可以透過上述方法及其他方式，來幫助孩子做出（比他們自己胡搞瞎搞）更好的結果，這也意味著「因為我說了算」，確實可以成為孩子做事的理由。當然啦，在父母做出決定的背後，肯定還潛藏著更多理由，我小時候就是想要我媽告訴我這些理由是什麼，她為什麼會做出那樣的決定，這樣我倆就可以辯論她做的決定是否合理。

但她啥也不說，我就比她開明些，因為我希望我的孩子能學會做決定，這樣就不勞我費心了；我還希望他們能成為三思而行的人，所以我很樂於跟他們分享我的想法。但有時候你真的不想多費唇舌，也想避免跟孩子展開無止境的爭論，這時我就會理直氣壯地說出「因為我說了算」。

要把分寸拿捏得恰到好處並不容易，我不一定每次都能做到。有時候事情明明十萬火急了，孩子卻偏偏跟你唱反調，真的會令人抓狂，這時我就會迸出我當年最不喜歡聽到的話：「小孩子有耳無嘴，只要照做就好，別問那麼多廢話。」**但我還是會努力提醒自己，孩子們想要問清楚理由是很合理的。說實話，他們本就應該得到解釋，即使不是現在，也會是以後。但是我也想讓他們學會：有時你必須接受別人擁有解決這個問題的權威**。

別人比你厲害，也不一定有權指揮你

拉茲堪稱是權威學的權威，許多人頗認同他提出的「權威應該為其從屬者服務」的概念，但他的影響遠不只於此，他塑造了好幾代哲學家對於法律與道德的思考方式。不過拉茲對我個人的最大影響並非來自他的作品，而是一個暖心的舉動。

我是靠羅德獎學金（Rhodes Scholarship）去牛津大學進修的，在獲得獎學金後，你必須申請想要研究的專題；我向哲學系提出申請，很快就被拒絕了，他們認為我應該改學政治。但我對政治完全沒興趣，所以我改向法律系提出申請，想說我或許能在法律研究方面闖出一片天，說不定有天能成為一名搭著噴射機全球跑的知名律師。

但我實在割捨不了哲學，所以等我到了牛津之後，除了該上的法律課，我還去旁聽哲學課。我很喜歡拉茲開的法律哲學課，他雖然令人害怕，我卻對此主題極有興趣。後來，我發現可以在牛津大學攻讀該科的博士學位，所以我就去問學務處我可不可以轉科，有幾個人告訴我不行，因為已經超過申請的期限，況且資格也不符，他們說的都對。但後來我跑去問拉茲，他竟說可以，更妙的是，他願意收我為徒，他人也太好了吧（因為這麼一來他會增加更多的工作），所以我到現在都很感謝他。

那我是怎麼報答拉茲的呢？各位可還記得我從小就十分叛逆，而且這種態度一直延續到我的學術生涯；當我成為拉茲的學生後，我就著手證明他對於權威的論述是錯誤的，[16]還不是那種修補一下就可以的小錯，而是必須整個砍掉重練。

但拉茲並不在意，或者他其實在意、只是沒有告訴我，不過我並不認為他是這樣的人；因為這就是哲學的思辨方式，你提出你的看法，然後全世界就會著手證明你是錯的。雖然這頗令人沮喪，但要是人們完全忽視你的作品豈不更慘？那表示它們毫無價值。

我想以全球知名的毒舌主廚戈登・拉姆齊（Gordon Ramsay）為例，來幫大家看出拉茲的權威學說問題出在哪裡。多年前，他曾主持一個節目叫《廚房噩夢》（*Kitchen Nightmares*），拉姆齊在每一集節目中都試圖重振一家經營不善的餐館。但是當拉姆齊在廚房裡看到那些廚師把菜做得一塌糊塗時，他的表情就會開始變得猙獰，等他的怒氣到達頂點時，他就會開始發號施令，告訴對方該如何正確做事。整個過程令人坐立難安，因為根本沒必要把氣氛搞得那麼僵嘛。但這種做法也令人非常滿意，因為拉姆齊其實是在替顧客把關，他是因為對大家可能吃到的飯菜未被好好烹飪而發飆的，這些餐廳的廚師確實沒有用心烹飪。

節目裡的那些廚師，有義務聽從拉姆齊的命令嗎？拉姆齊經營過米其林星級餐廳，肯定是個厲害的廚師，他的才華也必然高過那幫廚子。所以如果拉茲的說法是對的，那些廚師就應完全按照拉姆齊的要求去做；事實上如果他們不照做，就是違背了自己的職責。

現在我想稍微更動一下故事，請大家忘掉這個節目，並想像拉姆齊和他的家人一起出去吃飯，以普通人的身分進了一家普通飯館，也沒有攝影師在旁邊錄影。當服務生把湯送上來，拉姆齊喝了一口，發現湯很難喝，他立刻站起身來並衝進廚房，開始大聲對廚師發號施令，就像他在節目中那樣；廚師們大惑不解，但其中一個人認出了拉姆齊。

他對其他同事低聲說：「他是戈登．拉姆齊。」

現在每個人都知道，這個發號施令的傢伙並非瘋子，而是這個廚房裡廚藝最好的廚師，但他們有義務按照他說的去做嗎？還是他們可以說「滾出去，戈登」？

我是站在「滾出去！戈登」這一隊的，拉姆齊是個厲害的廚師，但這並不表示他有權指揮任何人。至於同意參加《廚房噩夢》的廚師，可能就有義務配合節目的要求，不過他們的義務來自於上節目，而不是因為拉姆齊的廚藝比他們好。拉姆齊的才華並未賦予他可以隨時衝進別人的廚房發號施令的權力。*

這意味著拉茲的觀點是錯的，即便有人能幫助你把事情做得更好——勝過你自主行事——也不表示他有權指揮你；[17] **雖然聽他的可能是明智之舉，因為這樣你會做得更好，但你沒有義務要聽他的。**你在生活中的很多面向是可以照自己的意思做事的，就算犯錯也是你的事，如果你不想認真做出好喝的湯，戈登·拉姆齊無權要求你按照他的方式去做菜。

父母的權威，來自照顧孩子的義務

所以我們需要對權威提出一種新的見解，而且這次漢克照例可以提供幫助。漢克首次接觸到政治哲學是在他七歲的時候，當時我們剛看完迪士尼從格林童話《長髮公主》（*Rapunzel*）改編而成的音樂劇《魔髮奇緣》（*Tangled*），他想搞清楚為什麼一個國王可以命令他身邊的人。

他不解地說：「你被稱為國王，又不代表你就是負責人。」

我向他解釋：「在很多國家中，國王就是負責人，但人們不喜歡這樣，所以有些國家就不再設立國王，而有些國家雖然保留了他們的國王，但國王不再是國家的負責人了。」

漢克堅持說：「國王這個詞並不代表什麼，雖然人們叫你國王，你也不應該告訴別人該怎麼做，它就只是個名詞而已。」

「你說的沒錯，國王就只是個名詞，某些國家對負責人會有其他的名稱，比如皇帝或沙皇。」

漢克說：「但人們怎麼稱呼你並不重要，你的名稱並不代表你是負責人。」

「是啦，但國王並不是人名，而是一項工作的職稱，而且正是因為有了這個工作，他才有資格負責。」

「國王是個工作？」

「是的，它就跟教練一樣，就拿布麗姬特教練來說吧，是因為她的名字叫布麗姬特、還是因為她是教練，所以能負責帶領你們足球隊？」

「因為她是教練，教練有很多不同的名字。」

「沒錯，國王也是如此，重點是工作，而非人們對他的稱呼。」

---

* 拉姆齊要是隨便闖入任何一間廚房，很可能被視為非法入侵，但我不認為這是他沒有權威的原因。讓他坐在餐廳的櫃檯前，對著負責做菜的廚師發號施令，其實是不適合的，因為他沒有資格對任何人發號施令。

在那次談話中，漢克和我開始對權威理論有了一個更好的看法。某些工作能讓人們處於有權威的位置，像是：老闆、家長、教練、老師、交通警察等。扮演這些角色的人，聲稱他們能夠命令他人的行動（至少是對部分人士），使其承擔義務。為了決定他們是否擁有這種權力，我們應當問問這些角色是否值得存在——我們是否希望它們出現在我們的生活中，他們是否應該擁有與之相關的權力。但我們不應該單獨考慮此權力，而應一併考慮它與其他角色的關係。[18]

就以家長這個身分為例吧，你要扮演家長這個角色，它有很多特性，如果你要向別人解釋這個角色，自然要從父母的責任開始說起。你必須餵飽你的孩子、保障他的人身安全，你還有義務確保孩子長成一個合格的成年人，這意味著你必須教導孩子如何因應各種情況，深思熟慮後做出適當的行動。

如果你無權要求你的孩子聽從你的教導，就很難做到這一切。比方說吧，我們要求孩子做家務，部分原因是為了訓練他們將來有能力照顧自己，我們還希望他們把參與集體活動，例如保持房子的清潔，看作是自己的責任。此外，我們還會為孩子設定適當的就寢時間，以便他們能獲得充足的睡眠。

為什麼父母對孩子擁有權威？是因為父母對孩子有責任，父母的權利和責任是無法分割的，雖然我們可以用不同的方式來照顧孩子，例如集合眾人之力（而非單靠父母）來養育孩子，而且在某種程度上，我們就是這樣做的；不過，讓父母承擔主要的教養責任是有道理的，尤其是他們可能對孩子有特殊的依戀。

各位可能聽說過蜘蛛人彼得．帕克（Peter Parker）的名言：「能力越強責任越大。」[19] 請容我東施效顰，為各位獻上「帕克．彼得」原則：「責任越大權力越大。」雖然這句話不一定成立，但是以父母的權威而論，這個道理是適用的，父母之所以會要求自己的孩子聽話照做，是因為照顧孩子是父母的天職。

請注意這個故事與拉茲的故事有何不同，拉茲認為父母是因為有能力指揮孩子而擁有權威，但是能勝任指揮孩子工作的人大有人在。當我兒子還小的時候，他們遇到的每個大人，幾乎都能做出比他們更好的決定（各位應該都還記得雷克斯不肯穿鞋的事）。但是這些成年人都沒有權力命令我的孩子做事，除非他們占據了某些權威角色。*[20]

我要講的重點是，**權威附屬於角色（而非人）**。**我能為我的孩子制定規矩，因為我是他們的爸爸，而不是因為我很會立規矩**。換言之，如果我真的做不好這份工作，我就應該讓賢。管教孩

* 此說法有點過於簡化，能對我的孩子發號施令的人，多半都占據著某種權威角色，例如：教練、老師或保姆。但是當我家的孩子去朋友家玩的時候，在場的爸媽確實有權要求他們守規矩，他們的權威有一部分是以地點為基礎，屋主有權決定房子裡可以做什麼或不可以做什麼。（屋主這個角色，因為需要對這個不動產與其他人之間的關係負責，而擁有相應的權威。）但還有一部分來自於在這段時間內，他們暫時占據了我們在那裡應扮演的角色，法律規定，他們是以代理父母的身分行事。但只要我一出現，此權威就會回到我身上。

子的能力很重要，但此能力並不賦予權威，權威是親權裡的一部分。

雇主其實沒有合法的權威

那麼其他的權威呢？它們也有類似的故事嗎？或許吧，儘管我們應該期待不同的角色有不同的故事。就拿老師來說吧，跟父母相比，老師對兒童的責任更有限，而這就限制了他們的權力範圍。老師要對學生在校期間的福祉負責，更廣泛地說，他們要對學生的教育負責。他們可以發布命令來幫忙履行這些責任，但他們不能規定一個孩子在家裡多久可以吃一次零食、可以用電腦或看電視多長時間。如果他們對這些問題有看法，可以向父母提出建議，但他們不會發布命令。

不過，並非所有的權威都是以責任為基礎，例如勞工大多是成年人，雇主並非他們的爸媽，那為什麼上司可以對下屬發號施令？因為上司確實負有責任，對他們的老闆、客戶、股東等。而他們基於其層級所做的決策，可以幫忙履行這些責任。就某些方面而言，老闆類似籃球隊的教練，要幫忙協調球員的行為，好讓團隊能夠實現個人無法做到的事情。但是老闆對下屬發號施令是有幫助的這個事實，並不能解釋他為什麼可以這樣做，畢竟老闆並不能隨便指揮別人，他只能指揮他的員工。

為什麼是員工？因為他們為了獲得這份工作簽了約，這似乎很重要，但他們想辭職的話也是可以的，這點似乎也很重要，所以我們可以做出這樣的結論：受僱者同意被人指手畫腳，這是他們做出的選擇，可能是因為他們喜歡這份工作帶來的報酬。

不過上述情況其實有點脫離現實，大多數勞工是出於經濟需要而工作，他們需要賺錢支付食衣住行的費用，所以他們並不能隨心所欲地離職，至少在找到下一份工作前不能那麼瀟灑。他們頂多可以選擇老闆，但他們無法完全擺脫老闆的束縛，當工作機會稀缺時，他們甚至沒有挑選老闆的自由。

更糟的是，美國的法律賦予雇主近乎獨裁的權力，老闆可以用任何理由、甚至毫無理由地隨意解僱大多數員工。* 這使得雇主幾乎可以對員工的生活擁有無限的控制權，你的老闆可以因為不爽你家草坪上放置的政治標語，[21] 或是不喜歡你的髮型，[22] 或是因為你能幹到功高震主而解僱你。

如果你覺得我似乎對這種情況很不以為然，確實如此。身為一名終身聘教授，我是少數不會被老闆隨意解僱的幸運兒之一，這給了我說真話的自由；我不必再年年擔心是否會續聘，我的工

* 主要的例外是反歧視法，你不能因為員工的種族、宗教、性別等因素而解僱他。

作會一直都在，除非我不想幹了。

有些人認為我不應該享有這些保護措施，他們想取消終身制，當其他美國人生活在經濟無保障的環境中時，教授憑什麼享有這麼好的待遇？但我認為我們應該換個角度來看，為什麼我們允許這麼多美國同胞生活在經濟無保障的環境中，並賦予雇主近乎獨裁的權力？

如果你對這個問題感興趣——我希望你感興趣，無論你是老闆、受僱者，還是校長兼撞鐘的一人事務所——我要向各位推薦一位哲學家，她是我在密西根大學的同事伊莉莎白・安德森（Elizabeth Anderson），她是當代最重要的思想家之一。她努力想讓大家明白，**我們大多數人每天都要與之打交道、最會壓迫人的政府，其實並不具有任何政治權威——那就是他們的雇主**。[23]

零售商店經常在未取得搜索令的情況下恣意搜查員工的個人物品，[24] 且經常毫無理由就認為員工做錯事。他們還經常臨時通知排班，[25] 並對員工的髮型和化妝制定規則，[26] 倉庫和工廠的工人經常遭到監視；[27] 甚至連上廁所的時間也受到控制。[28] 若你有幸從事白領工作，可能不會遭受這些侵擾，但你仍隨時可能被解僱，而這會令你產生嚴重的不安全感。

安德森的著作《私政府：雇主如何支配我們的生活》（*Private Government: How Employers Rule Our Lives (and Why We Don't Talk about It)*），深入調查了我們為何會淪落到接受這種情況，以及該如何因應。改變並不容易，但有許多方法可以讓事情變得更好：例如限制「自由僱傭」（at-will employment）*，讓勞工在職場治理中發揮作用，好讓他們的權益獲得保障。我們還可以透過保障基本收入和醫療保險，來改善職場環境，這樣就不會有人迫於生計而不得不為慣老闆工作。

不知何故，許多美國人都相信政府的「救濟金」會妨礙自由，但其實為人民提供基本的需求會促進自由，這樣人們才有可能對慣老闆說不。

還有些人擔心我提議的改革會降低美國的經濟動能，我對此表示懷疑，但我想請問：這樣的動能會讓誰受益？如果企業是靠降低勞工的職場安全來提升其獲利，我們能允許這樣的作為嗎？

美國人對自由說得頭頭是道，我們熱愛憲法的權利，但如果你關心自由，那麼美國的職場應該會令你很困擾；美國政府很強大，但你的雇主也很強大，以目前的情況而言，受僱者在勞資關係中幾乎沒有任何權利。

在此鄭重聲明，我並不是說受僱者應該在工作中不服從命令，服從雇主的命令通常是對你有利的；而且如果你的工作很重要（假設牽涉到人們的健康和安全），那麼你甚至可能有義務在工作中服從命令。

但我無法認同現階段的勞雇關係，**雇主對於那些處於經濟階級最下層的人來說是權力關係，**

* 譯者注：企業和求職者皆可以出於各種原因、時機，自行終止僱傭關係。

而非合法的權威。幸好我們是可以改變這一點的，而且也應該這樣做。

絕對權威才能維持秩序嗎？

如果限制雇主的權威聽起來很激進，大家可別忘了，當年有限政府（limited government）* 也曾被視為激進的概念。還沒多久以前，國王和女王皆聲稱擁有絕對權威（而獨裁者迄今仍是如此），並獲得知名哲學家霍布斯的支持。

我們已在前言中見過霍布斯，他曾經歷將近一世紀的動盪，包括清教徒革命及其他大小衝突，甚至還曾流亡法國多年。霍布斯之所以會苦心鑽研政治穩定的條件，以及政治不穩定所要付出的代價，很可能就是拜他的親身經歷之賜。

如前所述，霍布斯認為如果沒有任何政府，社會將淪為一場「人與人互相對抗的戰爭」。[29] 怎麼說呢？霍布斯認為，大多數人都是自私的，所以我們必然會發生衝突，特別是在資源稀缺的時候。在自然狀態下人人自危，即使是最強壯的人也無法感到安心，因為每個人都會受到其他人的傷害。霍布斯說：「最弱的人可以運用祕密的詭計、或是與他人結盟，來獲取足夠的力量殺死最強的人。」[30]

霍布斯指出，因為我們處於戰爭狀態，所以我們也會變得貧窮；因為我們不指望我們的工作會有結果，所以我們不會做很多工作，社會將沒有機器、沒有建築物、沒有文化，也沒有什麼知識；[31]在自然狀態下，生活將是「孤獨、貧窮、糟糕、野蠻且短命的」。[32]

但霍布斯看到了一條出路，他認為每個人都應該同意服從一個可以提供保護的統治者，例如國王。[33]且為了使它發揮作用，他們必須把自己所有的權利都交給統治者，結果統治者將擁有絕對的權威，沒有人可以質疑他的行動，而且他的所作所為將沒有任何限制。霍布斯認為，任何試圖約束統治者的企圖都會導致權力衝突，而衝突往往意味著戰爭（正是霍布斯經歷過的那種），這是我們應極力避免的事情。

但歷史證明霍布斯的觀點是錯誤的，至少最後一點是如此。

洛克對於應該建立什麼樣的政府來擺脫自然狀態有其看法，但他認為絕對的君主制並非必要，甚至是不可取的。他主張三權分立（不完全是現今採行的立法、行政和司法三權分立，但頗為接近），[34]並支持（至少是部分支持）立法機構裡有民選的代表。[35]

洛克的思想幫忙塑造了世界上許多憲政民主國家，美國憲法的制定者將政府的權力分為三個

＊ 譯者注：指在權力、職能和規模上，都受到憲法和法律嚴格約束和限制的政府。

分支，認為這是制衡各個分支的最佳方式，他們還通過了《權利法案》來限制政府的權力，以及賦予人民可對政府執行的權利。這種模式獲得世界上許多憲政民主國家的仿效，而且雖然它們離完美還有一大段距離，但它們的成功顯示了，**我們無須賦予一個人對我們的生活握有絕對權威，就可以擺脫自然狀態**。

家長與孩子不是平等的

雷克斯常說：「每個孩子都想要民主，但每個成年人都想要獨裁。」

他指的當然是家庭，雷克斯希望我們家的投票採一人一票制，我不知道他要如何解決二票對二票的情況。

我在某次與雷克斯對話時問他：「民主究竟有什麼優點？」他當時只有十歲。

他說：「如果很多人都有發言權，你們就可以做出更好的決定。」

「如果人們感到困惑呢？或者他們的想法根本是錯的呢？」

「那你們就會做出錯誤的決定。」

「所以我們做出的決定有可能是好的也可能是壞的，你還有其他理由想要民主嗎？」

「如果某件事可能影響到你，那你就應該有發言權。」雷克斯用一個頗複雜的故事來說明他的觀點——電力公司打算拉一條輸電線通過我家院子，他問：「你難道不想要發言權嗎？」

「我當然要啊。」

雷克斯又說：「還有，民主是很公平的，也是平等的，每個人的一票都是等值的。」

這就是民主制度相當吸引人的地方，它給了人們參與重要決策的機會，而且一視同仁；事實上，民主使得人人平等，因為它創造了一種意義上的平等：一人一票。

但我們家並不是一個民主國家，而且無論雷克斯要求多少次，它都不會是。我已經告訴你原因了，**為人父母者必須對孩子負責，而為了做好我們的工作，我們常常不得不做出他們不喜歡的決定。家長與孩子不是平等的，至少目前還不能是**，而且採用親子平等的教養方式將是個嚴重的錯誤——對家長與孩子來說皆是如此。

但我試著記住，**孩子難為，因為他們老是會被大人告知該去做什麼**。這會令你感到失控，因此當孩子們尋求控制權時，我會試著有耐心（多半以失敗告終），但我的耐心永遠是不夠的。

漢克說：「我宣布獨立。」

他當時七歲，我倆正在公園裡散步，其實是他陪我散步，他是硬被我拉來的，因為我說我們該運動一下。

「是哦，那你打算住在哪裡？」
「住家裡啊。」
「誰的家？」
「我們家啊。」
「你沒有家。」
他不解地看著我：「我有個家啊，就我們住的地方。」
「不是哦，是我有個家，雷克斯和媽媽也有，但你剛剛宣布獨立，所以我擔心你沒家了。」
他沒出聲。
接著他氣呼呼地說：「好吧，我沒有家。」
「但你可以付租金。」
「那要多少錢？」
「你能付多少錢？」
「一美元。」
「好吧，我們會把你留在身邊。」*

* 我不但沒收到錢，還花錢買了霜淇淋給漢克吃，於是他毅然決定放棄獨立，這是好事，因為他一個人是撐不了很久的。

第 5 章

語言

爲什麼不能說
那個字？

雷克斯獨自待在他的房間裡，閱讀奈爾・德葛拉司・泰森（Neil deGrasse Tyson）的《寫給匆忙年輕人看的天體物理學》（*Astrophysics for Young People in a Hurry*）。他已不再參與我家行之有年的睡前儀式：我或茱莉坐在床上與雷克斯一起閱讀。前不久他才首次參加在外過夜的夏令營，九歲的他已經有了一些獨立意識。但我捨不得放棄這個儀式，所以我也在閱讀——自己一個人在客房裡看書。

然後雷克斯一臉興奮地跑了進來。

「書上說我們可以做個實驗，要試試看嗎？」

「當然要囉。」

他大聲朗讀書中的內容：「為了簡單演示地心引力的持續拉力，請闔上這本書，把它抬離桌面數公分，然後放手，這就是地心引力的作用。（如果你的書沒有掉下來，請連絡離你最近的天體物理學家，並宣布宇宙進入緊急情況。）」[1]

雷克斯闔上書本，把它舉高：「三、二、一！」

書掉到地上。

「幹！」雷克斯邊說邊做出萬歲的手勢。

然後他看著我，露出了頑皮的笑容，他對自己感到驕傲，我也為他感到驕傲。

雷克斯從夏令營回來後，對夥伴們滿口髒話感到困惑和些微不滿。雷克斯在外面一向表現良好，不過在他去夏令營之前，他已經學會了幾句髒話，他偶爾會問這些話是什麼意思，但我們很少聽到他罵髒話。

我小時候跟雷克斯很像——至少在外頭的時候會努力表現得中規中矩，但其實髒話在我家是一種常見的溝通方式，我最早的髒話記憶很可能是我爸在組裝家具時迸出的一串髒話「趕羚羊的老雞歪」，當時才四歲的我還以為那是一句成語咧。

當茱莉懷雷克斯的時候，我很擔心將來我也會帶給他類似的家教，幸好打從他一出生，我的髒話開關就關上了，我不再說髒話，至少在他身邊時不會說。其實茱莉比我忍得更痛苦，但是她在雷克斯學會說話之前就掌握了竅門，**髒話就讓孩子們去學校學吧**。

到夏令營學當然也行，我們去接雷克斯回家時，原本想聽他講些冒險故事，他卻只想聊髒話。

「夥伴們說了很多很多髒話，但輔導員都不管。」

「那你呢？」

「我也說了一些，但不像其他人那麼多。」

「那沒關係，營地是可以說髒話的地方。」

「但有些人一直在講髒話耶。」

「這就是孩子們會在營地做的事情，你只要記住，說髒話要看場合，在營地是可以的，但在學校就不行。」

「那家裡呢？」雷克斯問。

「可以講一點，只要你不是用不尊重或刻薄的方式說髒話就還好。」

幾天後，雷克斯因為想要引發宇宙危機未果，而說出了他的第一個「幹」，這是個可以接受的「幹」，況且時機拿捏得很完美，所以我才會說我為他感到驕傲。

說髒話真的有錯嗎？

為什麼髒話是不好的話？我從小就一直想不透這件事，我們說的話不就是一串聲音嗎？聲音怎麼會是髒的？

不過話語當然不只是一串聲音，而是我們賦予了意義的一串聲音，但髒話並不是因為其字義而變髒的。請大家看看這幾個字：poop、crap、manure、dung、feces、stool，這六個英文單字的意思都是屎（shit），偏偏只有 shit 這個字我們不該說。

為什麼會這樣？靠！我哪知道。

每一種語言都有一些禁忌詞，不同的地方有不同的禁忌用語，但其中不乏全球共通的禁忌主題，有些是跟禁忌話題有關，例如：性、排泄物或疾病，另一些則是遊走在分界線上的褻瀆語，但是我們可以在不說髒話的情況下談論這些話題，所以為什麼某些字詞不能說，這就有點令人費解了。

對髒話頗有研究的英國語言哲學家麗貝卡．羅奇（Rebecca Roache）認為，某些被歸類為髒話的字詞，可能跟它的聲音有關，她發現髒話的發音通常聽起來很刺耳，就跟它們所表達的情緒一樣。她認為這並非意外，像 whiffy（氣味難聞的）和 slush（半融的雪）這種發音輕柔的字，就絕對無法表達憤怒之情，她說用它們來罵人，就像是「想把裝了壓縮空氣式鉸鍊的門給甩上」。[2]

但羅奇也說了，某些字眼會淪為髒話也不能全怪聲音，她說的沒錯，因為英文中多的是「短小精悍」的單字，例如 cat、cut、kit，但它們並不會令人感覺有冒犯之意；而有些髒話的同義詞卻是可以大大方方說出來的，例如 prick、cock 和 Dick（這三個字都是指陰莖）。再者，哪些用語帶有冒犯的意味，其實會隨著時代而轉變，這表示我們需要從社會的角度來加以解釋。

羅奇認為，髒話的形成是透過所謂的冒犯度升級（offense escalation）。[3]舉例來說，如果人們不喜歡聽到 shit 這個字，不論原因是什麼，那麼只要有人說，他們就會不開心，如果這種厭惡之情變得很普遍，那麼說 shit 就會看似一種冒犯。隨著事態的不斷發展，冒犯的程度也跟著升級，**一旦某個字詞被確定具有冒犯性，那麼說出這個字詞就會顯得格外冒犯**。

但髒話的成因也不能完全歸咎於冒犯度升級，因為被人們討厭的字詞五花八門。譬如你明知我討厭菱形這個詞，卻故意在我面前反覆提起，我就會很火大，但是菱形再怎麼樣也不可能變成髒話，因為討厭菱形一詞只是我個人獨有的怪癖。

羅奇認為，髒話多半與禁忌話題有關，而且當事人明知這些話題會令人不舒服，卻還故意用一種討人厭的方式表達出來。比方說，就算你我素昧平生，我也知道叫你混蛋肯定會令你生氣；如果是罵你做作，你或許也會不高興，但我必須對你有一定的了解，才會知道這一點。有些字詞也許會惹怒你、也許不會，但是罵你混蛋，你肯定氣炸。

不過羅奇的解釋仍然留下了一個謎團：某些字詞最初是如何及為什麼會被大家討厭呢？為什麼所有表示糞便的單字中，只有shit淪為髒話？這其中必有緣故，但這不是哲學家會講的故事（恐怕得靠歷史學家解謎了），[4] 我只想弄清楚一件事：**說髒話真的有錯嗎？**

看地點和場合說話

我最近向雷克斯提出了這個問題，當時我們正在散步。

我問：「你覺得說髒話是可以的嗎？」

「有時候可以。」他說。

「什麼時候？」

「只要不是惡意辱罵別人就還好。」

雷克斯擔心髒話被用來說些不好的事情並非多慮，因為羅奇已經指出髒話確實被當成那種工具，事實上，如果冒犯度升級的說法是正確的，那麼髒話之所以不好，是因為人們常用髒話來說一些不好的事情。

但是，罵髒話並非用來說一些不好事情的唯一方法，況且只要你說的話侮辱對方或貶低對方的人格，誰管你說的是普通的髒話，還是你精心設計的罵人詞，因為錯的是你侮辱了人，而不是你說了髒話。

我又問雷克斯：「如果你只是說了髒話，但你並非針對任何人，這樣可以嗎？」

「有時可以，有時不可以。」雷克斯說。

「什麼時候可以？」

「在文明的地方，你就不應該說髒話。」

「怎樣才叫文明的地方？」我問。

他停頓了一下：「我其實不知道文明是什麼意思，不過它聽起來好像很厲害。」

我說：「我覺得你應該知道它是什麼意思，學校是文明的地方嗎？」

「大部分是。」

「那夏令營呢？」

「肯定不是。」

「那我們家呢？」

「有時候是，但是當我跟漢克脫掉衣服跳舞的時候就不是了。」

他說的沒錯，而且我有很多支影片可以證明這一點，漢克還不滿四歲時，就曾經幾乎脫光光地大跳熱舞，還問我們：「我是不是很會扭屁股？」在另一支影片中，他還把雷克斯當馬騎，並大聲唱著「我要活下去」。這兩支影片都是茱莉出差不在家的時候拍攝的，她一不在家，我們三個男子漢就徹底放飛自我，非常不文明。*

言歸正傳，我們回過頭來檢視雷克斯的說法，為什麼在文明的地方說髒話是錯的？**就跟不尊重人一樣，你做出了不尊重某個地方的行為**。

當你在教堂裡說髒話，你就是不尊重這個地方及裡面的人，而人們會不高興，是因為教堂並非可以講髒話的粗俗之地，人們可以在酒吧大放厥詞說髒話聊天，但在教堂裡就不能這麼放肆。

事實上，不同地方的規矩有助於使這些地方顯得與眾不同，要是孩子們像在教堂裡那樣規矩行事，營地就不會是現在這個樣子；同理，如果孩子們像在營地裡那樣沒規沒矩，教堂就不成教堂了。而這兩個地方在我們的生活中皆是不可或缺的，所以雷克斯說的沒錯——在某些地方可以說髒話，但在其他地方就不行。

這裡面還潛藏著一個重要的道德課題：有些錯事就是錯的，與人們的看法無關，例如殺人和強姦是錯的，因為兩者皆是極度不尊重人的尊嚴。但有些錯則是因為我們認為它們是錯的，在教堂裡說髒話就是這種錯誤。†

我們之前提過的朗諾·德沃金把此情況稱為傳統道德，[5] 並用上教堂的穿著打扮為例，來說明其觀點。許多地方的男人在進入禮拜場所時習慣脫下帽子，因為大家認為戴帽子是不尊重人，而且因為大家都這麼認為，所以明知此風俗卻不遵守的人，就會被視為不禮貌。但這種不成文的習俗也很容易出現完全相反的狀況，例如我上猶太教的會堂時，就必須戴帽子遮住我的頭，這是我們猶太人表示尊重的方式。

傳統道德通常帶有一種約定俗成的色彩，不論是遮住頭還是露出頭才算尊重，是由你們社群的人說了算。說真的，如果不制定一些規矩來規範大眾在某些空間裡的行為，那些空間就不可能

---

* 那晚我放任孩子晚睡開熱舞派對，漢克一直喊著：「媽咪不在，我就搞怪！」但其實他很快就對我的父代母職失去興趣，當我把他抱到床上睡覺時，他說：「我想要媽咪趕快回來。」

† 至少在教堂裡提及一些跟糞便有關的髒話是有褻瀆意味的，這些話被視為是對上帝的不尊重，所以是錯的。

變得正式，更別說成為一個神聖的空間了；**讓這些地方變得與眾不同，並令人感到正式或神聖的，正是這些規矩**。

例如在圖書館裡，非得說話時就該小聲說，此舉有助於使圖書館成為學習的好地方。但是有些規則——例如在教堂裡應不應該遮頭，或是在教堂裡可以說什麼話——只是為了彰顯出我們正身在某個特殊的地方，除此之外並無其他作用。

我們通常應該遵守這些規則，這樣才能維護該空間的特質，不過現今社會中，一股非正式的風氣「入侵」了越來越多空間，這種現象雖然有好的一面——穿著寬鬆舒適的便服搭飛機，肯定比穿著上班套裝來得舒服；但它通常是件壞事，因為沒規沒矩會拉低我們所處地方的格調。

說髒話是每個孩子都該學的技能

話又說回來，我們也不應該一直繃緊神經、正經八百的，偶爾也需要放鬆一下，這便為說髒話留下了很大的空間。雷克斯頭一回說髒話，並非辱罵某個人或某個地方，而是帶有開玩笑的戲謔特質，像這樣的髒話還挺不少的，說這類髒話是錯的嗎？對許多嚴格監督孩子談吐的家長來說，說這種髒話是錯的，但我認為這些父母其實搞錯了。

髒話的問題並不在字詞本身，而是在於它們發出的信號，所以如果說話者並無冒犯之意，就沒有理由不說。我們為雷克斯定下了這樣的規則：不要用髒話來辱罵或貶低別人或某個地方，除此之外，偶爾說說髒話是可以的。

為什麼只能偶爾說說？**因為你能貶低別人或某個地方，你同樣能貶低自己，如果你的舉止粗魯，你很可能成為一個粗魯的人**。不過我倒是不擔心我的孩子，他們很懂得隨機應變——能在不同的情境中表現出不同的行為，我經常看到他們這樣做。

我倒是有點煩惱，很多人對於說髒話大驚小怪，那明明沒什麼大不了的，我從小就對這種情況很感冒，現在依然如此。但是要想在這個世界上遊刃有餘，你就必須知道別人會有什麼反應，即使你認為這種反應是毫無道理的。在我們的社會中，如果很多人認為你說了太多髒話，就會對你產生不好的印象。

且慢，如果人們認為說髒話是不對的，那不就表示說髒話確實是不對的嗎？傳統道德不就是這樣運作的嗎？其實不然，要讓人們對「什麼是錯的」的看法變得重要，必須要有理由認真對待這些看法。人們在教堂裡謹言慎行，是為了維護這個神聖空間的價值，它賦予人們把這個空間標記為神聖的權力，並訂下規矩，規範眾人在此空間裡的言行舉止。相反地，那些忙著監視孩子在營地或街上如何說話的好管閒事者，並未被賦予權力替這些孩子的言語制定標準，**因為監督這些地方的言語沒有什麼價值**。

父母的親權則是特殊個案，誠如我們在上一章所述，父母有權力在合理的範圍內，為自己的孩子制定標準；但他們不該用這種權力來禁止孩子說髒話，至少不應該完全禁止。**說髒話是件好事，它其實是每個孩子都應該學會的一項技能**。

關鍵在於語境、時機和語氣

我在那次散步時曾問雷克斯：「說髒話有什麼好處？」

「感覺很好。」他說。

「什麼意思？」

「當你生氣時，說髒話會讓你心情變好。」

「那你生氣的時候會說髒話嗎？」我從來沒聽過他罵髒話。

「會啊，不過我沒罵出聲，只是在心裡嘀咕。」

雷克斯幹得好！他應該罵得更響亮一些。

英國的心理學家理查・史蒂文斯（Richard Stevens）曾做過一項著名的研究，他要求一群大學生把一隻手浸在一桶冰水中兩次，其中一次可以罵髒話，但另一次不行。**結果發現當他們罵髒**

話的時候，竟可讓手浸泡在冰水中的時間延長近五〇%，而且疼痛感也降低了。[6] 後續的研究則顯示，較激烈的髒話（罵「他媽的」而非「狗屎」）緩解不適感的效果更好。[7] 我相信大聲罵髒話也會有同樣的效果，至少在一定程度上可以。

更重要的是，罵髒話除了緩解身體的疼痛還有別的功效，紐西蘭的心理學家邁克爾・菲力浦（Michael Phillip）與澳洲的蘿拉・倫巴多（Laura Lombardo）合作的研究顯示，罵髒話還能減輕被社會排斥造成的痛苦。[8] 他們請受試者回憶起曾有過被冷落的感覺，其中一部分人被要求在事後說髒話，另一些人則按照一般情況說話，結果前者感受到的痛苦遠低於那些不能說髒話的人。而雷克斯和其他孩子則是未經實驗便自行發現了此現象。

我是在英國科學家艾瑪・柏恩（Emma Byrne）的《說髒話對你有好處》（*Swearing Is Good for You*）一書中看到這些研究的，科學真是令人大開眼界。（學習手語的黑猩猩竟然發明了牠們自己的髒話，[9] 我打賭你他媽的絕對辦不到。）柏恩對於為什麼說髒話會令我們心情變好提出了一些看法，她認為這與大腦中處理情緒性語言的部分有關。[10] 不過這方面的科學仍在發展中，而且細節真的沒那麼重要，**重要的是說髒話很紓壓**。

而且不只這樣，柏恩還提到**說髒話「有利於凝聚群體的向心力」**，[11] **而且互相開玩笑可以促進社交互動**。她還說有些人竟然透過說髒話找到社會認同，並介紹許多能幫助大家有效溝通的方法。這些研究酷斃了，但我覺得各位必須親自閱讀該書才能了解她的意思，其實只要觀察那些氣氛融洽的團體，幾乎肯定會聽到一些髒話。

說髒話的社交層面，是我希望我的孩子能掌握此技能的原因，光知道什麼場合可以說髒話是不夠的，還得達到運用自如的境界。不過這並不容易，首先，你必須學習用詞的新方法，像 fuck（幹）這個字有時是名詞，有時則要當動詞，但很多時候，它的詞性並不像我們熟悉的任何用法，例如 fuck you（去你媽的）聽起來有點像命令句，但其實不是；我們就拿 close the door（把門關上）一詞來做個對照吧，我可以把這個短語嵌入各式各樣的句子中：

Please close the door. 請把門關上。

Go close the door. 去把門關上。

I said to close the door. 我說去把門關上。

但是 fuck you（去你媽的）無法隨意更動順序，下述句子就很不知所云：

Please fuck you. 請去你媽的。

Go fuck you. 去去你媽的。

I said to fuck you. 我說去你媽的。

這是因為 fuck you 裡的 fuck 並非動詞，而是個特殊的詞性，旨在表達不贊成的意思。*[12]

但更莫名其妙的是，有時候 fuck you 裡的 fuck 確實是當動詞用：

I'll fuck you tomorrow.　我明天會跟你上床。

Don't let him fuck you.　別跟他上床。

這還沒完哦，因為 fuck 這個字在其他語境中的表現也很有趣，[13] 下面這兩個句子的意思是一樣的：

Turn down the loud television.

---

* 這個觀察結果要追溯到一九六〇年代的一篇文章，標題是〈沒有明顯文法主詞的英語句子〉，作者自稱是南河內技術學院（South Hanoi Institute for Technology，縮寫正好是ＳＨＩＴ）的 Quang Phuc Dong。但這篇文章其實是由在芝加哥大學任教的Ｄ．麥考利（D. McCawley）所寫的，這是一篇很有內容的作品，啟發了許多人對髒話做進一步的研究。但是從他嘲笑亞洲人名字的做法看來（Phuc 即 fuck，Dong 即陰莖），他很可能是個種族主義者。

Turn down the television that is loud.

關掉那台很吵的電視。

但是下面這兩個句子的意思就不一樣了：

Turn down the fucking television　關掉那該死的電視機。

Turn down the television that is fucking.　關掉正在X的電視機。

前一組的 loud 是形容詞，後一組的 fucking 雖然看似扮演著相同的角色，實則不然，因為你不能仿照前一組例句那樣移動它的順序。

像這樣的例子我可以說上他媽的一整天，可能有些人會認為這件事 fan-fuckin-tastic（他媽的有趣極了），但是不會有人說這件事 fanta-fuckin-stic（有他媽的趣極了），因為要把 fuck 插入其他英文單字當中是有規則的，即便各位不曾讀過約翰．J．麥卡錫（John J. McCarthy）那篇史詩級的論文〈語氣結構與咒罵性詞綴〉（Prosodic Structure and Expletive Infixation），[14] 也應該知道這些文法規則。

Fuck 說不定是變化最多且最有趣的英文單字了，它的好用程度幾乎沒有其他單字可以相提並論。但是要把髒話說得恰到好處，光懂文法是不夠的，就像柏恩說的，你需要有個複雜的模型來預測其他人的情緒，以便預測他們在你說髒話時的反應。[15] 其中存在著極多微妙的變化，需要小心拿捏，例如：用搞笑的語氣對朋友說 fuck off（閃啦！），就不會傷及你倆的友誼。

關鍵在於語境、時機和語氣，而且什麼樣的髒話是無傷大雅的，其規範標準不斷在變化，因為需要經過大家的評斷。所以，我根本不打算教我兒子說髒話的技巧，他們得跟我們其他人一樣，自己去揣摩學習，透過不斷地試錯與觀察，就能有所成。但我會給他們練習的空間，總有一天他們會感謝我的，並對我說……。

「刻意使用」與「隨口提及」的差異

雷克斯自從第一次罵了髒話後便功力大增，僅僅一年後，他就已經是個髒話高手了，我們是在教漢克第一個髒話的那天晚上發現此事的。

當時，我正在給孩子們講我外公外婆的故事，不過這兩位老人家並非善良之輩，為人卑鄙又自私，當孩子們得知我外公討厭小孩時相當震驚，他們完全無法理解。為了證明我不是亂說，我告訴他們，我記得外公只陪我玩過一次，當時我五歲，他跟我外婆來我家住了幾晚。他坐在地上教我玩擲骰子（shoot craps），為什麼？我不知道，小孩子根本不需要學這個技能，但那已經是我倆之間有過最親密的互動了。

說到這裡，我停頓了一下，因為我意識到我即將說出一個漢克還不認得的字，我告訴他我要說一個髒話，他的眼睛立刻亮了起來，我便繼續說下去。

下一回外公外婆再度來訪時，我們全家一起去餐廳吃飯，當時我很希望能再次玩擲骰子，於是我就問外公：「我們回家以後可以 shoot the shit（打屁）嗎？」

結果我外公勃然大怒，他氣我講了髒話，更氣我爸媽笑個不停，接下來的幾天我外公都沒消氣。但他實在太低估我的實力，我懂的髒話可多了，shit 根本不算什麼。可惜我外公從未親耳聽到我講我爸的口頭禪：我操你媽這狗娘養的婊子，要是他更認識我，我想他會愛上我的。[*16]

只可惜沒機會了，我原本是想告訴孩子們子欲養而親不待的遺憾，沒想到最後卻變成漢克學會了 shit 這個字，我們告訴他 shit、poop、crap 都是大便，並告誡他可以說這個字，但是要遵守我們給雷克斯訂下的規矩。

茱莉隨即要漢克試試：「當你發現一些不好的事情時，你就可以說『Oh shit!』（哦，該死！）你想試試嗎？」

漢克看起來有點遲疑，然後他很輕很輕地說：「哦，該死！」聲音輕到幾乎聽不見。

我們大笑起來，而他則略顯尷尬地躲到桌子下，之後他又冒出頭來，膽子大了點，聲音也大了點：「**哦，該死！**」

現在我們笑個不停，而他也進入狀況了：「**哦，該死！哦，該死！哦，該死！**」

但雷克斯卻不開心了，多年來他一直避免讓弟弟聽到髒話，因為髒話正是區分他倆的重要原因——會說髒話讓雷克斯看起來更成熟。

沒想到茱莉和我這對寶貝父母還不罷休，我們三人像合唱團似地一起唱著：「哦，該死！」然後茱莉還要求雷克斯加進來：「來吧，雷克斯，一起罵！」我就說了我們是對活寶父母嘛。這次換雷克斯滿臉通紅地躲到桌子底下，他在那裡待了一秒鐘，然後就在合唱達到高潮的時候，他跳出來大喊：「**我去你媽的絕不可能說『哦，該死！』啦。**」

茱莉從來沒有笑得這麼開心過，還真讓我嚇了一跳。

雷克斯在情急之下脫口而出，說他死都不會說「哦，該死！」

* 先別急著指責我或我爸媽，我真的認為我很正常，很多孩子從三四歲就開始說髒話了，有些甚至更小。研究顯示，五六歲的孩子已經學會了大量的髒話，其中包括許多最禁忌的字眼。反常的是我的孩子，因為我們夫妻拚命告誡自己少說髒話，以至於他們比一般小孩更晚才學會說髒話，這點其實還滿令我擔心的，因為之前我曾說過，我希望我的孩子有能力應付各種社交場合，包括那些需要說髒話的場合，不過我似乎多慮了。

所以，哲學家對於刻意使用某個字詞與隨口提及某個字詞做了區分，請看以下這兩個句子：

1. 我準備去商店買東西。
2. **商店**與**打尖**有押韻哦。

第一個句子用商店一詞來指代你要去購物的地方，第二個句子裡的商店一詞雖被提及，但並不是用來表示地方。再看另一個例子：

1. Shit, I spilled the milk. 該死，我打翻牛奶了。
2. You shouldn't say *shit* around the kids. 你不該在孩子們面前說 **shit** 這個字。

第一個句子雖然使用了 shit 一詞，但它並不是用來指屎，而是用它來表達一種情緒，第二句話則只是提及 shit 這個字。

明確區分你是特意使用某個字詞，還是隨口提及該字詞，對哲學來說是很基本的。哲學家對於世界及我們描述它的字詞很感興趣，所以他們需要一種方法去表明他們正在談論的內容，標準的做法是，把你隨口提及的某個字詞放在引號裡，例如：

「shit」這個字有四個字母。

但我認為這樣看起來很醜，要是必須重複多次的話就更難看了，所以我在本書中採取了不同的做法，當我只是提及某個單字或名詞時，我會用斜（粗）體字標示*。不過斜（粗）體字也可用於強調，所以有可能令讀者感到困惑，但我相信各位一定有能力分辨的。

雷克斯的玩笑話便利用了使用／提及的區別，他說：「**我去你媽的絕不可能說『哦，該死！』啦**。」在某種意義上，他說的是假話，因為他已經說出了該死；但在另一種意義上，這句話是真的，因為他確實沒有使用這句話，他只是提及了它。這個笑話之所以有趣，一部分要歸功於其中的張力，再加上他所使用的短語「我去你媽的絕不可能」，比他提及的「哦，該死！」表達出的情緒要強烈得多。

這是一種高級的幽默感，難怪我越來越喜歡現在的雷克斯。

現在的我比起年幼時的我已經老很多了，但大家仍在監督我的語言，我的編輯就指出我說了

---

* 原書英文以斜體字標示，中文則以粗體字標示。

太多**去你媽的**。

我為什麼這麼愛說髒話呢？原因有二：其一，說髒話是一種培養親密關係的方法，不同的關係有不同的相處規矩，當我對你說 fuck 時，我是在告訴你，我是用什麼樣的心態跟你相處，我們比較像是營地的朋友般親切，而非同事，當然更非陌生人。

其二，我說髒話是因為我想表達一些關於哲學的觀念，你可以用非常正式和講究的方式來表達，也可以用輕鬆有趣的方式表達，而我選擇了後者。

但這種趣味其實是為了表達一個嚴肅的觀點，我認為哲學應該用來應對我們生活中的每個面向——神聖的、世俗的，[17]甚至是反宗教的，這也是我撰寫本書的原因之一。**我希望各位讀者能看到，最平淡無奇的生活經歷中也存在哲學問題，並希望各位讀者明白，哲學非常重要，不應只有哲學家獨享；我更希望各位讀者認為哲學是有趣的，因為它可以是、應該是、真的是充滿了趣味——如果表達得好的話**。

而且，我並不是唯一一個認為髒話可以拿來討論的哲學家，哈里．法蘭克福（Harry Frankfurt）的《放屁！名利雙收的詭話》（*On Bullshit*）是一本異軍突起的暢銷書，這本薄薄的書說明了什麼是屁話，以及我們為什麼會深陷其中無法自拔。*雖然這本書很有趣，但我更喜歡另一本暢銷書：亞倫．詹姆斯的《混蛋理論》（*Assholes: A Theory*），這本書書如其名——它試圖解釋什麼是混蛋，以及他們為什麼如此令人厭惡，我認為本書是當代的必讀書目。

哲學家可能很呆板，我聽過不少人抱怨法蘭克福、詹姆斯，以及敝人在下我，他們說我們只是在譁眾取寵，但事實並非如此。我認為哲學應該是有趣又好玩的，我還認為哲學應該幫助我們了解自己：我們是神聖的，但也會罵髒話，哲學也可以如此。

真正不該說的歧視語

所以我支持說髒話，至少在某些情況下是如此。但有些話我們真的不該說，在我們的社會中，歧視語（slurs）†則是真正的禁忌。大家嘴巴上說不准罵幹（F-word），但幹字照樣滿天飛，因為大家已經對它無感了。我們的抗議只是做做樣子，其實並不覺得有什麼，但是像黑鬼（N-word）

* 我應該警告各位：這是鬼扯。法蘭克福聲稱要解釋屁話的本質，但他所描述的那種屁話——完全不在乎自己說的話究竟是不是真的——只不過是眾多屁話中的一種。我再列舉幾條給各位參考：足球比賽中的假摔是狗屁；裁判的誤判也是狗屁；大多數會議都是狗屁。那些炫耀自己沒說實話的人最會鬼扯，他們向你灌輸一堆屁話，還說你一定要信他們說的那些屁話，這真的是扯到爆。有空的話請我喝杯啤酒吧，咱倆一起研究一下並提出更棒的屁話理論。

† 譯者注：是用來貶低、嘲諷、歧視或侮辱具有某些特徵的個人或族群——例如種族、階級、國籍、體型、性別、殘障人士、患有某些特定疾病的人，以及從事特定職業的人等——所使用的俚語、俗語和髒話。

這種字眼就絕對不能說。[18]

歧視語是個時髦的研究主題，但是哲學家和語言學家都只在語言的層面上辯論歧視語的運作方式，卻不清楚歧視語的含義是什麼，請看以下這個句子：

這本書是個猶太佬（kike）寫的。

這句話是真的嗎？kike 是對猶太人的一個貶稱，而我是個猶太人，所以有些哲學家會說這句話是真的，只是不應該說出來，因為說話者刻意選用了這個帶有歧視意味的字，而非另一個不那麼令人討厭的同義詞，來表達其蔑視。另一些哲學家則會說這句話是假的，他們堅稱世上根本不存在猶太佬這種東西，但這麼一來就產生了一個問題，如果 kike 不是指猶太人，[19] 那它是什麼意思？

我不想參與這些爭論，因為真正令我感興趣的是道德問題：如果情況允許，什麼時候可以說歧視語？但其實語言問題和道德問題是息息相關的，你必須搞清楚歧視語在語言層面上是如何運作的，否則無法回答道德問題。

我是從密西根大學的同事艾瑞克．史旺森（Eric Swanson）那裡學到這一點，他不僅是一名哲學和語言學教授，還是划獨木舟的高手。史旺森認為想要了解歧視語，關鍵在於搞清楚歧視語和意識形態（ideology）的關聯，[20] 意識形態是一套緊密連接的思想、概念和態度，[21] 告訴我們該如何與世界或世界的某些部分互動。

有些意識形態與經濟體系有關，例如資本主義和社會主義；有些意識形態則與政治光譜上的不同派系有關，例如自由派和保守派；有些意識形態則跟活動相關，例如體育競賽的精神是「勝利不是一切，而是唯一」，戲劇著重的是「戲必須演下去」；還有一些意識形態則跟迫害有關，例如種族歧視、性別歧視、反猶太主義等。

正如上述清單所顯示的，意識形態的概念並無好壞之分；事實上，反種族主義本身就是一種意識形態，它用其相關的思想、概念和態度來認識世界（例如白人至上主義、特權和大規模監禁）。但有些意識形態是不好的，例如美國的種族主義導致了蓄奴制、種族隔離和動用私刑，以及其他許多惡行。事實上，若非一些邪惡意識形態的支持——把黑人視為下等人，活該遭受虐待——根本不會出現前述那些惡行。

史旺森還指出，**歧視語會令人聯想到意識形態，並讓人根據該意識形態進行思考和行動。**[22] 說「這本書是個猶太人寫的」跟說「這本書是個猶太佬寫的」，兩者的差別在於，第二種說法會令人聯想到反猶太主義的意識形態，它邀請你把猶太人視為一種骯髒、貪財的生物，並妄想控制這世界。猶太佬一詞在反猶太主義的意識形態中發揮了一定的作用。

當你使用像猶太佬這樣的歧視語時，你不僅會令人聯想到反猶太主義的意識形態，你還藉此暗示使用這個歧視語是可以的。[23] 你邀請其他人以反猶太主義的意識形態來看待世界，而這種視角是有害的，它導致了納粹對猶太人的大屠殺，以及對猶太人和猶太教的集體殺戮，而且迄今仍是許多仇恨犯罪的根源。

某些意識形態應該被嚴加禁止，不應該有人想要提示它們，至少不能暗示它們是可被容許的，換言之，有些話根本不應該被說出來。

語言會反映我們的意識形態

除非你有非常充分的理由，有時候你確實有，例如你不能在沒有提及關鍵詞的情況下，批判或抵制某個意識形態。舉例來說，以下三本書中都提及了「黑鬼」一詞：黑人作家詹姆斯・鮑德溫（James Baldwin）的《下一場火》（*The Fire Next Time*）；[24] 黑人民權鬥士金恩（Martin Luther King Jr.）的《伯明罕監獄來信》（*Letter from the Birmingham Jail*）；[25] 以及黑人作家塔納哈希・科茨（Ta-Nehisi Coates）的《在世界與我之間》（*Between the World and Me*）。[26] 出現在上述每本書中的「黑鬼」一詞，都是為了忠實傳達那充滿仇恨的意識形態，不說得那麼直白就會令訊息變得模糊。

不過我要聲明一點，我並不是說只要你的目的是批判或抵制種族主義者的意識形態，你就可以大剌剌地說這個歧視語，你能否這麼做，有一部分取決於你是誰。

有些人覺得奇怪，其實不然，身為猶太人的我可以提及猶太佬一詞，因為當我這樣做時，我雖然提示了反猶太主義的意識形態，但沒有人會認為我接受這種意識形態，或鼓勵其他人接受這種意識形態。反之，當一個非猶太人使用猶太佬一詞時，雖然他未必認同這種意識形態，但旁人很難分辨真假，因此非猶太人最好儘量避免使用這個詞。

這意味著我可以說猶太佬一詞，但你不行。（除非你是猶太人，或是有充分的理由，比如你正在講授反猶太主義的歷史。）但是我可以說猶太佬一詞並不表示我應該說，因為不論我願不願意，它都會令人聯想到反猶太主義的意識形態。

用歧視語來打情罵俏的情侶也要留意這一點，被壓迫的群體通常想要「洗白」歧視語，像過去被用來辱罵同性戀者的酷兒（Queer，原意是奇怪的）一詞，就是最成功的例子；過去那些曾被當成辱罵目標的人，現在不但擁抱了它，甚至更偏好被這樣稱呼。對大多數人而言，酷兒一詞非但不會提示反同性戀的意識形態，而且情況恰好相反。

不過，其他想要把歧視語洗白的努力大多成效不彰，例如有些女性會暱稱自己的閨蜜為婊子（bitch），但男生恐怕不能有樣學樣，在可預見的未來，男性若稱呼某個女生為婊子，仍將挑起性別歧視的意識形態，這意味著女性使用這個詞也可能會產生相同的效果。「黑鬼」一詞也是如此，黑人用這個詞稱呼自己人通常帶有相親相愛的意涵，但它同時也會挑起種族主義者的意識形態，特別是聽在毫無同理心的白人耳裡。

這並不表示洗白歧視語是錯的，被壓迫的群體有充分的理由洗白那些辱罵他們的歧視語，因為此舉能削弱一些歧視語的力道。而且歧視語經常轉變成表達愛意的詞，這種情況並非偶然，女生稱閨蜜為婊子表示她倆的交情非比尋常，親密到足以扭轉該詞的原意。

洗白歧視語的效益是否不敷成本？這我沒資格論斷，我是大多數這類社群的局外人，所以我無法準確評估所有的成本和效益。（猶太佬一詞則另當別論，反猶太主義者大可以保留它。）這個問題就交由那些受影響最大的人來決定吧，我只是想讓各位讀者明白，為什麼即使在（被歧視語鎖定的）目標群體中，這些議題往往也會引起爭議。

有些人認為，白人應該不至於像我說的那樣，完全沒有說「黑鬼」一詞的餘地，其實這牽涉到我們之前學過的使用／提及之區別：**你不應該使用歧視語來指代某人，但提及它是可以的**。

長久以來，我一直認為這是條合理的界限，而且我也認為它在道德上是合理的。當你刻意使用某個歧視語時，你就認可了一種壓迫性的意識形態，並且貶低了它所針對的那群人，但如果你只是單純提及某個歧視語，你就不算犯規。此區別非常重要，使用歧視語有可能犯下大錯[*27]，但若只是提及就比較沒事。

不過提及一個歧視語並不完全是善意的，因為光是提及它，就會挑起它所代表的意識形態。可以肯定的是，即使是最令人反感的歧視語，仍會有不得不提及它的情況，就像我之前舉過的例子，鮑德溫、金恩和科茨這幾位黑人作家，必須直接使用「黑鬼」一詞，否則溝通的效果就會大打折扣。不過，**不管你提及歧視語的理由多麼充分，還是少提為妙，**[28]**因為好的理由並不多見。**

史旺森的主張幫助我們理解了，為什麼白人應該樂於接受他們可以說「那個N開頭的字」，但不能說「黑鬼」，除非是在最特殊的情況下。因為當你使用「那個N開頭的字」的委婉說法時，就代表你鄭重其事地反對「黑鬼」一詞，以及它所代表的意識形態；說「那個N開頭的字」，而非直接說出「黑鬼」這個歧視語，就是對種族主義表達異議，並對種族主義給予小小的一擊。†

* 史旺森認為歧視語的道德嚴重性，來自於相關意識形態造成的傷害，所以「黑鬼」一詞會比「白鬼」（honky 或 cracker）糟糕，且糟糕程度遠遠勝過「書呆子」（nerd）和「對電腦痴迷的怪咖」（geek）。

† 至少在大多數時候是這樣，但如果你說得太張揚，或者說得太頻繁，那麼你似乎真的是在提示種族主義意識形態，而非反種族主義意識形態，所以要留意別濫用迂迴說法。溝通是複雜的，明確的規則（bright-line rules）無法控制相關的道德底線，因為道德底線會隨著社會意義的轉變而改變。

謹慎對待自己的言行

史旺森的歧視語理論還能幫助我們理解，為什麼某些非禁忌的字詞有時仍會造成傷害。他說某天有個陌生人看到他在帶小孩，便對他說：「你給孩子的媽幫了大忙，真是太好了。」[29] 這句話裡沒有半個髒字，但是那個陌生人用「幫忙」一詞，便挑起了一種意識形態，亦即把母親視為孩子的主要照顧者，並把男人看成是幫手，而非同樣負有照顧責任的父親。陌生人在說這番話時，既認可了那樣的意識形態，並隱約鼓勵史旺森也這樣看待自己。那婦人毫無疑問認為自己是一番好意，但她的好卻是以一種令史旺森夫婦不開心的方式展現出來。

其實史旺森的歧視語理論所闡明的不只是語言，它還能幫助我們搞清楚，**為什麼我們明明沒那個意思，但我們的行為有時卻會惹怒對方**。例如男人替女人開門也會挑起一種意識形態，認為男人是強壯且富有騎士精神的人，會去幫助柔弱或溫順的女人。在此意識形態中，男人為女人開門的行為被視為是善意的，所以當女人反對時，男人有時會感到困惑不解，但是反對這種行為的女性，尋求的是另一種尊重，一種根植於男女平等之意識形態的尊重。

這裡大家要謹記的教訓是：**我們應該更加留意那些會塑造我們言行的意識形態，因為那些看似善意的行動，往往反映並支持了我們應該拒絕的意識形態**。

我在寫這一章時曾問雷克斯：「你知道任何歧視語嗎？」

「我知道一個，是你教我的。」

我心想，哦哦，這可不妙。

「是哪個字？」

「紅番（Redskins），就是那個足球隊隊名的紅番*。」

我鬆了一口氣，我想起那件事了，當時我們正在談論亞特蘭大勇士隊（Atlanta Braves），這是我們最喜歡的棒球隊。我對雷克斯說，我認為勇士隊也應該改隊名，因為他們曾說過想向美國原住民致敬，或許這是真的。但問題不在勇士隊的意圖，而是他們的隊名挑起了一種將美國原住民視為野蠻人的意識形態，且數十年來一直懷抱這樣的形象。況且我有個更好的主意，這支球隊應該改名叫「The Traffic」。

雷克斯接著說：「我從《遊行》（*March*）裡學會了另一個歧視語。」

《遊行》是一套共計三冊的漫畫，內容是講述日後成為國會議員的民權英雄約翰・路易斯

---

* 此職業美式足球隊前稱為華盛頓紅人隊（Washington Redskin），因有歧視美洲原住民的爭議，於二〇二二年改名為華盛頓司令隊（Washington Commanders）。

（John Lewis）的生平故事。這套書非常適合青少年閱讀，我也推薦家長一讀。

雷克斯說：「這是白人用來稱呼黑人的詞。」

然後他說了這個詞。

我問他對這個詞了解多少。

他說這是個非常惡劣的說法，說不定是最惡劣的。

我們討論了個中緣由，雷克斯已經從《遊行》和其他幾本書了解到很多美國歷史，所以我們討論了為什麼這個詞很傷人——它喚起了人們對那段歷史的記憶，以及伴隨著它的所有醜陋聯想；我們還聊到這個詞的歷史，以及這個詞有多不尊重人。

我告訴雷克斯，基於以上種種原因，往後他不應該再說這個詞。

他一臉歉意地說：「我很抱歉，我不知道。」

我說：「你沒必要道歉，我只是想讓你明白這整件事的來龍去脈，所以我才會問你。」

Part 2

了解自己

爲什麼我有這樣的身分？

第 6 章

性別
爲什麼男女
要分開比體育？

雷克斯和他的好友詹姆斯在二年級的時候首次參加五公里跑步賽，並跑出三十四分鐘出頭的成績，這個成績在小二男生組中，可以排在第九和第十名。我們在終點線迎接他倆，並以他們的優異表現為榮。

這時我隨口問起：「你們有看到蘇西的表現嗎？」無論在校內還是校外，他們三人都是形影不離的好友。

「沒耶，她怎麼了？」雷克斯問。

我說：「她跑了第一名，而且跑得超快！不到二十五分鐘耶。」

雷克斯說：「那是因為她比我們先開跑。」這就是蘇西比他們快了整整九分鐘的原因？

我說：「我不認為她有比你們早那麼多分鐘開跑。」

詹姆斯說：「她有哦，我們開跑時根本沒看到她。」

我說：「我有看到她，而且你們的號碼布裡有個晶片，記錄了你的起跑時間，所以誰先開跑並不重要。」

雷克斯說：「我知道啦，但我們被困在人群中。」

「被困了九分鐘？」

詹姆斯不服氣地說：「我們並沒有使出全力跑出最快的速度。」

雷克斯說：「沒錯，我們慢慢來。」

「好吧，」我有點不爽他們兩個這麼小器，死也不肯為蘇西的表現感到高興，「不過就算你們使出全力也不會像蘇西那麼快啦，她真的跑很快。」

男生不該輸給女生？

為什麼這兩個男生要找一堆藉口？因為他們輸給了女生，而男生是不應該輸給女生的——這種觀念對女生來說很不利，但是對男生也不是好事，而且這種想法之所以對女生不利，其實有一部分要歸咎於它對男生不利。

認為男孩應該比女孩更擅長體育運動的想法，顯然對女孩不利，這與女孩不適合運動的觀點如出一轍，而且長期以來一直是將女孩完全排除在體育運動之外的理由。即使是男孩應當比較厲害這種較溫和的假設，也限制了女孩的機會，因為如果人們不期望女生擅長運動，她們得到的鼓勵和機會都會變少，這就使得此假設成了一種自我實現的預言。**男孩更擅長運動，並不是他們天生比較優秀，而是因為我們在男孩的運動成績上投入更多的資源**。

這種想法為什麼會對男生不利？**認為男生的體育表現應該勝過女生的想法，會讓男生的男子氣概取決於他的運動能力**；要是某個男生的運動表現不如女生，人們可能會覺得他不夠 Man，甚至不配當個男生，而他很可能會把這個訊息記在心裡，並認為自己有某種缺陷。

男強女弱的觀念固然對男生不利，但事實證明它對女生也是不利的，因為男生會覺得他們必須捍衛自己的男子氣概，所以有時他們會排除女生參賽，這樣他們就不會有輸給女生的風險；有時他們會詆毀女生的成就，來維持男生比較優秀的想法，我認為這就是當時雷克斯和詹姆斯的心態——把蘇西的成就貶到最低，這樣就不會對他倆構成威脅。

但千萬不要責怪這些孩子，因為這個系統並不是他們建立的，而且儘管他們捍衛自己在其中的地位，**這種地位並不盡然是一種特權，反倒是一種壓力：要去達到一個許多男生無法或不想達到的標準**。而且失敗的後果並不只是滑落到女孩已經占據的較低地位，一個男孩如果不能以男孩的身分成功，非但不能以女孩的身分受到歡迎，而是男孩和女孩都不歡迎他。

我對上述議題有著切身之痛，我小時候是班上個頭最小的男生，嚴重影響我的體育表現，我很想說我靠著勇氣和決心彌補了此缺點，但其實我的動作就像由各種零件拼湊而成的玩具蛋頭先生（Mr. Potato Head）。至少在我嘗試任何運動時是這樣的，我並不笨拙，而且我的平衡感和反應能力都很不錯，我的身體也還算健康，但是我的腦袋無法完全控制我的身體，它就像提線木偶的線被纏住了，使得每個動作都略有偏差，而且我越想成功，它就越糾結。

所以我童年時的運動成績始終在勉強及格的邊緣徘徊——以一個男生來說。每次遇到分組比賽，都會令我非常焦慮，因為我們立刻就會按照個人的表現，毫不留情面地進行排名。（我說真的，NBA選秀應該交給七歲的孩子來負責。）

有一年夏天，我媽幫我報了一個為期一週的體育夏令營，這沒啥不好，我喜歡運動，只是不擅長而已。最後一天輔導員要把我們分成兩隊，來進行一整天的比賽。午餐時，我聽到兩個輔導員在談論他們要如何分隊。

其中一個人說：「什麼！你居然選了史考特？」意思是：你準備好要輸了嗎？

「那有什麼辦法，就只剩下他跟『無名小妞』了。」無名小妞是營地裡唯一一個女生，她雖然比我高大也比我強壯，不過大多數運動她都沒學過，而且她並非天生的運動好手。

另一個人說：「真的好難選啊。」

「我想我還是會選男生啦，沒魚蝦也好。」

哇，我被選上還真「榮幸」啊，但是身為體育夏令營中唯一的女生，她也挺不容易的，而且我相信要是她知道自己是最後一個被選中的，肯定會很難過。但這件事並不會讓無名小妞的女性氣質受到威脅，沒有人會因為她體育不行而羞辱她，也沒有人會說她不像個女生，因為女生本就不需要擅長運動，哪怕是在運動營裡也不需要。*1

* 我並不是說女生在體育方面沒有壓力，她們在某些情境下當然也會面臨壓力，但差別在於，人們並不會因為女生不擅長體育而質疑她們的女性氣質；事實上，女孩經常遇到相反的狀況，體育方面的成功會讓人們質疑女孩的女性氣質。我沒有注意到年齡較小的孩子有這種情況，但是問題到青春期就浮現了，而且隨著女性在其運動領域的地位越來越高，情況會變得越來越糟。

可是男生就得擅長運動，而我偏偏不擅長運動，無論如何那天輔導員還是讓我當了男生，所以我很感激。且幸好當時沒有別人聽到他們的對話，因為其他孩子可就沒這麼善良了。

我們全都參與了性別歧視

我對五公里路跑那天的對話一直耿耿於懷，但雷克斯早就忘了這回事，我覺得對他有所虧欠，我應該聽聽他是怎麼想的。

當我分享我的童年回憶時，他說：「事情才不是像你講的這樣。」

「怎麼說？」

「當我們比完時，你就開始取笑我們，因為蘇西跑得更快。」

「你真的認為我會因為你們跑輸蘇西而取笑你們嗎？」

「聽起來是這樣啊。」

我想在此鄭重澄清：我絕不會因為我兒子跑輸女生而取笑他。（如前所述，這個問題對我來說其實挺敏感的。）

但我能理解為什麼那些話聽在雷克斯耳裡會變成我在取笑他，光是指出蘇西的表現有多好，就已經令他很焦慮了，但我並未就此打住，因為我認為他替蘇西慶祝很重要。

因此我們繼續討論這個問題，我指出男生被教導說他們不應該輸給女生。

雷克斯說：「沒有人這樣教我們啊。」

「你不會這麼想嗎？」

雷克斯想了想後說：「嗯，雖然沒有大人這樣說過，[2] 但我認為我們應該這樣想。」

「為什麼你應該這樣想？」

雷克斯說：「我不確定，我猜這就是大家在某個女生打敗某個男生時的反應吧；而且分組也是這樣分的，我想每個人都明白男生應該更厲害。」

「那男生有更厲害嗎？」

雷克斯毫不猶豫地說：「沒有，有些女生真的很會踢足球。」

「當男生輸給女生時，大家會取笑他嗎？」

「會，但我的朋友都很好，不會嘲笑任何人，可是有些男生會。」

「那女生呢？」

「女生也會嘲笑你輸給女生。」

性別歧視挺複雜的。它主要對女人和女生不利，但它也可能對男人和男生不利。如果我們想幫助女生，我們也必須幫助男生，因為當男生感受到威脅時，女生通常會受到傷害。

還有，性別歧視不只是男生歧視女生，女生也會歧視男生，女生也會歧視女生，男生也會歧視男生，**我們全都參與了性別歧視，因為我們全都沉浸在性別刻板印象所打造的角色裡；我們也全都遭到性別歧視，因為我們都感受到了必須順應這些角色的壓力**。

我們要先回過頭去討論五公里路跑賽的事，晚點再來討論性別刻板印象之害。

我說了蘇西是第一名，但布萊克也是哦，雖然蘇西的成績比布萊克快了近一分鐘。

啥，這是什麼神操作？布萊克明明跑第二，怎麼可能獲得第一名？

答案揭曉：因為布萊克是男生，五公里賽跑是按性別分組的，雖然所有人一起跑，但有兩組人比賽——一組是女生，一組是男生。

那麼問題來了，為什麼體育競賽要按性別分組？蘇西根本不需要幫忙，她是班上跑得最快的女生。大家可能會納悶，讓布萊克也獲得冠軍獎牌是個好主意嗎？說不定給他亞軍獎牌，能讓布萊克及其他男生學到一個教訓：即便是與男生同場競技，女生也可能技壓群雄而站到領獎台上。

這聽起來是值得學習的教訓，因為如果五公里路跑賽沒按性別分組，翌年男生會再被教訓一次，而且蘇西的領先差距又拉大了，比跑最快的男生整整快了兩分鐘，她還不是唯一跑得比他快的女生，他其實是第三名，卻還是以冠軍的身分回家了，只不過是實力比較遜的男生組冠軍。

追求更平等的社會

為什麼五公里賽跑要男女分組比呢？老實說，我不確定它是否應該這樣安排，我根本看不出有任何理由，不能讓雷克斯和蘇西這麼年幼的男生和女生同場競技。事實上，**我認為讓男孩和女孩都看到，女孩在體育方面同樣出色，甚至更勝一籌，對雙方都有好處。**

不過上述情況不會維持很久，男生很快就會開始超越蘇西，但不是我兒子，也不是大多數男生，而是某些男生。因為至少在大多數運動項目中，男生的運動表現之末端（tail end）要比女生的長一些，至少在大多數運動項目中是如此。

頂尖運動員的性別差距就相當明顯了，以百米短跑為例，芙蘿倫絲．葛瑞菲斯．喬伊納（Florence Griffith Joyner）創下了十秒四九的女子世界紀錄，*[3] 這個速度已經快到不行了，但還是比尤塞恩．博爾特（Usain Bolt）的九秒五八男子世界紀錄慢了將近一秒鐘。

我們用實例來說明此差異，一個跑得跟葛瑞菲斯一樣快的男性，在二〇一九年整個田徑賽季

---

* 這個時間是有爭議的，因為比賽期間測量風速的風速計似乎壞了，而賽後的調查顯示當時的風力遠遠超過了允許比賽的程度，如果把那場比賽從紀錄簿上抹掉，將改由伊蓮．湯普森－赫拉（Elaine Thompson-Herah）以十秒五四的成績排名女子世界第一。

的排名只能排到第八〇一位，[4] 而且他連高中生都比不過，在二〇一九年，有十幾個十八歲以下的男生，跑得比葛瑞菲斯還快。

當然女生也有略勝一籌之處，我們稍後就會看到在某些運動項目中，女生在成年之前的表現會優於男性，但目前這樣的情況並不多見。所以，**如果我們不按照性別分組比賽，女性不但很難在重要的比賽中脫穎而出，更糟糕的是，她們恐怕連參賽的資格都沒有。**

各位可能會問，那又怎樣？

這並非一個愚蠢的問題，各式各樣的人被排除在菁英運動之外，例如有些球技非常厲害的籃球員因為身高太矮而無法打NBA，還有一些非常厲害的美式足球員因為塊頭不夠大而進不了NFL；也有非常厲害的足球員因為速度太慢而無法在英超聯賽中踢球。

幸好有一些運動競賽項目想出很棒的辦法，合理解決上述問題。像我祖母的么弟曾是一九三〇年代的知名拳擊手，雖然他以班尼·愛爾蘭人·科恩的藝名出賽，但他根本不是愛爾蘭人，他的經紀人才是，但是以愛爾蘭人的身分上場能讓票價翻倍。班尼是個了不起的拳擊手，他在巔峰時期曾排名他那個量級的世界第三。[5]

班尼是雛量級（bantamweight）的拳擊手，身高約一百五十八公分，體重五十三公斤，身材比我還嬌小（我的體格會被分到超輕量級，感覺還挺合適的）。要是沒按體型適當分組，讓班尼跟一名重量級選手交鋒，很可能一上場就被打死了。拳擊運動把選手分成不同的量級，就是為了讓像班尼這樣優秀的拳手也有出頭的機會。

這樣的安排讓拳擊運動變得更精采好看，觀看那些小塊頭的拳手比賽很有趣，因為他們的出拳比大塊頭拳手更快，而且有些人的技巧更嫻熟。粉絲們會爭論誰才是不分量級（pound-for-pound）中最厲害的拳擊手，這意思是，在任何一對拳擊手中，最好的拳擊手可能不是在正面交鋒中獲勝的那個人。舒格．雷．羅賓遜（Sugar Ray Robinson）被許多人認為是全量級通算的史上最佳拳擊手，他曾在次中量級（六十七公斤級）與中量級（七十三公斤級）封王。重量級拳王阿里（Muhammad Ali）肯定能把羅賓遜打趴，但體重級別讓羅賓遜為這項運動設定了標準。

有人便以類似的論據支持按性別分組比賽，如果溫布頓網球賽沒有為男女選手分開抽籤，我們恐怕就沒機會看到威廉斯姐妹的輝煌戰績了。

這話可不是我隨口說說的，而是小威廉斯（Serena Williams）自己說的，曾有人問她要不要跟安迪．莫瑞（Andy Murray）打一場表演賽，她回答：「對我來說，男子網球和女子網球是兩種截然不同的運動，要是我跟安迪．莫瑞比賽，我將在五六分鐘內就以六比〇、六比〇直落二的比數輸球，頂多能撐到十分鐘……男子選手的速度更快、發球更有力，他們打得更猛，這是一場完全不同的比賽。」[6]

當然啦，不同並不表示更糟，其實某些運動項目的女性版本比男性版本更好看，例如有些球迷更愛看WNBA（美國職業女子籃球聯賽），因為女籃會展現不同的打法，女籃比較側重團隊作戰而非展現個人能力，她們會運用精心設計的攻防戰術和戰略。[7] 事實上，有些人說女籃比較像從前的籃球賽，比只靠一些超級巨星贏球的ＮＢＡ比賽好看多了。（插播一下：雷克斯最近曾問我為什麼男籃不叫ＭＮＢＡ？我覺得他的想法很有道理。）

按性別分組比賽，**固然具有呈現男女運動員的比賽風格迥異之優點**，但這並非是最重要的部分，畢竟我們可以透過其他方式獲得這些好處，不一定要透過按性別分組比賽，拳擊就是最好的範例。我們可以參考拳擊運動的做法，例如：籃球比賽按身高分級，足球比賽按速度分級，網球比賽則按力量分級。透過適當的分組，我們就能發現新的運動員和新的比賽方式；雖然矮個子打籃球很有趣，但是沒有人會吵著要看。

而且，用這個說法來解釋為什麼要按性別分組比賽還有別的問題，例如此做法並不適用於所有運動，頂尖男籃和女籃選手的打球風格，在某種程度上確實是不同的，但是按性別分組比賽賽跑，並不能發現不同的比賽方式，不論是誰來跑，快者恆快。[*8] 如果五公里賽跑沒有按性別分組比拚，蘇西肯定還是會把男生狠甩在後。

最後一點，**體育競賽按性別分組比拚的原因，肯定跟平等有關**，雖然矮個子打籃球同樣比較依賴團隊合作，而不推崇個人單打獨鬥，但是沒有人吵著要看矮個子打籃球，是因為我們並不覺得看矮個子打籃球有多重要，但是我們認為女生也能參加籃球比賽是很重要的。

女性參賽，讓世界變得更美好

為什麼這件事那麼重要呢？要回答這個問題，不妨先思考一下為什麼體育競賽很重要。珍・英格利希（Jane English）是位哲學家，也是位了不起的業餘運動員，她在攀登馬特洪峰時不幸罹難（年僅三十一歲），[9] 她在去世不久前曾發表〈體育競賽的性別平等〉一文。[10]

英格利希認為，參與體育競賽有兩大好處，其一是「基本的益處」，包括有益健康、提升自尊，以及享受到運動的單純樂趣，[11] 所以她主張人人皆有權享受體育競賽的基本益處。她想像有個叫華特的男生，比一個名叫瑪蒂達的女生更會摔角，但就算華特技高一籌，「也沒有理由剝奪瑪蒂達為了健康、自尊和樂趣而平等參與摔角活動的機會」。[12] 英格利希認為，僅憑華特技高一籌，就想以此為理由勸退瑪蒂達參加摔角比賽，是不公平的。

英格利希認為，我們應該讓「各種年齡、性別、收入水準和能力的人，都可以參與休閒競技」，[13] 這樣每個人就都能享受到體育競賽的基本好處。她本身酷愛游泳、跑步和網球，她甚至

＊男性和女性的跑步方式似乎確實存在著生物力學上的差異，但這需要經驗老到的觀察者才看得出來，況且我們對女子賽跑的興趣，並不在於觀看她們的生物力學與男性有啥不同。

在去世的幾個月前，參加當地的某個田徑比賽時，創下了同年齡組十公里賽事的紀錄。[14]

英格利希在創下這個了不起的紀錄後，獲得了體育競賽的「稀有益處」，包括名聲、財富和冠軍名次。英格利希說，並不是每個人都能收到粉絲的來信，或是在比賽中勇奪冠軍，體育競賽的稀有益處需要靠技能才可獲得。[15]

但平等也很重要，英格利希主張，男性和女性應有平等的機會，透過體育競賽獲得名利。不過她也堅決主張，女性不應以個人的身分獲取名利，甚至是去參加她有機會獲勝的比賽，而是應該由全體女性平等分享體育運動的稀有好處，因為女性理應在體育運動中扮演重要的角色。[16]

為什麼呢？我認為這個問題最適合由另一位哲學家來回答，她也是一位出色的運動員——安吉拉．史耐德（Angela Schneider）曾在一九八四年代表加拿大參加夏季奧運會，並在賽艇項目的輕量級四人單槳比賽中獲得銀牌。[17]她從國手退役後成為一名體育哲學家，這堪稱是世上最酷的工作之一，史耐德還發表了許多使用興奮劑、業餘性、體育跟遊戲之間的關係等主題的論文。

史耐德指出，**我們生活在一個極度不平等的世界，女性被有系統地剝奪了權力地位和公眾關注，**[18]**而且她們的才能和成就往往「未獲承認且無人知曉」**。[19]

體育競賽就是上述問題的一個主要部分，我們的社會對運動員的讚賞遠超過其他大多數人，但我們只關注其中一小部分體育競賽，而且它們大多是能發揮男性身體結構優勢的運動，此情況至少會在兩個方面發生問題。

其一，**代表性非常重要**，年輕女性需要看到前輩們在體育方面成就非凡，否則她們很可能會做出體育不適合女性的結論，從而失去了從事體育競賽可獲得的基本益處。

其二，**我們對那些在體育方面表現出色的人，賦予了巨大的權力和影響力**，像麥可・喬丹（Michael Jordan）便累積了大量財富，多到他可以買下一支ＮＢＡ球隊，最近他還捐出一億美元消除種族不平等。舊金山四九人隊的四分衛科林・卡佩尼克（Colin Kaepernick），也在比賽前唱國歌的時候單膝下跪，以喚起大眾對警察暴力與種族不平等問題的關注。[20]除了卡佩尼克和喬丹，還有很多運動員也都為社會運動貢獻了一份心力，包括：拳王阿里、籃球明星魔術強森（Magic Johnson）、跳水名將葛列格・盧甘尼斯（Greg Louganis）、田徑名將傑西・歐文斯（Jesse Owens）、職棒球員傑基・羅賓森（Jackie Robinson）……名單長到無法一一提及。

多虧了按性別分組比賽之賜，這個名單上也有多位女性運動員，包括：近期加入的小威廉斯、足球員梅根・拉皮諾（Megan Rapinoe）和籃球員瑪雅・摩爾（Maya Moore）；在她們之前加入的則有高爾夫球員蓓比・札哈里亞斯（Babe Didrikson Zaharias）、網球員瑪蒂娜・娜拉提諾娃（Martina Navratilova）和比莉・珍・金（Billie Jean King）。

單憑這份清單，就足以為體育競賽需按性別分組提供有力的論據，**如果沒有這些女性及其他許多女性提供的靈感，這世界將會變得更糟**，此話對女孩來說不假，對我們其他人來說也是。

我們觀看體育比賽，並不只是為了知道誰跑得最快或跳得最高，而是像史耐德說的，體育競賽「塑造並定義了我們是誰及人類的可能性」。[21] 我們為其加油打氣的運動員回過頭來鼓舞了我們，她們親身示範了什麼是勇氣、決心和毅力，她們在逆境中不斷奮鬥，有時成功、有時失敗，有時美麗優雅、有時狼狽不堪，**我們透過觀察來向她們學習，但重點是我們的目光既要關注女性，也要關注男性**。

儘管史耐德為按性別分組比賽辯護，但她認為如果世界真的平等，我們根本就不需要這麼做，男性和女性可以在所有的運動賽事中同場競爭，並且平等地表現出色。[22] 但是要做到這一點，男性和女性必須獲得同等的鼓勵去參與體育競賽，並在他們的職業生涯中獲得平等的支持。我們需要更廣泛的體育競賽項目，以充分實現女性的運動潛能。

我們已經有了一些能發揮女性身體結構優勢的運動，女子體操可能是當中最突出的一項，男性不屑比賽平衡木，[23] 但要是他們膽敢來挑戰，西蒙．拜爾斯（Simone Biles）可能會給他們好看，因為平衡木對於重心較低的女性選手較為有利。

而且拜爾斯並非唯一一個有能力打敗男性的女性運動選手，各位可曾聽過菲奧娜．科爾賓格（Fiona Kolbinger）的芳名？她在二〇一九年參加了橫跨歐洲、綿延兩千多英里（約三千兩百公里）的自行車大賽（Transcontinental Race）。這項比賽非常艱苦，不僅持續時間超過一週，而且運動員得不到任何人的幫助，只能靠自己完成比賽。由於開賽後就不會停止計時，所以選手必須制定戰略，確定何時何地睡覺和吃飯。科爾賓格的戰績如何？她不僅贏得冠軍，還比第二個抵達終點的男性快了十小時。[24]

英國跑者潔絲敏．帕里斯（Jasmin Paris）的表現可能更令人印象深刻，她在蒙山脊柱賽（Montane Spine Race）創下了新紀錄，僅用八十三小時就完成兩百六十八英里（約四百三十一公里）的賽程。她甚至還在途中停下來擠母乳，以避免引發乳腺炎。即便這樣，她仍然比之前所有的男性參賽者提前十二小時完成比賽。[25]

但科爾賓格和帕里斯皆非家喻戶曉的名人，這真的很不公平，情況就像史耐德說的那樣，**女性的成就往往被忽視了，但她們的勝利證明了女性的運動潛力並不比男性差，她們擁有的是不同的潛力**。男人確實跑得更快，但你要求他們連續跑三天再來看看，到時候潔絲敏．帕里斯就會超越他們。

被指派的性別角色

我兒子很喜歡看女子體育競賽，只要給他們一個計分板或一個時鐘，他們就會全神貫注地觀看任何比賽。他們崇拜不少女英雄，當年世界盃女足賽舉行期間，我們費了好一番工夫才找到兒童尺寸的拉皮諾球衣。當時我們正在旅行，但我們仍想盡辦法找到一台電視來觀看比賽。

在某場比賽中，雷克斯問了一個問題，使得我剛才告訴各位的故事變得複雜了起來。

他想知道：「跨性別女性可以踢女足嗎？」

茉莉說：「我不確定規則是什麼，人們對此一直有爭議。」

「為什麼？」

「有些人認為她們可能擁有不公平的優勢。」

雷克斯說：「我認為應該允許她們參加比賽。」我們其他人都同意他的看法。

但很多人並不那麼肯定，事實上，有些人說，允許跨性別女性參加女子體育比賽，將有違當時按性別分組比賽的初衷。

我認為這樣的想法是不對的，我想解釋一下原因，但要弄清楚這個問題，我們必須先對性別做個簡短的入門介紹。（如果你是主修性別研究的學生，你可以直接略過這段。）

Sex所指的性別是由生理構造決定的，但它並不像我們小時候所學的那麼簡單，我們其實無法單憑某個特徵就判定某人是男性或女性。相反地，男性會有一組典型的特徵（XY染色體、睪丸和外生殖器等），女性也會有一組典型的特徵（XX染色體、卵巢和內生殖器等）。但有些人同時具有這兩組特徵，或是不符合其中任何一組特徵，所以除了男性或女性，世上還有一些人是雙性人（intersex）。*26

有些人把 sex 和 gender 視為同義詞，實則不然，因為 gender 指的是社會上的性別角色，女性會受制於一系列的期望——關於她的外表、穿著、走路、說話、工作、感覺、想法，沒完沒了。其實男性也受到同樣的約束，只是期望的內容不同而已，男孩或女孩也是如此，他們是上述兩種角色的初級版本。

許多父母第一次接觸到這些資訊，通常是在媽媽懷孕十八週時做的超音波檢查。我到現在還清楚記得為漢克照超音波時的情況，當時負責照超音波的技師把魔杖放在茱莉的肚子上，但立刻將其拉回。

她問：「你確定你想知道嗎？」

「是的，我們確定。」茱莉說。

「好吧，因為這並不難看到。」

她把魔杖放了回去，圖像進入焦點，我們看到漢克的雙腿張開，彷彿在說：「你們看到我的小雞雞了嗎？」

---

* 世上有多少個雙性人？這很難說，因為這取決於研究人員把什麼特徵算作雙性人。若按照較為嚴格的定義來看，大約每四千五百人當中有一人符合條件，但若按照較廣義的定義來看，可能每一百人中便有一位是雙性人。

我們把這句話寫在照片上，並轉發給我們的家人。其實我們沒有，但我們有告訴大家茱莉懷的是男孩。當年茱莉懷雷克斯的時候，雖然我們已經知道答案，但我們不希望屋子裡堆滿給男嬰用的東西，所以我們沒有告訴眾親友，但這次我們大大方方地說了。

現在有些父母會在嬰兒性別揭曉派對上分享這個消息，但當年還沒有這種活動。我認為新手爸媽需要一位特使來幫忙完成這項任務，待在超音波室的新手爸媽不會得知嬰兒的性別，但訊息會透露給特使，特使負責準備一個蛋糕，不過從外頭看不出蛋糕體的顏色：藍色代表男生、粉色代表女生。在整個聚會過程中，緊張的氣氛不斷升溫，直到新手爸媽切開蛋糕並露出內層的顏色，眾人隨即歡聲雷動，像是對這個結果非常興奮，當然啦，另一種顏色也可能會引起同樣熱烈的歡呼。

以上算是中規中矩的版本，但有些興奮過頭的家長居然還安排了爆破場面，至少引發兩起野火，[27]甚至還有一人被大炮炸死，[28]另一個人則是被自製的管狀炸彈炸死。[29]我雖然不喜歡染了奇怪顏色的蛋糕（甜點就該選巧克力嘛），不過粉紅色或藍色蛋糕都比煙火好。

快問快答：性別揭曉派對的名稱是否恰當？

答案：不恰當，因為超音波檢查能揭露的唯一資訊是胎兒是否有陰莖或陰道，或是否有卵巢或睪丸，螢幕只能顯示胎兒的生理特徵。

所以說真的，gender 揭曉派對其實應該稱做 sex 揭曉派對才正確。

但這肯定會被行銷人員打槍，各位不妨想像一下邀請函的內容：

> 敬邀出席
> 凱倫和卡特主辦的 sex 派對！

祖母可能會買錯禮物。

其實這不只是性別揭曉派對，同時也是「性別指派」派對。

蛋糕一切開，大家就很有默契地把那個根本還未出生的小傢伙，一致當成了某種社會角色來對待。如果蛋糕是藍色的，我們就給那孩子買球棒用具，如果是粉紅色的，我們就給她買洋娃娃——而且付給她的工資比男生低（同工不同酬）。

這就是歡呼的意思。就像孩子們說的，世上再沒有比 sex par-tay* 更瘋狂的派對了。

---

* 譯者注：專指當今歐美頹廢年輕人熱中舉行的一種聚會，聚會上肯定少不了吵鬧的饒舌及嘻哈音樂、酗酒，甚至是吸毒、性放縱等不良行為。

以上純屬玩笑話，但這裡牽涉到一個嚴肅的問題，我們竟然搶在孩子出生之前就給他們指派角色，而且我們指派給他的角色，將建構他大部分的人生。而此社會角色有可能充滿了束縛感，從歷史的角度來看，女性經常因其女人的身分而被禁止做某些事情。

而且人們為了合理化這些限制，還瞎扯到女性的身體，說女人因為來月經或懷孕了，所以不適合運動，也不宜從事粗重的體力活。但這麼做是毫無意義的，小威廉斯就算懷孕了、左手骨折了，還得了嚴重的流感，她的身體仍然比我更適合打網球。況且，沒有什麼可以阻止一名女性參與體育競賽或從事粗重的體力活。

但其實性別角色與我們身體之間的關連並沒有那麼緊密，而且性別角色與我們的大腦之間的關連似乎也沒那麼強，女生和粉紅色之間的關連完全是文化上的，只要看看一九一八年的商品雜誌《恩肖嬰幼兒部門》（*Earnshaw's Infants' Department*）上的一篇文章即可得知：

> 大眾普遍接受的規則是男生穿粉紅色，女生穿藍色，因為粉紅色是種較明確、較強烈的顏色，所以較適合男孩；而藍色則是一種較細緻、較可愛的顏色，所以較適合女孩。[30]

很意外吧，下次你想捉弄大家時，就按照《恩肖嬰兒部門》的配色原則，來舉辦性別揭曉派對吧。

但我並不是說身體、大腦和性別角色之間毫無關聯，我跟我老婆已經看到了，儘管我們並未大肆鼓勵，但我兒子的發展已經符合人們對男孩的刻板印象了。你真的很難知道自己對孩子發出了什麼樣的信號，或是他們從朋友那裡學到了什麼，這點就連科學也束手無策，因為當孩子們有系統地接觸到不同的性別規範，根本不可能對他們做對照實驗（controlled experiment）。但我們至少可以這樣說：**過去幾十年來社會變化的速度之快，顯示了在塑造性別角色方面，文化發揮的作用遠超過大腦或身體**。

正因如此，女性主義者長期以來一直主張放寬性別角色，甚至是完全廢除它們，她們的努力取得了巨大的成功，前面提過的那些成就斐然的女運動員就是最好的證明。而且這樣的變化並不局限於體育競賽領域，**女性在她們進入的各個領域都是佼佼者，她們當然還是會面臨許多障礙，而且女性領導人的人數還不夠多，但很明顯這些障礙是社會給的，而非生理上的**。

賽場上的跨性別者該何去何從？

雷克斯關於跨性別女性的問題，點出了大人給孩子指派性別角色另一個令人擔憂的問題：**有**

些孩子並不認同大人指派給他們的角色，[31]**甚至會對導致此情況的身體特徵感到疏離。**＊[32]隨著年齡的增長，一些孩子開始轉換性別，此時雷克斯的疑問便會浮上檯面：在按性別分組比賽的體育世界裡，跨性別運動員有容身之處嗎？

雖然部分跨性別男性已成功參加男子運動，[33]且很少有人對此感到擔心，但是大眾對於跨性別女性參加女子運動卻有很多意見，部分原因是人們擔心她們擁有優勢。

這種想法或許並非空穴來風，專門研究跨性別運動員表現的科學家瓊安娜・哈珀（Joanna Harper）認為，跨性別女性在採用荷爾蒙療法之前，確實在某些運動中擁有優勢。[34]重點在於睪固酮，[35]男性通常比女性擁有更多的睪固酮，據說男性的力氣和速度之所以優於女性，跟睪固酮的差異大有關係，至少有些人這麼認為。

哈珀的看法算是過來人的經驗談，因為她就是一名跨性別運動員，她曾參加男子馬拉松比賽長達三十多年，但後來她接受了荷爾蒙療法，並開始改以女性的身分參加比賽。哈珀指出這些藥物使她的速度慢了一二％，[36]但因為她的新競爭對手速度也比較慢，[37]所以哈珀仍能保持在跟原本差不多的地位。雖然哈珀收集到的資料顯示她的經歷並非特例，[38]但她的研究是有爭議的，[39]因為研究的規模很小，而且說不定年齡和訓練等其他因素也影響了結果。

這門科學的模糊程度超乎各位的想像，對於一般人而言，睪固酮似乎很重要，因為我們知道服用人工合成睪固酮的運動員，其收效通常相當顯著。但正如麗貝卡・M・喬丹－楊恩

（Rebecca M. Jordan-Young）和卡崔娜．卡卡濟斯（Katrina Karkazis）在她們合著的《睪固酮外傳》（*Testosterone: An Unauthorized Biography*）一書中所述，睪固酮和運動表現之間並沒有一致的關係，事實上，成功的男性運動員的睪固酮水平有時候還滿低的。[40] 而且使用人工合成的睪固酮可以提高運動成績的事實，並不表示自然生成的睪固酮也能提高運動成績，因為運動員的身體可能已經習慣它了。

不過，還是有不少人懷疑睪固酮會為跨性別女性帶來優勢，至少在某些情況下是如此，像一些女的雙性人的睪固酮水平較偏向男性，使得她們參加女子運動引起了爭議。

但是多年來體育官員並未好好處理此爭議，反倒是質疑運動員的性別，而令她們被汙名化，甚至要她們接受有辱人格的體檢。我不打算討論這幫人所做的一切，因為我認為這種做法很可恥，基於相同的理由，我也不打算說出被迫接受檢查的運動員之姓名。

我只想問：假設跨性別女性和女的雙性人確實擁有優勢，這很重要嗎？哈珀認為重要，體育官員肯定也持相同的看法，否則他們就不會仔細檢查這些運動員的身體。

---

* 在最近的蓋洛普民意調查中，有一·八%的Z世代（出生於一九九七年至二〇〇二年之間）被認定為跨性別；反觀X世代（出生於一九六五至一九八〇年之間）及嬰兒潮世代（出生於一九四六至一九六四年間）中，只有〇·二%的人被認為是跨性別，上升的幅度還挺大的。

但這一點為什麼重要？哈珀說，女子運動的意義在於「為女運動員提供有意義的競爭」。[41]在她看來，跨性別女性和女雙性人必須在「未不當改變其他女性的競爭環境」之情況下，[42]才得以參賽。此看法似乎獲得體育官員的認同，因為他們正朝著哈珀建議的制度前進，也就是將跨性別女性和女雙性人的參賽資格與睪固酮水平掛鉤。[43]

睪固酮只要透過簡單的驗血即可檢查，所以比需要做侵入性檢查的方法更好，但我仍然認為這是個壞主意，因為會有一些女性被排除在外——並且被汙名化，更糟的是，有些人可能會為了降低她們的睪固酮水準，不得不服用原本不會選擇的藥物；而且這些藥物並不是良性的，喬丹-楊恩和卡卡濟斯即曾指出，服藥降低睪固酮，會導致「憂鬱、疲倦、骨質疏鬆、肌肉無力、性欲低下與代謝問題」。[44]

還有，別忘了我們從珍．英格利希那裡學到的，**在談到體育競賽的稀有益處時，沒有任何一個運動員有權單獨進行有意義的競爭或公平的競爭**。我相信跟尤塞恩．博爾特比賽的那些人並不覺得自己有多少勝算，那些在麥克．菲爾普斯（Michael Phelps）的巔峰時期與他比賽的人恐怕也是；但是，並沒有人建議博爾特或菲爾普斯停止比賽，好讓其他人可以進行有意義的競爭。

對於休閒娛樂型的運動員來說，有意義的比賽很重要，如果你一直落後別人，你就不會覺得有樂趣，甚至可能無法練就你的技能。為了獲得體育競賽的基本益處，你確實需要跟水準相當的人一起比賽。但是菁英運動員就無法堅決主張這一點，這是薇若妮卡．艾薇（Veronica Ivy）提出的觀點，[45] 她是個跨性別女性，且是自行車賽的世界冠軍。近年來，艾薇在衝刺賽又創下她那個年齡組的女子世界紀錄，而且她還是位哲學家呢。

艾薇指出，每個運動員的身體結構，包括身高、體重、肌肉組織等，都不一樣。例如二〇一六年奧運，在跳高項目奪冠的女子，比獲得第十名的女子足足高了二十公分，[46] 這麼大的身高差距當然給了她一些優勢，但是並沒有任何人認為比賽不公平，那為什麼要對跨性別者的身體差異施以差別待遇呢？

艾薇還指出，跨性別女性通常沒資格參加男子體育比賽，特別是在她們的性別轉換得到法律承認之後，[47] 若再排除她們參加女子體育比賽的資格，無異於將她們徹底排除在所有運動之外。這點很糟糕，因為誠如英格利希所述，每個人都應該獲得體育競賽的基本益處，況且史耐德也教過我們，**跨性別運動員也應該有機會獲得體育競賽帶來的權力和影響力**。

我認為我們應該停止擔心人們身體的生理特徵，並按照心理性別而非生物性別來分組，如果一個人把自己看做是個女人，[48] 她就應該有資格參加女子運動。*

---

* 如果女子體育競賽全是跨性別女性的天下，我還會堅持這個觀點嗎？我認為這種擔心是多慮了，所以我把它放到註腳來討論。支持跨性別女性會排擠掉順性別（cisgender）女性的體育參賽權的理由真的不多，現今跨性別女性已經參賽了，而順性別女性的地位仍堅若磐石。但要是我錯了呢？我認為這將會是個問題，因為這顯示天生具有某些身體部位的人，才能稱霸體壇，而這正是我們努力想要去除的想法。如果跨性別女性會擠掉順性別女性在體壇的地位，那我們就需要找到新的方法，讓每個人都能參與體育運動，但我懷疑我們會面臨這個問題。

扮演角色和認同角色的差異

如果你可以按照自己的意願，以女性的身分參加比賽，那麼男人難道不會為了獲得榮譽而假扮成女人去比賽嗎？還真是不行，男人無法假扮成女人去參加他們感興趣的運動項目，並贏得榮耀。[49]歷史上曾有幾起疑似的案例，但現在回想起來，涉案的運動員極有可能是雙性人，[50]男性要靠偽裝成女性來贏得獎牌是不可能的。

除非你把跨性別女性和女雙性人看成是男人假扮的女人，可悲的是還真有許多人是這樣看待她們的，所以我打算花點時間解釋一下為什麼這種想法是錯的。

扮演一個角色和認同一個角色是有區別的，泰勒絲曾在她的〈男人〉（The Man）音樂錄影帶中扮成男人，她不只穿得像個男人，連走路也像男人，甚至在地鐵上像男人一樣張開雙腿而坐，但泰勒絲只是在表演，她並未認同這個角色。

其實我每天也在各方面展現我的男子氣慨——我的穿著、走路、說話的方式等，沒完沒了。（但我坐地鐵時不會打開雙腿，我不知道為什麼有人要那樣坐著。）上述種種對我而言並非是一場戲，我完全認同我的男性角色，我知道自己是個男人，而不是在扮演男人。

跨性別女性和女的雙性人也不是在扮演女人，而是認同這個角色，她們視自己為女人，我們也該這樣看待她們。

你當然可以把女人一詞留給生來就有某些身體部位的人，但是當你這樣使用這個詞時，**你就限制了人們的生活可能性，因為你堅持要他們符合別人為他們選定的角色（而不是由他們自己選擇的角色），這就是性別歧視**。雖然女人一詞長期以來一直被這樣使用，但現在已經沒有理由繼續這樣做了。

羅賓．丹布羅夫（Robin Dembroff）幫我搞清楚這個問題，他在耶魯大學教哲學，他寫了一些關於性別的文章——性別是什麼，以及它如何運作。丹布羅夫指出，關於性別的對話經常不清不楚，許多人認為女人一詞只有一個意思，而且還把自己喜歡的說法強加於人，**但其實標明女人這個類別的方式很多**，[51] **因為關於女人的概念很多**。

當你明白這個道理後，你就可以提出一個新的問題，**你不再問女人是什麼，而應問我們該使用哪一種概念來界定女人，是遵循出生時的生理特徵？還是遵從自我認同？**

哲學有個稱為概念倫理學（conceptual ethics）的領域，它問：我們該用什麼類別來理解這個世界？[52] 就拿婚姻來說吧，我們經常聽到反對同性婚姻的人說，婚姻是一男一女之間的結合，這確實是一種看法，而且是長期以來獨霸一方的主流思想，但其實還有另一種較開放的觀點來解釋這個類別——把婚姻看做是兩個伴侶之間互許承諾的關係。

當你看到這些選項時就可以自問：我們應該採用哪一種婚姻概念？答案可能因人而異，例如主張兩性平等的政治社群，可能傾向於較開放的觀點，因為人們可以不受限於性別來選擇伴侶。

反之，教會有可能會基於宗教因素而偏向傳統的觀點。

如果我們爭論婚姻是什麼，那麼只有一方是對的。但如果我們重構這場辯論，讓爭論的焦點集中在使用哪種概念上，那麼就有可能讓雙方都滿意。舉例來說，想像某個致力於性別平等與宗教自由的政治社群（也就是我們啦），可能會堅決主張，基於法律的目的，應該採用較開放的概念來理解婚姻，但也應允許宗教團體按照他們的意願來解釋婚姻，並採用他們自己的儀式。

那女人呢？它同樣也有較開放與較具限制性的方式來解釋這個類別，我們可以問女人究竟是什麼，但這個問題沒有問到重點，因為性別是由我們造出來的，它屬於社會類別、而非生物類別，所以比較好的問法是：**我們該採用哪一種概念來解釋？**

我認為我們應該採用較開放的那一種概念，**如果我們尊重自我認同，**[53]**那麼就會有更多人有機會展現真實的自我，而不必被迫扮演別人指派給他的性別角色**。

各位可能聽過「跨性別女性也是女性」（Trans Women Are Women）的口號，如果你採取較開放的概念解釋女人一詞，那麼這句口號既陳述了一個事實，同時也是一個邀請——邀請那些還不確定的人，用比較開放的概念來解釋女人一詞。

我們應該接受這個邀請，並運用在體育及其他各個方面。

把彼此當成「人」來對待

現在我們要最後一次將這個故事複雜化，我們一直在思考男性和女性的體育競賽，但其實並不是每個人都會被認定為男性或女性，原本就有為數不多、但現在規模越來越大的一群人（特別是在年輕族群中），拒絕接受傳統的性別角色，並自稱為非二元性別（nonbinary）。*[54]

人們採用此標籤的原因各異，例如：有許多人覺得自己既不適合男性角色，也不適合女性角色。還有一群人，例如丹布羅夫，則是把這個身分當作一種政治立場；[55] 丹布羅夫反對的是性別角色建構我們生活的方式，他希望透過拒絕成為其中任何一種角色，來降低性別角色對我們的控制。

丹布羅夫的做法可以幫助我們理解，為什麼性別角色的轉變會是個不舒服的來源，個中原因當然很多，包括人們會對那些跟自己不一樣的人懷有敵意。不過，善意的人也經常因為性別變得複雜而感到困惑，我認為這與我們生活中的角色結構有很大關係。

* 二〇一五年，由國家跨性別平等中心進行的一項調查顯示，只有不到三分之一的人認為自己是跨性別者；在認為自己是跨性別的人中，只有不到三分之一的人自認為非二元性別。

社會角色無所不在，沒有這些角色，我們的社會就無法好好運作。社會角色不但分派誰該做什麼，甚至編排我們的互動，當我走進一家餐館時，我會尋找帶位者，那人可以幫助我找到座位。當我走進一間教室，我會找負責帶領該班的老師。如果我看到游泳池裡有人溺水了，我會立刻通知救生員，因為他們受過訓練，是可以提供幫助的人。

性別角色也有這些功能，想像一下你在某個聚會中遇到一個不認識的人，你多半會根據對方的性別大概推敲出：他的家庭狀況、職業生活、興趣，甚至是他在現場的感受。性別當然不是一個完美的指南，但它能在你們開口說話之前，幫忙描繪出一個畫面。

性別也會對我們的互動方式產生微妙的影響，像茱莉就常說我跟女性講話時的聲音比較柔和，跟男性說話的聲音則比較低沉，接到陌生人的電話時，我的聲音會更低沉（這是我在少年時期養成的習慣，當時我超討厭被來電者誤認成我媽）。就連我在面對男性和女性時的站姿也是不同的，在男人面前，我會雄糾糾地站著，擺出輸人不輸陣的架勢；跟女性交談則會保持一定的距離，特別是面對不認識的異性，因為我擔心站得太近會發出令人誤會的信號。

所以，當你看不出某人的性別時，就會遇到一點小麻煩，令雙方的互動多了一點難度，因為你找不到一些標準的暗示。**但是丹布羅夫希望我們抓住此契機，停頓一下，然後質疑性別是否應該左右我們的社會關係，他認為把彼此當成人（而非男人或女人）來對待，會是更好的做法**。

那體育競賽方面呢？我們應該直接以人的身分（而非男人或女人）來競賽嗎？我不這麼認

為，至少現在還不行。我們生活在一個由性別構成的世界裡，而且在可預見的未來仍將如此。況且之前我們便已經討論過，我們需要女子運動，因為這樣女性才能獲得體育競賽的益處。

那麼非二元性別運動員該如何處理呢？他們適合歸在哪一類？這不是個三言兩語就說得清的問題，我們可以讓非二元性別運動員自己選擇要參加哪種比賽，[57] 不過這需要他們在性別框中打勾，但他們就是不想打勾啊。雖然我們可以設立一個不分性別的體育競賽類別，但就目前的情況而言，恐怕找不到人數夠多的參賽者。

我不知道是否還有更好的解決方案，至少現在還沒有，但我相信我們的孩子們會解決這個問題的。**社會對於性別問題的態度正在轉變，因為我們看到了新的可能性。年輕族群比較容易接受新的觀念，因為他們不會固守自己的看法，我相信他們會讓世界變得更公平且更有包容力**——無論是體育界還是其他領域。

當我在替這一章收尾時，漢克就在我旁邊看書。

他問：「你在寫什麼？」

「男生、女生和體育競賽。」

他顯得很疑惑：「體育競賽？我以為這是一本哲學書。」

「它是啊，萬事皆有哲理嘛，我在寫男生和女生是否應該一起比賽，你怎麼看？」

漢克說：「應該啊，為什麼你會寫這麼久？」

「因為我不知道該如何結束這一章。」

漢克說：「我知道如何結束一個章節。」

「哦，是嗎？」

「是啊，你就先說一些非常有趣的事情，然後你就寫『然後……』，但你沒有說別的事，於是大家只好翻頁了。」

然後……。

第 7 章

種族與責任

為什麼有色人種會被歧視？

位於密西根州迪爾伯恩市的亨利．福特博物館（Henry Ford Museum）非常棒，對三歲小孩來說更是宇宙超級無敵好玩。但它也有掃興的地方：裡面的汽車、卡車、飛機和火車，你都不能觸碰，唯一的例外——而且我無法理解為什麼——是當年羅莎．帕克斯（Rosa Parks）進行傳奇性抗議的那輛公車；你不僅可以觸摸那輛公車，還可以坐上車，甚至是坐在羅莎．帕克斯當時坐的那個座位。如果你只有三歲，你「肯定會」坐在那個座位上，其他座位你當然也都可以坐。然後你會在回家的途中，坐在汽車的後座向你爸媽提出一堆問題。

「為什麼羅莎．帕克斯不願意坐到公車的後段座位？」

「為什麼羅莎．帕克斯不按照司機說的去做？」

「為什麼羅莎．帕克斯要坐在公車中段的座位？」

你的父親會解釋說，羅莎．帕克斯是為了她自己及所有黑人的權利挺身而出，而這樣的回答將引出更多問題。

「為什麼羅莎．帕克斯要在公車上站著？」

「為什麼羅莎．帕克斯不坐下來？」

「為什麼羅莎．帕克斯要搭公車？」

隨著你越來越睏，你的問題聽起來開始有了存在主義的味道。

「為什麼是羅莎．帕克斯？」

「為什麼是羅莎？為什麼？」

這時候，你爸爸會在一家書店前停車，並買下《我是羅莎‧帕克斯》（*I am Rosa Parks*）[1]這本書，因為跟孩子們談論種族議題是很重要的，而且當年我們並沒有一個好的開始。

雷克斯很喜歡那本書，所以我們又買了《我是馬丁‧路德‧金恩》（*I Am Martin Luther King, Jr.*）[2]、《我是傑基‧羅賓森》（*I Am Jackie Robinson*）[3]，以及《當傑基遇到漢克》（*When Jackie and Hank Met*）[4]，最後這本書探討了種族主義與反猶太主義。用棒球的術語來說，這是支全壘打。

上述這些書幫助我們走上正確的道路，雷克斯了解了美國種族主義的來龍去脈，也認識了那些勇敢爭取人權的英雄們，這些課程來得正是時候：大眾再度關注警察暴行所引發的「黑人的命也是命」（Black Lives Matter）社會運動，雷克斯從報紙和新聞中得知了相關的抗議活動，並慶幸民權英雄們後繼有人，我們需要更多的民權英雄。

上述種種情況，讓雷克斯在數個月後於餐桌上做了一個重大的宣布。

「我希望我是黑人。」

我問為什麼。

「因為白人對黑人做了很多壞事，這讓我很難過。」

「世上憾事多。」

「**我希望我們不曾做過那些壞事。**」

我對雷克斯的宣布並不意外，我們已經讀了很多講述黑人英雄對抗白人惡棍的書，難怪他想當個黑人，不過他也很想當隻貓，他有一堆無法實現的願望。

但雷克斯說的最後一點讓我很有感觸：我希望我們不曾做過那些壞事。這是個簡單的句子，表達一份簡單的情感，但請注意它的主詞「我們」。

雷克斯使用我們一詞，表明他認為自己也是其中一員，所以對那些書中所記載的種種錯誤舉措——蓄奴制和種族隔離——責無旁貸。

許多白人在談到這些錯誤舉措時不會說我們，而會說：「我希望他們不曾做過那些惡行。」他們絕對不會跳入火坑，而會撇清說壞事是別人幹的，暗示解決這個問題是別人的責任，可惜當時那些作惡多端的人都已經死了，所以抱歉囉，事情恐怕只能這樣，無法加以彌補了。

但雷克斯卻把自己當成壞蛋的一員，更令人震驚的是，雷克斯當時只有四歲，如果某人有資格聲稱自己是塊毫無瑕疵的道德牌坊，那人非雷克斯莫屬。但他卻不認為自己潔白無瑕，他認為自己是個有汙點的白種人，且汙點嚴重到他希望自己不是白人。

所有人都有個共同祖先

雷克斯的想法正確嗎？「白」被玷汙了？

這是個很難回答的問題，要回答這個問題，我們必須先弄清楚白是什麼。雷克斯是白人、不是黑人，但是當個白人意味著什麼？當個黑人呢？種族又是什麼？對此我們都有一種直觀的認識，而且我們每天都在運用它，但很難說什麼是種族，事實上，有些人認為種族根本不存在。

但在某些概念上顯然不是這樣，許多人認為種族屬於生物學，這種看法有一定的道理，因為人的身體特徵往往是我們識別種族的方式。我們看的是膚色、髮色及某些臉部特徵，我們知道這些特徵在很大程度上是遺傳來的，但在很長一段時間裡，人們認為這些表面上的差異，能預示更深層次的差異——例如你可以從一個人的膚色，推斷出這個人的認知能力，甚至是其性格；[5]更重要的是，他們還認為這些更深層次的差異是由生物學（而非社會環境）所驅動的。

但生物學並非如此，**種族的表面特徵——膚色、髮色、臉部特徵——與其他特徵之間幾乎沒有關聯**，[6]歷史上有很多人想推翻這一點，但全都是胡說八道，[7]事實就像人類基因組計畫（Human Genome Project）的領導人克萊格．凡特（Craig Venter）所說的：「在科學事實或人類遺傳密碼中，皆無膚色可以預測智力的基礎。」[8]當然也無法預測性格。

事實上，我們可以說得更有力一些，種族並不能將人分為具有生物學意義的亞種，有些特徵確實在某些種族中比在其他種族中更為常見，但每個種族都有很多的多樣性。事實上，就基因而言，種族間的差異幾乎跟人類整體的差異一樣大。[9]

我們都是同一個家庭的成員，至少是同一個族譜中的成員。研究顯示，今天活著的每個人都有個共同的祖先，這個祖先就生活在距今數千年前。[10]如果這聽起來很奇怪，那我們就花點時間來思考一下祖先是怎麼回事。[11]你上面有爸媽兩人，祖父母和外公外婆四人，曾祖父母和外曾祖父母八人，以此類推。但你很快就會遇到一個問題，由於這個數字是以指數的形式在增長，只要往上回推三十三代（大約是八百到一千年），你的祖先將超過八十億人，但是到現在地球上的人口都還未達到八十億人，何況是那時。

其實這個謎題很好解，許多人在你的族譜上重複占了好幾個位置。**這是因為家族在剛開始的時候會不斷開枝散葉，但過不了多久它就必須要收縮**。事實就像遺傳學家亞當．盧瑟福（Adam Rutherford）所解釋的那樣：「你的曾曾曾曾祖母也可能是你的曾曾曾姑姑。」[12]事實上，只要往回追溯每個人的族譜，就會找到擁有共同祖先的那一點。

這沒啥好大驚小怪的，我們都是大約十萬年前生活在東非之某一群人的後裔，[13]但你根本不必往回追溯到那麼久遠的年代，就可以找到今天活著的每個人的共同祖先。事實上，統計學家所說的遺傳等值點（genetic isopoint）是在距今七千年前，[14]說不定更短。

在這些年裡，我們分布在全球各地，生活在社區裡，而這些社區並不總是混雜在一起，因此科學家發現一些特徵聚集在一起的族群（populations，或稱種群）。但是當科學家研究我們的物種時，並沒有看到任何類似於硬性劃分為少數幾個種族的現象，[15] 人種間的差異並不像我們想像的那樣。

事實上，那些在科學上具有重要意義的群體，與我們對種族的一般理解並不相符。[16] 我的族人——德系猶太人（Ashkenazi Jews）——因為某些疾病，例如泰薩二氏病（Tay-Sachs）在這個群體中的發生率較高，而被遺傳諮詢師們所熟知，但我們並不會因為這個原因而自成一族。我們大多數是白種人，但是在遺傳學家眼中明明是截然不同種人的阿米什人（Amish）和愛爾蘭人，也都被納入其中。所以我們為什麼要把這些群體歸類成同一組人？科學對這個問題沒有答案，種族名稱在生物學上並不具有重要的差異。

種族只是一種社會結構

這是否意味著種族並不存在？就某種意義而言，確實如此。如果你對種族的預設看法是：一些在社會層面上存在重大差異的人，可以劃分為少數幾個在生物學上截然不同的群體，那你就搞錯了。當哲學家發現有個類別（category）是空的，他們就會說我們應該成為該類別的錯誤理論家（error theorists），這其實只是一種花哨的說法，他真正的意思是：哎呀，原來是我搞錯了——然後他們就會試著解釋錯誤是如何造成的。把種族當成生物學的概念，就算未造成毀滅性的後果，也會是小錯不斷。

但它確實造成了毀滅性的後果，而且直到現在依然如此。這些後果顯示我們應以一種不同的方式思考種族，**不要把它看成是一個生物學的概念，而應把它看成是一個社會層面的概念，尤其是我們可以把種族看成是在人群中劃分等級的概念**。[17]按照這種思維方式，黑人注定要占據某種社會地位，注定要受制於某種形式的統治，例如：奴隸制、種族隔離、大規模監禁等。社會學家杜博伊斯（W. E. B. Du Bois）的見解最為精闢，他指出：「黑人是那種在喬治亞州必定會遭到種族隔離的人。」[18]

如果黑人是必定遭到種族隔離的人，那白人是什麼？他們就是不會遭到種族隔離的人，或是會讓黑人遭到種族隔離的人。在一張照片上，白色就是黑色的負片（photographic negative），事實上，你可以說白色的存在是拜黑色的存在之賜。奴隸貿易把非洲幾個不同地區的人帶到了美洲，在他們來到美洲之前，他們並沒有共同的身分，但在這裡他們被賦予了一個身分，他們成了黑人。而且此身分促生了一個與其對立的新身分，為了使這些非洲人成為黑人，其他人就成了白人。[19]但這過程並不和平，誠如詹姆斯・鮑德溫所言：「在他們來到美國之前，美國並沒有白人，是歷經數代的時光，以及大量的壓迫，才使得美國成為一個白人國家。」[20]

這些類別的變化方式，進一步說明了它們的社會本質，之前來自歐洲的移民未必一定被視為白人（至少不是立刻），例如義大利移民的地位就跟黑人差不多，尤其是來自義大利南部的人，事實上，他們有時會因為種族主義的原因而被處以私刑。[21] 而哥倫布日的設立，就是為了讓義大利人以白人的身分被寫進美國的歷史。[22] 此做法奏效了，以美國當代的種族情況而言，義大利移民和他們的後代毫無疑問是白人。

但社會的實際動態，肯定比這段被壓縮的歷史所顯示的要複雜得多，而且我還沒有提及任何關於美國原住民、亞洲人、太平洋島民，或其他可能被視為美國獨特種族的群體。*[23] 但我們不需要聽完整個故事就知道故事的核心：種族的生物學概念已經破產，但種族仍在我們的社會關係中扮演重要角色。

有時候，人們為了呈現「種族仍在我們的社會關係中扮演重要角色」的事實，而說種族是由社會建構的；[24] 但這種說法挺狡猾的，因為廣義來說，所有的概念都是由社會建構的，即便科學

* 我對世界其他地方的種族問題也一直保持沉默，正如哲學家麥克．羅特（Michael Root）所說：「種族不分國界，現今在紐奧良的某些黑人，幾年前可能是奧克托羅人（octoroons，擁有八分之一黑人血統的黑白混血兒），或是今天的巴西白人。蘇格拉底在古雅典是沒有種族的，但他在明尼蘇達州就會是個白人。」種族不分國界的事實，凸顯出種族有多麼隨意，而且從根本上說，它是一種社會現象，而非科學現象。

概念也是如此。就以冥王星為例吧，我小時候它是顆行星，但等我長大後它突然就不是了，冥王星本身並未改變，它還是那個由冰和岩石組成、質量只有月球六分之一的星球，改變的是我們，我們決定以一種新的方式來設想行星——把冥王星排除在外。

我們為什麼要這麼做呢？因為如果我們仔細觀察，就會發現在我們這個太陽系的邊緣地帶，有許多大小如冥王星的物體，[25]這使得我們必須做個選擇，如果我們把它們也視為行星，那麼行星的數目就會比之前想像的要多很多，或是修改我們對行星的理解，而科學家選擇了後者，並把冥王星和它的同伴們貼上了矮行星（dwarf planets）的標籤。他們這麼做，有一部分是為了保留行星是太陽系中的重要天體之想法，所以，現在一個星球必須要能「清除其軌道附近的其他天體」，才符合成為行星的條件，[26]而冥王星周圍還有很多岩石天體，而且它們全都繞著太陽（而非冥王星）運行。

行星的概念是由我們建構的，當我們對太陽系有更多的了解，我們便予以重構。但是大家不要搞錯了，行星是真實的，並非我們捏造的，我們只是創造了這個類別，符合這個類別的事物是獨立存在的（而非靠我們幫忙）。

但種族就不一樣了，當人們說種族是社會建構的時候，他們的意思是如果我們沒有發明種族，它就不會存在，但這並不是他們全部的意思，因為籃球、啤酒和橋梁也都是人類發明的，而且它們獨立於我們而存在，**但種族的不同之處在於，它只是一種社會結構**。

這是否意味著種族不存在？不是的，**種族絕對是真實存在的**，拿它跟債務做個比較，你可能有房貸或車貸，這些都是社會構造，我們的債務並不獨立於我們而存在；如果我們不在了，我們的債務也將會消失。債務是一種概念，它組織了我們的社會關係，而且它是真實存在的。事實上，它可能具有毀滅性。

種族也是如此，**它是我們組織社會關係的一種方式，而且種族也跟債務一樣，可能具有毀滅性**。所以值得一問：我們能否放棄它？

消弭不平等的差別待遇

許多人認為我們應該這樣做，事實上有些人認為他們已經這樣做了。他們說：「我從不看人的膚色。」但你我都知道這不是真的，即便是幼兒也會看人的膚色，而且他們經常做出令爸媽非常尷尬的反應。

漢克在蹣跚學步時曾不只一次說過：「那個人好黑哦。」雷克斯也一樣，膚色是極為顯眼的特徵，你很難不注意到它有各種深淺不一的色調。雷克斯和漢克小時候每天往返於我們家和猶太社區中心的托兒所，看到的大多是淺膚色的人，所以當他們看到深膚色的人時，就會感覺很新奇，並且當場就會說出來，小孩子就是這樣。＊[27]

當他倆說出這種話的時候，我跟茱莉就會趕緊來個機會教育；首先，我們會告訴他們人的膚色有很多種，但這些顏色標籤往往會造成一些困惑，漢克會告訴我們：「我的皮膚並不是真的很白，它有點粉紅色，又有一點棕色。」好像我們搞錯了似的。

其次，我們會告訴他們膚色並不重要，我們每個人的體型也都不一樣啊，有些人很壯碩、有些人很瘦弱；有些人個子很矮小、有些人很高大。就連瞳孔的顏色和髮色也都不一樣，但我們對待別人的態度，從來不會因為這些差異而有所分別。

第三點，我們會告訴他們，膚色其實很重要；**我們說膚色不重要，是指它在道德上不重要，但可以肯定的是，它在社會層面上很重要**。

請容我提供一些資料給大家參考。黑人家庭的財富中位數還不到白人家庭財富中位數的一五％；[28] 黑人勞工的失業率是白人勞工的兩倍，[29] 而且黑人不太可能找到與他們的技能相匹配的工作。在白人占多數的學區，我們花更多錢來教育孩子，每個學生每年多花大約兩千兩百美元。[30] 白人的壽命比黑人長，[31] 最新的統計顯示，白人能多活約三．六年，而且他們能得到更好的醫療保健服務。[32] 最後一點，黑人男性入獄的可能性遠高於白人男性，二〇一五年，有九．一％的年輕黑人男性被監禁，[33] 但只有一．六％的年輕白人男性被監禁。

上述所有事實不但互有關聯，而且相互支持，它們也反映了一段漫長且可恥的歷史，這段歷史始於奴隸制度，但不僅止於此。

舉例來說，種族間的財富差距是紅線政策（redlining，它限制了美國黑人透過擁有房屋來積累財富的能力）造成的結果。它不僅反映了暴力，例如土爾沙的種族騷亂（Tulsa Race Riot，它摧毀了一個被稱為黑人華爾街的商業區），[34]而且還反映了對黑人日復一日的歧視。

刑事司法系統的不平等，反映了蓄意做出的決定，亦即對黑人實施比白人更嚴厲的警察管轄和懲罰。茲舉一例，白人和黑人使用毒品的比例大致相同，但黑人因毒品犯罪被捕的可能性卻是白人的近四倍。[35]

孩子還小的時候，我們並沒有和他們分享這些統計資料，但我們明確地告訴他們，我們的社會長期以來一直對黑人不好。*而且這種現象並未走入歷史，迄今仍存在於我們的社會中。

我們能超越種族問題嗎？也許可以，但這無法光靠嘴巴說說就實現；**如果我們想活在一個種族無關緊要的世界裡，就必須努力消弭各種不平等的差別待遇，而非掩耳盜鈴，宣稱沒這回事。**

---

* 當我們第一次跟孩子展開這些對話時，我們還未讀過貝芙麗．丹尼爾．塔圖姆（Beverly Daniel Tatum）的經典著作《為什麼食堂裡的黑人孩子都坐在一起？》（*Why Are All the Black Kids Sitting Together in the Cafeteria?*），要是我們之前讀過這本書就好了，因為其中的〈幼年期〉這一章，提供了很有用的對話模式，能幫助家長正確教育幼童。

有些身分值得擁護

我們應該超越種族問題嗎？我們當然應該結束不平等的差別待遇，但儘管種族問題有段骯髒的歷史，有些人卻能從中看到種族的價值。

柴克．傑佛斯（Chike Jeffers）是一位研究種族的哲學家，他也認為種族起源於壓迫，[36]如果沒有奴隸制，我們可能不會給人貼上黑人或白人的標籤，但這並不表示，這些標籤只有在壓迫的語境下才有意義。傑佛斯提醒：「雖然黑人在美國忍受著被汙名化、被歧視、被邊緣化，[37]且處於不利的地位，這當中仍有快樂。」[38]

這種快樂存在於黑人的文化中——黑人的藝術、音樂和文學，浸透了黑人的宗教傳統和儀式，且展現在黑人的說話、穿著和舞蹈方式中。[39]在這個歷史階段，黑人的身分將他與豐富且獨特的文化遺產聯繫起來，雖然此身分的根源來自於壓迫，但它的意義遠遠超出了這個範圍。

凱薩琳．索菲亞．貝爾（Kathryn Sophia Belle）也強調了同樣的觀點，她是黑人女哲學家協會的創始董事，該組織的成立宗旨是，提高她們這個代表性嚴重不足的群體在哲學領域中的聲量。貝爾與傑佛斯一樣，認為「種族並非只是一個用來壓迫和剝削的負面類別」。[40]她認為：「種族對於黑人來說，也是一個正面類別，包含了一種成員感或歸屬感，在困境中奮鬥並戰勝困境的回憶，並提供我們動力，為實現新的理想和成就，而不斷前進和努力。」[41]

傑佛斯和貝爾希望看到種族歧視的結束，但他們也希望看到黑人文化能存活下來並欣欣向榮，**他們認為爭取平權，並不需要拋棄種族身分**。

那麼白種人有快樂嗎？我們應該希望看到白人文化存活下來並欣欣向榮嗎？我不這麼認為，我想花點時間解釋一下原因。

黑人文化的美，有一部分來自於它對壓迫的反應方式，以及超脫壓迫。黑人的苦難歷史帶來了爵士樂和嘻哈，培育出傳奇女詩人瑪雅．安吉羅（Maya Angelou）、作家詹姆斯．鮑德溫、女權倡導者索傑納．特魯斯（Sojourner Truth）、金恩博士及好多好多的傑出人物。誠如貝爾所言，當我們歌頌黑人作家、民運人士及黑人展現的各種藝術形式時，我們就會把他們跟這段在困境中奮鬥、戰勝困境的歷史聯繫起來。

但白人文化完全沒有這種美，因為它誕生於壓迫的一方。

我們當然也可以歌頌白人作家、藝術家、運動員等，在他們個人的故事中，肯定也有在困境

---

* 如果你覺得自己並不是很清楚美國的種族歷史，只曉得奴隸制和種族隔離之類的基本概念，那你不妨閱讀塔納哈希．科茨（Ta-Nehisi Coates）的一篇文章〈賠償的辯證〉（The Case for Reparations），該文於二〇一四年發表在《大西洋》雜誌（我們很快就會探討賠償問題，所以閱讀這篇文章可謂一舉兩得）。與我當年就讀喬治亞州公立學校時被指定閱讀的任何讀物相比，該篇文章更有效地傳達了美國歷史的重量，以及它壓迫美國黑人的方式。等我的孩子年紀大到有能力閱讀該文時，我也會要他們一讀。

中奮鬥並戰勝困境的巨大成就，我們還可以歌頌那些「碰巧」也是白人——愛爾蘭人、義大利人、德國人、猶太人——的文化，但為了他們的白人身分而歌頌他們的想法卻是糟糕至極的。**因為白人的身分是透過其他人的痛苦而形成的，**[42] **除此之外它幾乎毫無生命可言，它絕對是特權的來源**，但並不是意義的來源。

不過有些人並不這麼認為，他們為自己的白種人身分感到自豪，但他們其實大錯特錯，他們是最糟糕的白種人，因為他們擁護那樣的身分。

白種人的白已經被玷汙了，它跟黑人的黑不一樣的地方在於，它無法克服其起源。雖然前路漫漫，但我們應當歡喜迎接這一天的到來：白種人不再是任何人身分的重要組成部分。

如何決定誰該負責？

四歲時的雷克斯當然還不知道這一切，他只有一個簡單的思想：黑人多半是好人，而白人大多數是壞人，所以他想當個黑人，這奇特的觀念其實是拜我們讀過的民權故事之賜。*

如前所述，我對雷克斯的奇思妙想從不感到驚訝，但引起我注意的是雷克斯所說的後半段：「我希望我們不曾做過這些事。」雷克斯的言下之意是把他自己視為那群壞人的一員，並對他們所做的事情表示遺憾。

這有意義嗎？我在一開始就曾說過，許多白人才不會像雷克斯那樣用我們來當主詞，他們若想對我們在書中讀到的那些惡行（奴隸制和種族隔離）表示遺憾，他們會以第三人稱當主詞，其原因不難理解，他們認為那些錯誤已經過去很久了，況且他們並未親自參與。

今天許多還活著的白人肯定有他們自己的罪過要承擔，雖然許多極其可怕的種族歧視行為已成過去，但種族歧視並未正式走入歷史，在我們的社會中仍存在大量的歧視，我不想對此避而不談，人們需要對自己的行為負責。

但我想問：今天的白人是否要為過去的錯誤負責，例如奴隸制和種族隔離，只因為他們是白人？他們是否需要對現今的歧視負責，即使他們並未親自參與？換句話說，**種族本身是個決定要不要負責的理由嗎？**

我想在此提出一個論證，說明種族並非決定應負責與否的理由。

---

* 塔圖姆在《為什麼食堂裡的黑人孩子都坐在一起？》的第一一九至一二〇頁中，特別強調家長在與孩子談種族議題時，務必要向孩子們提供正面的白人榜樣。而我們提到的第一個榜樣是漢克．格林伯格（Hank Greenberg），他是我之前提過的《當傑基遇到漢克》一書中的主人翁，另一位主人翁則是傑基．羅賓森，我們稍後會再詳聊這個話題。

道德責任是個人事務，我們每個人都要對自己（而非他人）犯下的罪過負責。正如我在第五章提到的，我的外祖母不是個好人，她對她的孩子很不好，對她的兄弟姐妹也不好。雖然我繼承了她的基因，但我不會繼承她的錯，把她的行為歸咎到我身上是不合理的。當人們的行為暴露出其性格中的缺陷時，[43]我們會責備他們，但是我外祖母的行為並不能說明我的性格。

當我們思考奴隸制和種族隔離之類的歷史錯誤時也是如此，**那些行為只能反映出參與其中的人之劣根性，但他們的行為不能成為指責其他任何人的依據**——包括今天的白人。

我認為就目前而言，這種說法是可行的，但我們的詢問不能就此打住，因為**責任不只是個人的事情，有時我們會指責團體，而不會指責組成這個團體的個人**。例如波音公司設計的兩架七三七 Max 飛機失事墜毀，造成數百人死亡，我們會追究波音公司的責任，是因為該公司應確保它製造的飛機是安全的，但該公司卻未能做到；[44]而且它的失敗揭示了其性格中的一個重大缺陷——把公司的利潤凌駕於人命之上。

我們為什麼責備波音公司，而不是責備做出相關決定的個人呢？如果我們能夠確定應該負責任的個人，我們也可以且應該責備他們。但波音公司大於其各個部分加起來的總和，波音公司可以製造七三七型飛機，個人就辦不到；而且波音公司有能力確保其出廠的飛機之安全，但沒有任何一名員工能做到這一點。

我住的那條街上一共住了三位全職的法律哲學家（不包括雷克斯和漢克，他倆加起來可以算是第四個），威爾．湯瑪斯（Will Thomas）就是其中之一，他住在對街，我兒子經常會找他過來玩足球高爾夫。湯瑪斯任教於密西根大學的商學院，專門研究懲罰企業的方式。

但我們有很長一段時間沒懲罰企業，在早期的美國，你可以懲罰為公司工作的個人，不能懲罰公司本身。不過這種情況在十九世紀末期改變了，為什麼呢？湯瑪斯說那是因為公司發生了變化，它們有了新的內部組織形式，這讓企業變得比以前更加複雜。[45] 如果一家小雜貨店逃漏稅，問題多半出在店主身上；但是波音公司僱用了十萬人以上，並將設計和測試之類的複雜任務分配給數百人。

由於任務分配給很多人，波音公司的失敗無法追溯到任何一個特定的員工身上；失敗有可能是許多錯誤的結果，要是其他員工有做好分內的工作，每個錯誤本身是不至於產生太大的影響。你甚至可以想像即使沒有個人犯錯，公司也會表現得很糟糕的極端情況，問題可能出在公司的人員配置或組織方式，湯瑪斯說在這種情況下，只有公司應當受到指責，而非為其工作的個人。

但就算員工確實表現不佳，公司仍可能要承擔責任，這是因為公司是個獨立的道德主體（moral agent），波音公司有能力對理由做出反應，我們可以根據它的表現來判斷其特性。

那我們可以像指責波音公司那樣，指責白人這個群體嗎？不能，當我們提到白人時，我們說的是一群個人的集合，而非一家公司。**種族群體並未超過其各部分加起來的總和，他們也沒有一個能讓他們集體做決定的內部組織，每個白人只需對自己的行為負責，該群體不須承擔與其成員**

無關的責任。

即使沒有責任，有時也該承擔

綜上所述，對於我們提出的問題之答案是：種族並非是否應負責的理由，我們不能因為同屬一個種族群體，就把他人的行為歸咎於我們。所以今天活著的白人，鮮少要對過去的錯誤（例如奴隸制和種族隔離）負責。**但是白人應該對那些錯誤「承擔」責任**。

各位肯定知道有些人做了錯事卻死不認錯，也不採取任何亡羊補牢的行動，這種不願意對自己的行為擔起責任的人，是他自己做人失敗。*這就是我們為什麼要教育我們的孩子：當你做錯了就要勇敢認錯，並且盡全力改正，否則你還會再次犯錯。

在大多數情況下，當你有責任時就應該擔起責任，但是我們也可能會遇到你沒有責任，而你卻願意承擔責任的情況，有時候則是你應該這麼做。

這是大衛・伊諾克（David Enoch）的看法，[46]他是一位任教於希伯來大學的法律哲學家，所以他並不住在我們這條街上，但我好希望與他為鄰啊，因為他是我最喜歡辯論的人之一。我們幾乎對每件事的看法都不一樣，而且他經常令我擔心自己是不是搞錯了，他就是大家夢寐以求的

「棋逢對手」。

但伊諾克說得沒錯（千萬別告訴他是我說的），**即使你沒有責任，你也可以承擔責任，而且有時候你就該這麼做**。為人父母者經常遇到這種情況，假設你的孩子去朋友家玩耍時弄壞了一些東西，你可能有錯，因為你沒有教小孩要小心對待別人的東西；但你也可能完全沒錯，因為無論你教得多好，孩子還是難免會闖禍。不過你可能會認為你應該向對方道歉，並承諾要修復孩子弄壞的東西。換言之，儘管你沒有責任，但你可能認為你應該承擔責任。

為什麼？我認為這是個有趣的問題，身為家長的你不希望你的孩子給其他人添麻煩，況且這樣的想法挺務實的，因為你希望你的孩子去同伴家玩，這樣你家就可以清靜一下（而且他還能交到朋友）。要是你不修好他弄壞的東西，或是絕口不提此事，那別人恐怕不會再邀他去玩了。此事並不僅僅牽涉到自我利益，我還認為家長不可以對孩子闖的禍不聞不問。

我不確定該如何解釋我的意思，但我是這麼想的：我們不希望別人的慷慨大度給他們帶來了（意外的）損失；當你同意照看我的孩子時，這就對你造成了一個負擔，而我很感激你的好意，

---

* 這裡所說的承擔責任，跟羅伯特．保羅．沃爾夫反對權威時的含義不同，沃爾夫主張人們在行動前需承擔責任，考慮理由並決定怎麼做；而這裡則是指在行動後承擔責任，對你犯的錯擔起應負的責任。

我必須在適當時機做出回報。但如果你的好意為你招致了意想不到的巨大損失，例如我的孩子弄壞了你的東西，那我光是投桃報李恐怕仍無法彌補你的損失，所以我應該主動承擔責任，以確保你得到合理的賠償。*

在「無責」時主動承擔責任，並不僅限於家長才需要這麼做，其實伊諾克還為種族議題的思考提供了一個很有啟發性的案例：他想像有個人對其國家所做的事情很不滿，例如國家發動了一場她認為不合理的戰爭，[47] 雖然這件事可能不是她的錯，因為她曾投票反對當權者，甚至有可能參加過反戰遊行，但伊諾克還是建議她應該為此事承擔責任，例如為自己的國家發動戰爭道歉，或是努力減輕其影響，總之他認為光反戰是不夠的。

我認為白人也處於類似的境地，不管我們是否親自參與了種族隔離，是否曾經抗議種族隔離，甚至在種族隔離發生時根本還未出生，這些都不重要。我們不能因為自己沒責任就與它撇清關係，我們應該承擔責任。

為什麼？普通法有道行之多年的公式：「**享受利益的人也該承擔責任**。」（*Qui sentit commodum, sentire debet et onus.*）它常被用來解決某些類型的財產糾紛，但我認為該原則也適用於此處。**白人占據著特權地位，處於一個本不應該存在的社會等級，所以白人應該盡自己的一份力量打破其特權地位**。

第二個理由就更簡單了，而且適用於所有人（不論其種族）。美國作家伊莎貝爾．威克森

（Isabel Wilkerson）在她的新書《種姓：不滿的根源》（*Caste: The Origins of Our Discontents*）中闡述了這一點；威克森把美國想像成一間房子，它的外觀美輪美奐，裡面卻有一堆問題：「房子因為承受了過大的壓力而產生許多裂痕，牆壁扭曲變形，地基也出現裂縫。」[48]

但威克森認為這並非現任屋主的錯，她觀察到：「許多人可能會理直氣壯地說『這一切的開始與我無關，我與過去的罪孽毫無關係，我的祖先從未攻擊原住民，也從未擁有奴隸』。」[49]他們確實沒有錯，但這並不重要，重點是我們既然繼承了這間房子，那麼「無論事情是對是錯，我們都是屋子的繼承人，雖然參差不齊的梁柱並不是我們豎立的，但現在就該我們處理了」。[50]

我們可以坐視房子垮掉，或是……**好好修復它**。

* 這下事情就更複雜了，因為你可能應該拒絕我說要賠錢的提議，畢竟朋友間的現金轉帳還挺尷尬的。事實上，你們之所以認定彼此是朋友，就是因為你們不會斤斤計較誰欠誰錢；如果我的孩子弄壞的不是很值錢的東西，那你應該告訴我不必介意（如果你想維持友誼或建立友誼）。但如果孩子弄壞的是昂貴的物品，或是更換它會給你造成很大的困擾，那就另當別論（但你可能也需要擔心自己是否有責任，因為你讓孩子可以接觸到它）。我發現這類案件——某人必須主動提議做某事，而另一人則必須拒絕對方的提議——還挺有意思的，因為它會顯示出我們之間的關係頗微妙，我必須對一些我明明不需要負責的事情表示要負起責任，而你則必須拒絕我——這都是為了表明我們對彼此的態度是對的。

直言不諱，不要避而不談

如果我們想修復它，該怎麼做呢？這個問題沒有簡單的答案，但是**跟我們的孩子好好聊聊，是我覺得最有力的做法**。我們這些白人家長必須教育孩子關於種族的事，而且不僅是過去，包括現在的情況也都要講。當我兒子第一次在新聞中看到「黑人的命也是命」的抗議活動時，我們就談到員警有時確實會在理由不夠充分，或甚至毫無理由的情況下殺害黑人。

這一課很難教也很難學，尤其是漢克很難接受員警可能是壞人的想法。他說：「如果員警做了壞事，其他的員警會逮捕他們。」這番話既是提問也是聲明。但我不得不告訴他：「殺害黑人的員警很少受到懲罰。」我看到他失去了一點純真。故事的發展向來都是善有善報惡有惡報，但故事之外的世界並非如此。

雖然我們發現這些對話很艱難，但它們無法與黑人父母在跟孩子談論種族問題時所面臨的挑戰相比。例如當漢克要我保證員警不會傷害他時，我可以一口答應他的要求，但黑人父母卻做不到，他們必須教會孩子如何保命，而且他們知道，他們說什麼都不可能阻絕所有的風險。

我最近才跟我的朋友伊科．楊卡（Ekow Yankah）聊過，他是位專攻治安和懲罰的法律哲學家，我們聊起了白人家長和黑人家長在與孩子談論種族問題時所面臨的挑戰。對我來說，我的主要任務是讓我的孩子明白身為白人的優勢，了解擁有這些優勢是不公平的，所以他們有責任讓世界變得更加公正。

但是楊卡的挑戰則更為迫切，他必須讓他的孩子做好準備，以應對可能遇到的敵意，還必須幫助他們面對不公平的事實，並思考這一切——明白自己不得不接受一些不合理的對待。而且有個問題令他十分掛心：面對一個長期以來對他們如此惡劣的國家，黑人應該如何與之相處？

有些答案顯而易見：悲傷和憤怒，拒絕或許也是應該的，但是楊卡並沒有這樣做，他也不希望他的孩子這樣做。楊卡表示，美國的故事還在繼續寫著，只不過對美國黑人來說，這是個糟糕的故事，至少到目前為止仍是如此，長達數世紀的壓迫僅僅在形態上有所變化，但從未結束，不過在此基礎上我們取得了進步，而且有了更好的發展。

楊卡是從廢奴運動領導者費德瑞克．道格拉斯（Frederick Douglass）的著名演講〈七月四日對美國黑奴來說有什麼意義？〉中獲得啟發的；曾經是黑奴的道格拉斯以一種令人震驚的方式，在演說的開場白大力讚揚了美國、它的建國者與立國原則：

> 簽署《獨立宣言》的人是勇敢的，也是偉大的人……政治家、愛國者和英雄，為了他們所做的善事，以及他們主張的原則，我願與各位一同紀念他們。[51]

道格拉斯發自肺腑地讚揚了那些人的美德，以及他們為自由而戰的精神。但他也隨即指出，這個國家並沒有落實它建國時的理想：「你們的父輩遺留下來的正義、自由、繁榮和獨立等豐富遺產，是由你們分享的，而我沒份。」[52]

道格拉斯義正詞嚴地指出奴隸制是「美國犯下的大罪和恥辱」，[53]並針對其演講主題做出了深刻的譴責：

你們的國慶日對一名美國奴隸來說，代表了什麼意義？我的回答是：對他來說，這一天比其他日子更加顯示出，他一直是不公不義與殘忍暴行的受害者。對他來說，你們的慶祝活動是一種假像；你們吹噓的自由是張不神聖的執照；你們的民族偉大是一種膨脹的虛榮；你們的歡呼聲是空洞的、無情的；你們對暴君的譴責，是銅牆鐵壁般的厚顏無恥；你們對自由和平等的呼喊，是空洞的嘲弄；你們的祈禱和讚美詩，你們的布道和感恩，以及你們所有的宗教遊行和莊嚴，對他來說，只是吹噓、欺騙、不虔誠和虛偽——是一張薄薄的面紗，用來掩蓋那些就連野蠻人都幹不出來的罪行。[54]

然而，道格拉斯卻在演講的最後說：「我並未對這個國家感到絕望。」[55]

此話怎講？道格拉斯援引了《獨立宣言》中所載的「偉大原則」，並認為美國仍有可能踐行這些原則。

楊卡採取道格拉斯的路線來跟他的孩子談種族議題，**他直言不諱，不會避而不談黑人受到的不公不義，也不會輕描淡寫他們受到的打擊，但他也希望孩子們知道進步是可能的**。平等的理念對美國來說並不陌生，它就銘刻在我們的建國文件中，只是我們尚未達到先賢設定的標準，但故事及追求種族平等的奮鬥還未結束。

我問楊卡，他會希望我的孩子學到什麼，他說：「很簡單，光是和善待人是不夠的。」**我們是否善待彼此當然很重要，但如果我們讓孩子以為這是他們唯一的工作，那麼大部分問題不會解決**。和善待人不會讓黑人獲得更好的醫療保健機會，也無法縮短貧富差距，無法讓學校平等獲得教育資金，更無法讓黑人父母像我那樣，在漢克擔心員警濫權時向他保證他會平安無事。

我們對待彼此的方式固然重要，我們齊心協力一起採取行動則更加重要，如果我們想解決種族議題，**我們必須敦促我們的國家為其錯誤負責，並且改正這些錯誤**。

與受壓迫的人站在一起

美國是個獨立於其公民之外的道德主體，理由跟波音公司一樣。一個國家不僅僅是一群人的集合，美國政府的組織方式，使其能夠對各種理由做出反應，且應對自己的所作所為負責。說到種族議題，美國政府的紀錄是很糟糕的，它必須對奴隸制、種族隔離、紅線政策、大規模監禁，以及困擾我們的其他許多問題負責，但它從來沒有為這些事情負過一點責任，[56] 我們每個人都應該利用自己擁有的任何影響力來要求它負起責任。

那會是什麼樣子呢？有很多人對賠償感興趣；塔納哈希．科茨曾在二〇一四年於《大西洋》雜誌（*The Atlantic*）上發表一篇文章，名為〈賠償的辯證〉（The Case for Reparations）。[57] 文章中有略微提及奴隸制的事，但主要是關注在那之後的事情，尤其是美國政府在二十世紀犯下的罪孽。科茨詳細說明了紅線政策是如何運作的，並指出該政策直到今天，仍使住在隔離社區裡的人深陷房屋被法拍的危機中。

讀了科茨這篇文章的人很難不這樣想：我們必須導正這些錯誤，它們既是我們的現在，也是我們的過去，若現在不負起責任，它們將會成為我們的未來。但我們該怎麼做？**道歉會有幫助，我們應該承認錯誤，但如果道歉的同時不努力彌補傷害，道歉就會顯得空洞**。* 雖然我們沒辦法挽回一切，因為許多受害最重的人都已經不在了，**但我們可以建立一個平等待人的社會**。

這就是賠償的真正意義，丹尼爾・佛瑞爾（Daniel Fryer）是我家這條街上的第三位法律哲學家，他專攻廣義的賠償和種族正義；他反對把賠償的目的設定為，黑人在沒有奴隸制和種族隔離政策下的應有地位，因為這根本辦不到——事態怎麼可能回復到過去或是本來應有的樣子？佛瑞爾認為正確的賠償目標應該是修復我們的關係，應該是建立一個黑人會被平等對待的社會，並享有跟白人一樣的自由。[58]

那要如何實現呢？這是個難題，不過金錢可以發揮一定的作用，支付現金可以縮小貧富差距，讓黑人可以獲得許多原本遙不可及的機會。我們還可以花錢來改善學校，增加黑人的醫療保健資源。但是金錢不能解決所有的問題——大規模監禁、員警暴力或壓制選民（voter suppression）——賠償應該根除我們的社會把黑人當作二等公民的一切惡行，這是個需要認真規劃與執行的方案，不能光靠付錢就想敷衍了事。它不是件隨便就能圓滿解決的事，而且除非我們能如費德瑞克・道格拉斯的期盼：建立一個符合美國開國理想的公平社會，否則我們絕不能說我們已經成功了。

---

* 這與「如果想對不法行為者的不當行為發出正確資訊，就必須嚴懲不貸」的觀點恰好相反。同樣地，說再多都不如採取行動。

稍早我曾提過《當傑基遇到漢克》這本書，它講述了傑基．羅賓森與漢克．格林伯格的故事，這兩位非常優秀的職棒球員，卻因為他們的身分背景——格林伯格是猶太人，羅賓森是黑人——而飽受欺凌。

格林伯格比羅賓森更早進入大聯盟，年齡也較長。當時職棒也受到種族隔離的規範，所以在球隊經理布蘭奇．瑞基（Branch Rickey）簽下他為布魯克林道奇隊打球之前，羅賓森是在黑人聯盟打球。他於一九四七年首次在大聯盟球場亮相，那時，為匹茲堡海盜隊效力的格林伯格已經處於職棒生涯的晚期。

當兩支球隊首度交手時，兩人也有了第一次交集——羅賓森第一次上場打了個短打，[59]因隊友傳球失誤，使得格林伯格離開一壘壘包並與羅賓森相撞，[60]害得羅賓森被撞倒在地。

下一局格林伯格被保送，當他走到一壘時，便問羅賓森是否有受傷，羅賓森說沒有，格林伯格說明自己並非故意要撞倒對方，然後他說：「聽著，不要理會那些試圖為難你的人，堅持下去，你表現得很好。」[61]格林伯格還邀請羅賓森共進晚餐，[62]這是羅賓森頭一次收到來自敵隊球員的鼓勵，[63]他明確表示這對他意義重大。

雷克斯很喜歡聽這個故事，所以我們讀了一遍又一遍，他還要求我到他的學前班讀給同學們聽，但他其實並不能真正理解這個故事的含義，猶太社區中心學前班的其他孩子也都如此，他們充滿了疑問。

「為什麼人們不喜歡猶太人？」

「為什麼人們不喜歡黑人？」

「什麼是短打？」

我很高興有人問了第三個問題，因為前兩個問題讓我很糾結，不知該如何回答。我只能說：「**有些人就是不喜歡跟自己不一樣的人。**」這個回答雖然太過簡略，卻是真的。

即便他倆已經不再看繪本了，《當傑基遇到漢克》還是一直放在我們的書架上，因為這本書在我們的生活中扮演了非常重要的角色，不能隨便丟棄，這本書讓孩子們頭一回了解到有些人不喜歡猶太人的事實。

我自己則是上了小一才得知此事，我是學校裡唯一的猶太小孩（而且一直到十二年級都是如此），我很喜歡坐我隔壁的那個女孩，我以為她可能也喜歡我，因為有一次她給我看了她的肚臍，這似乎是個好兆頭。所以當某天她跟我說話時，我非常興奮，結果她對我說：「猶太人殺死了耶穌。」

我不明白她在說什麼，但我想為我的族人辯護，可惜我並不清楚耶穌是誰，所以我無法爭辯其中的是非曲直，我只能提出人品上的證據。

我說：「我不這麼認為，我們真的是好人。」

「我媽媽說你們猶太人殺死了耶穌。」（請各位花一分鐘，在我們之前學到的團體責任之語境下，思考她口中的「你們」。）

她媽媽錯了，猶太人並沒有殺死耶穌，是羅馬人幹的，但這一指控成了反猶太主義的基礎，而且延續了數千年。

所以我們猶太人經常拿這件事開玩笑，無非是想讓世人明白其荒謬性——他們把兩千年前一件猶太人明明沒做過的事情，硬栽贓在猶太人身上，並要我們為之負責。

知名的猶太人脫口秀演員萊尼．布魯斯（Lenny Bruce）就曾說過一個段子：「是的，我們做到了，是我幹的，我的家人。我在我家的地下室裡發現一張紙條——『我們殺了祂。簽名人，莫蒂。』」[64]

喜劇演員莎拉．席佛曼（Sarah Silverman）說得更搞笑：「每個人都指責猶太人殺了基督，然後猶太人試圖把它推給羅馬人，只有我跟極少數人相信是黑人幹的。」[65]

席佛曼的笑話一語道破猶太人在美國社會的特殊地位：一種結合了特權與「不穩定性」（precarity）的奇怪混合體。所謂的特權源自於猶太人大多是白人的這個事實，因這膚色讓我們被當成白人對待，我們在商店不會被跟蹤，我們叫計程車不會有困難，我們知道員警不會來騷擾，更別說傷害我們了，還有其他很多好處。但我們仍不是俱樂部的正式成員，那些在夏綠蒂鎮（Charlottesville）遊行的白人至上主義者高呼：「猶太人不會取代我們。」[66]而且他們重提納粹的舊口號，鮮明地提醒人們：即使在一個看似接受你的社會裡，事情也會變得糟糕。

有些猶太人試圖透過鞏固他們的白種人身分，來應對前述的不穩定性，而把黑人沒做過的事情栽贓在他們身上，就是最能凸顯白人身分的事了；所以席佛曼的笑話之所以好笑，因為它是荒謬的，但其中也帶著悲劇的色彩，因為它指向了某些真實的東西。**在社會中被邊緣化的群體，經常會互相攻擊以爭奪社會地位**，美國的猶太人和黑人之爭則是雙向的，有歧視黑人的猶太人，也有討厭猶太人的黑人；[67]那不僅僅是爭奪社會地位而已，造成仇恨的因素很多*[68]，但是爭奪社會地位確實是幫凶之一。

幸好出現了一條原本只存在於寓言中的美好道路。當傑基遇到漢克時，他們沒有上演冤家路窄的戲碼，反而是結伴同行——從一壘開始走向其他地方。格林伯格後來成為克里夫蘭印第安人隊（現名為克里夫蘭守護者隊）的總經理，他拒絕讓他的球隊住在不接納黑人球員的酒店裡，他還整合了德州聯盟（Texas League）。[69]

羅賓森則成了猶太人的有力支持者，特別是在黑人社區，他嚴厲指責那些袖手旁觀的黑人領袖，未出手援助遭到反猶太主義抗議的猶太商人，[70]他在自傳中提到：「要是我們縱容或採取類

* 而且有時候怨恨是有道理的，美國的每個猶太人都應該讀一讀詹姆斯．鮑德溫於一九六七年發表的文章〈黑人反猶太是因為他們反白人〉（Negroes Are Anti-Semitic Because They're Anti-White）。

似的偏狹行為，我們有何立場反抗人們對黑人的偏見？」[71]

團結是《當傑基遇到漢克》一書傳遞的核心價值，傑基與漢克有著各自需要拚搏的困境，但傑基的處境比漢克糟多了，[72] 漢克也知道這一點。**幸好雙方都明白彼此互相幫助，肯定會比互相憎恨更有利，以及互相扶持才是正確的做法**。

我希望我的孩子能以同樣的方式看待世事，**我希望他們能與受壓迫的人站在一起，我希望他們能為那些受到傷害的人挺身而出**。說真的，如果你說我的孩子會這樣做，我對他倆就別無所求了，而且會覺得我還算是個稱職的家長。

Part 3

了解世界

每個人看到的都一樣嗎？

第 8 章

知識

我們知道的事
一定是真的嗎？

雷克斯問：「我是不是這輩子一直在做夢啊？」他雖然才四歲，已經是個優秀的哲學家了，所以這個問題並沒有嚇到我。當時我們正在吃晚飯，這個問題很有可能是個企圖逃掉吃蔬菜的策略，如果真是這樣，它還挺有效的，雷克斯實在太了解他老爸了。

「好酷的想法啊，雷克斯！有個叫笛卡爾（René Descartes）的人也想知道這件事，你認為你是在做夢嗎？」

「我不知道，也許吧。」

「如果你是在做夢，你認為你現在到底在哪裡？」

「也許我還在媽咪的肚子裡，也許我還沒出生。」

我不買帳。我問：「還沒出生的嬰兒能說話嗎？」

「不能。」

「那你認為他們會夢到這樣的對話嗎？」

他承認：「不會。」

但是要讓雷克斯的論點更有說服力並不難，我問：「如果你今天只是在做夢會怎樣？如果你從昨晚去睡覺後就沒醒來又會怎樣？你能看得出來嗎？」

「不能！」他一想到自己可能出現幻覺就非常高興。

我們難免會有半信半疑的時候，例如有個朋友分享了一些消息，但你不是非常相信，或是你開始懷疑一些你原本認為自己知道的事情。

雷克斯提出的假設——他這輩子都在做夢——將導致極端懷疑論（radical skepticism），即幾乎對任何事物都抱持懷疑。

笛卡爾並非世上第一個懷疑人生如夢的人，其實很多古人都曾探討過這個概念，我最喜歡的故事來自於《莊子》一書，這是兩千多年前的一部道家文獻：

> 某天，莊周夢見自己變成一隻蝴蝶，怡然自得地四處飛翔，他並不知道自己是莊周。但忽然間他醒了，他就是那個貨真價實的莊周，但他不知道是莊周夢見自己是一隻蝴蝶，還是一隻蝴蝶夢見自己是莊周。[1]

我問當時八歲的漢克，是否有辦法能讓莊周搞清楚，他認真地想了想後說：「他累嗎？如果不累，那麼他就是剛剛睡醒，所以是他夢到自己是隻蝴蝶。」

這很聰明。但還不夠聰明，因為稍後漢克會承認，你可以夢見自己神清氣爽地醒來，他只是認為這種情況不太可能。當然啦，無論你是媽媽肚子裡的嬰兒還是一隻蝴蝶，你都不可能一直在做夢。我們之所以認真看待夢境懷疑論（dream skepticism），是因為它向我們展示了我們的知識狀態，以及我們與周圍世界的關係。

笛卡爾的夢境懷疑論

這就是笛卡爾夢到夢境懷疑論時的想法。笛卡爾生活在十七世紀，是有史以來最具影響力的思想家之一，有一部分要歸功於他在數學方面的成就——特別是開創了用代數來證明幾何性質的解析幾何（考各位一道數學題：在笛卡爾坐標系上繪製 $y = x + 2$），但更多要歸功於笛卡爾努力擺脫錯誤信念的精神。

笛卡爾不只懷疑這個或那個，而是開始懷疑一切，[2] 他為什麼要這麼做？**因為他想把自己的知識建立在堅實的基礎上，而他認為最好的方法，就是懷疑他以為自己知道的一切，如果他能找到一些他無法質疑的東西，那他就可以在這個堅實的基礎上重新建構他的知識**。

夢境懷疑論是笛卡爾產生懷疑的強大來源，他有可能是在做夢——無論是現在還是這輩子——令他對自己以為知道的大部分事物產生了懷疑，為什麼會這樣？請各位問自己幾個簡單的問題：你現在身在何處？你正在做什麼？

笛卡爾在撰寫夢境懷疑論時，他正衣著整齊地坐在壁爐前，而且手拿著一張紙，但那真的是他嗎？他開始懷疑自己其實是躺在床上睡覺，但看起來不像。事實上，他認為任何夢境都不可能像他現在的經歷那樣清晰，但他又提醒自己，他曾多次被夢欺騙，以為自己是醒著的；[3] 而且沒有一個確定的標記，能夠正確無誤地告訴他，他是醒著還是在做夢。

各位現在也處於類似的狀況，我相信你看似是醒著的，但就跟笛卡爾一樣，我打賭你有時也會驚訝地發現，自己其實是在做夢，並因而鬆了一口氣。**所以你很難確信自己現在不是在做夢，如果你不能確定自己現在是清醒的，那你憑什麼認為你能確定你曾經歷過的任何事情呢？**你還記得你曾經＿＿＿（在此填入你最喜歡的一個回憶），但你確定你不是在做夢嗎？

如果這段論述令你覺得無所適從，下面這個事實或許能令你略感安慰：有些知識是不受夢境懷疑論影響的。正如笛卡爾所言，無論我們是醒著還是睡著，有些事情都是真的。例如一個正方形有四個邊，即使在夢中也是如此；睡覺也不會改變二加三等於五的事實。[4] 所以即使你不能確定其他很多事情，但你可以相信這些真理。

但笛卡爾仍有辦法質疑這些事實，當他發現了夢境懷疑論的局限後，他便提出了另一個更強而有力的懷疑論假設，這是迄今為止最有力的假設。笛卡爾想像有個邪惡的天才正控制著他的思想，[5] 我們姑且以男生最喜歡的壞蛋角色杜芬舒斯博士（Dr. Doofenshmirtz）稱呼他＊；杜芬舒斯想欺騙笛卡爾，讓他的腦袋裡充滿假象。

＊ 杜芬舒斯博士是美國卡通影集《飛哥與小佛》（*Phineas and Ferb*）中的邪惡科學家。如果你不明白其中的涵意，那就找個小朋友當掩護，並讓他陪你追劇，每天花十小時看漢克推薦的《飛哥與小佛》吧。

杜芬舒斯為什麼要欺騙笛卡爾（做這種事其實挺莫名其妙的）？笛卡爾從未做過解釋，但光是有此可能性，就已經令笛卡爾深感困擾了，因為這意味著他不能放心相信任何事情，甚至連簡單的數學事實都不能相信，他只知道杜芬舒斯可能正在騙他。

你只知道你自己也是個騙子，也許杜芬舒斯把你的大腦從你的身體裡取出來，把它放進一個大桶裡並接上電極，這樣他就可以模擬你的所有經歷，而你對此一無所知。

我知道，你以為你穿著衣服坐在或躺在床上，讀著這本書；但是你並沒有在做這些事情，你也沒穿著衣服，不過你也不是赤裸的，因為你根本沒有身軀，你只是一個沒有實體的大腦。而且你雖然看起來像是在讀一本書，但根本沒有書給你讀，這一切都只存在你的腦中。

或者說得更精確些，**有可能是這樣**，**你不能排除這種可能性**。就你所知，外部世界只是一個精心設計的幻象，無論它是否真的存在，對你來說都是一樣的。

怎樣才算「知道」一件事？

漢克和我聊完莊周夢蝶的故事之後，我們又聊起了笛卡爾和杜芬舒斯。

我問：「即使杜芬舒斯試圖欺騙笛卡爾，有什麼是笛卡爾可以確定的嗎？」

漢克一下子就看出來了。他說：「他知道自己正在思考。」

「為什麼杜芬舒斯在這方面騙不了他？」

「杜芬舒斯可以令笛卡爾思考，但如果他認為自己正在思考，那他就是在思考。」

沒錯，笛卡爾也看到了這點，即使是最極端的懷疑主義也有個限度。[6] 笛卡爾認為「我在思考，這點我是不會搞錯的」，而此想法將笛卡爾引到另一個杜芬舒斯騙不了他的地方：我存在。

這一連串的推理被稱為「cogito」，它的完整拉丁文表述為 *cogito ergo sum*，也就是笛卡爾那句家喻戶曉的名言：「**我思故我在**。」

就算其他所有方面他都存疑，但至少笛卡爾可以確定這點，他知道自己是存在的。

漢克的推理很酷吧，說不定比笛卡爾還厲害，[7] 但「cogito」真的是你知道的一切嗎？

沒有人是這樣想的啦，請大家想想下述幾個問題：

你知道電影幾點開演嗎？

你知道怎麼去購物中心嗎？

儲藏室裡有義大利麵嗎？

我們經常問這樣的問題，而且從來沒有人抗議說，他們怎麼可能知道儲藏室裡是否有義大利麵，因為他們有可能是做夢夢到義大利麵的存在，或者是被惡魔欺騙了。

不過我倒是做夢都想用這種方式回應我兒子。

「你們知道我的襪子在哪裡嗎？」

「有誰真的知道任何事嗎？」

「爸爸，別鬧了！」

「我是說，我認為我看到襪子了，但我怎樣才能確定呢？它有可能是個夢。」

「你在哪裡看到襪子的」

「你確定襪子是真的嗎？也許你看到的只是個幻影。」

那樣的對話會很有趣，但有可能會把孩子們給逼瘋了，因為沒有人認為笛卡爾式的懷疑論會擠掉我們日常生活中的知識。笛卡爾是不是誤解了獲得知識的必要條件？還是說我們系統性地糊塗了，以為我們知道某些事情，但實際上我們並不知道？

上述問題的答案取決於知識是什麼，我們一直認為我們知道，但事實證明我們並不知道。

我最近向雷克斯提出了這個問題。

「你何時才算知道某件事？」

「什麼意思？」

「呃，我們知道媽媽現在在商店裡，但是當我們說『我們知道』是什麼意思？」

雷克斯說：「它在我們的腦子裡。」

「你知道你腦子裡的所有事情嗎？」

「我不知道，但它肯定是正確的，如果媽媽不在商店裡，我們就不會知道她在那裡。」

「所以如果這件事在你的腦子裡，而且它是正確的，那麼你就算知道這件事了嗎？」

雷克斯說：「我想是這樣沒錯。」

「我不確定哦，假設你認為明天會下雨，而且假設明天真的下雨了，但你根本還沒有看天氣預報，你只是認為明天會下雨，因為明天是星期二，而你認為每個星期二都會下雨。但事實並非如此，而且這樣的推論其實很蠢，你這樣究竟算不算是真的知道明天會下雨？」

「不算，」雷克斯在反覆核對故事後表示，「你認為會下雨的理由必須是可靠的，否則你不算真的知道。」

我的最後一個問題有點誘導性，不過我成功讓雷克斯去到我想要他去的地方，透過幾個步驟，他便重新創造了知識的傳統觀點。哲學家們長期以來一直認為，知識就是對某件事情有個受證成的真信念（justified true belief, JTB）。[8]

且讓我們把這個觀點反過來看。首先，就像雷克斯說的，**要知道某件事，它必須存在你的腦中，且必須以正確的方式存在**，想要某事為真，是行不通的，你必須相信它是真的。

其次，如非上述狀況你就無從得知，**你的信念必須是真的**。

第三點，你的信念必須是確證的，也就是說，**你必須有充分的證據，光靠猜測是不行的，依靠明顯錯誤的資訊也不行**，例如「每個星期二必定會下雨」的想法。

前述這種對知識的解釋——受證成的真信念——一直被廣泛認為是正確的，直到一個叫艾德蒙·葛梯爾（Edmund Gettier）的人提出了一個問題。

無解的葛梯爾問題

葛梯爾在韋恩州立大學任教，他即將有資格申請終身職，但因為他從未發表任何論文，[9] 所以他恐怕要錯過機會了。葛梯爾的同事告訴他，趕緊寫篇論文吧，否則工作可能不保，於是他決定把唯一的想法公諸於世，這篇論文發表於一九六三年，一共只有三頁，論文的標題是〈受證成的真信念是知識嗎？〉。

葛梯爾認為不是，並且舉了兩個簡短的反例，[10] 但因為這兩個例子很複雜，所以我用他的例子做參考，另外給各位說個簡單的例子。你相信你家裡有本《廚藝之樂》（*Joy of Cooking*），你是在幾年前買下這本書的，而且用了很多次。你家裡確實「有」一本《廚藝之樂》，但並「不是」你買的那本，你買的那本被你的另一半借給朋友了，而且對方還沒還回來。巧的是有個朋友送來這本書當作你的生日禮物，因為他並不知道你已經買了這本書，現在這本書被包裝成禮物，就放在你的客廳裡，等著被打開。

你知道你家裡有一本《廚藝之樂》嗎？你相信有，而且你的信念是真的。你有充分的理由相信你有一本——因為那是你自己買的，而且你經常使用它。所以如果關於「知識是受證成的真信念」之說法是正確的，你就算是知道你有這本書。但葛梯爾卻說這是錯的，而且幾乎所有遇到這種情況的人都認同他的看法：**你不算是知道這件事，你只是運氣好，家裡碰巧有這本書**。

葛梯爾的文章令哲學家大為震驚，因為該文顯示了他們並不知道知識是什麼；該文還引來一大群人爭相想要對受證成的真信念提出補充，說明知識還需要其他哪些條件，以避開後來被稱為葛梯爾問題（Gettier Problem）的情況。* 一票哲學家提出了數十種解決方案，可惜沒一個行得通。[11]

哲學家琳達．札格澤博斯基（Linda Zagzebski）則說，該難題無解一點也不意外，她的主張令一眾哲學家大失所望，他們都想要找到葛梯爾問題的解決方案。札格澤博斯基認為，**只要你一開始就把某個錯誤的訊息信以為真，那你一定會遇上葛梯爾問題**，無論你如何提出受證成的真信

* 葛梯爾遇到的另一個問題——取得終身教職——拜發表這篇文章之賜，順利迎刃而解了。

念的補充都沒用；事實上，她還提供了一個必定會遇上葛梯爾問題的「配方」。[12]

首先，你要講述一個信念被確證為真的故事，但因為運氣不好，導致這個信念變成是錯的，但千萬別就此打住！而是加入一點好運氣，最後這個信念又變成是真的。

札格澤博斯基示範的故事是這樣的：瑪麗相信她的丈夫在客廳裡，為什麼呢？因為她剛剛經過客廳，並且看到他在那裡。但壞運上場！瑪麗搞錯了，她看到的人其實不是她的丈夫，而是他失散多年的雙胞胎弟弟，而且突然來訪。這時換好運上場！瑪麗的丈夫也在客廳裡，只不過當瑪麗經過時，他正好坐在她看不見的地方。[13]

瑪麗知道她丈夫在客廳裡嗎？她相信他在那裡，而且這是真的，他確實在那裡。她有理由相信她丈夫在客廳裡嗎？有的，她走過去時看到了一個跟她丈夫長得一模一樣的人。現在問題來了，如果瑪麗知道她丈夫是雙胞胎（她有可能不知道），她就會知道這世上至少還有一個人長得像他；但是她沒有理由預期他的孿生兄弟今晚會在那裡，因為他們已經失聯很久了，所以瑪麗有理由相信她的丈夫在客廳裡。儘管如此，她其實並不「知道」他在那裡，她只是運氣好矇對了。

迄今，仍有人在為葛梯爾問題提出解決方案，不過我不打算在這裡探討它們，因為它們可能相當複雜。很多哲學家認同札格澤博斯基的看法是對的，這個問題是無解的，而且其中有一部分哲學家指出，一直以來我們試圖用確證、信念和真相這些較為簡單的概念來分析知識，根本就是個錯誤。[14]**因為概念未必一定能被簡化**。

快問快答：什麼是椅子？

如果你說：「就是可以坐的東西。」那你的床也符合條件啊，還有大石頭也可以坐啊；如果你再加上另一個條件：「有腳！椅子必須有腳。」請你上谷歌搜尋關鍵字「沒有腳的椅子」，那你會立刻看到許多例子，讓你被狠狠打臉。雖然你無法說清楚什麼是椅子，但你看到椅子時卻能一眼就認出來，有些人認為知識也是如此。

那葛梯爾是怎麼想的？他會如何解決他的問題呢？我們不得而知，但葛梯爾是二十世紀最著名的哲學家之一，進入哲學領域的人全都知道他。葛梯爾還創造了另類的「一鳴驚人」奇蹟，因為打從發表了那篇文章之後，他雖然繼續教了幾十年的書，卻再也沒有寫過一個字。

為什麼？答案真的很簡單，因為他「再也沒啥想說的了」。[15]

這可能是有史以來最精采的結尾了。

但我要告訴各位一個祕密，葛梯爾並非第一個發現那個問題的人。

早在西元八世紀，印度有個名叫法上（Dharmottara）的佛學家曾經講了一個故事，在沙漠中行走的你亟需喝水，你看到前方有水，可惜那是個海市蜃樓，沒想到當你抵達那裡時，你發現岩石下有水。在你到達那裡之前，你知道那裡有水嗎？法上說你不知道，你只是運氣好。[16]

葛梯爾並未剽竊法上的點子，他只是碰巧在一千兩百年後產生了相同的想法。事實上在這段期間，一位十四世紀的義大利哲學家曼圖亞的彼得（Peter of Mantua）也萌生了相同的想法，不過葛梯爾並不知道這一點，因為古早的文本不一定會翻譯，所以大家根本不知道其中的內容。[17]

這正是哲學面臨的一個問題，或者說的更精確些，這個問題其實包含了好幾個問題在其中：我們常常忽略了那些年代和地域與我們相距甚遠的哲學家，而且哲學界長期以來一直排斥女性。譬如說吧，先前我曾以為「惡魔論證」是由笛卡爾率先提出的，但近期的學術研究顯示，他其實是受到西班牙的聖女大德蘭（Teresa of Ávila）的影響，她在討論知識的著作中也曾提到惡魔。[*18] 遺憾的是每個學生都在研究笛卡爾，但聖女大德蘭的著作卻乏人問津。

新一代的哲學家正努力修正此問題，他們從世界各地的古老傳統中尋找新思想，所以現今英語世界的哲學家有機會認識法上。他們還有志一同地努力把那些被哲學史遺漏的女哲學家之著作發揚光大，並讓那些沒沒無聞的女哲學家獲得應有的重視。[19] 事實證明，聖女大德蘭並不是唯一一位影響了笛卡爾同時代哲學思想的女性，稍後我們將見到一位曾與他討論意識相關問題的公主。

要擴大哲學的範圍並非易事，至少當我們回顧過往時是如此，因為很多東西都遺失在歷史的洪流中，但只要我們願意傾聽更多當代哲學家的意見，就可確保我們不會再重蹈覆轍。

詞語的含義，會隨著語境而改變

所以，我現在打算把笛卡爾拋到腦後，並介紹一位女哲學家蓋兒·史坦恩（Gail Stine），她和葛梯爾一樣，也曾任教於韋恩州立大學。可惜她在一九七七年就英年早逝，享年僅三十七歲。[20] 她是一位專門研究認識論（epistemology）——知識是什麼，以及我們如何獲得知識——的哲學家。

史坦恩對於我們先前曾經討論過的某個不一致現象感到困惑：我們一般人在日常對話時，都自以為博學多聞，但是一談到哲學，就會覺得我們的知識派不上用場，等我們讀到笛卡爾的作品時，我們已經不確定自己到底懂什麼。這究竟是怎麼一回事？

史坦恩提出了一個簡單卻很有力的觀念，**這是因為某些詞語的含義會隨著不同的語境（context）而改變**，[21] 這種情況相當常見，譬如我在我家算是高個子，但在職場上就不是了，何以如此？因為比較的類別改變了，我老婆跟兒子都沒我高，所以跟他們比我就是高個子，但我

* 聖女大德蘭著作中的惡魔，會讓她的錯誤信念變得極具吸引力，令她想起凡塵俗世的快樂，並試圖勸阻她繼續修行，以及認識自己和上帝。

的身高其實低於美國男人的平均值，所以在職場中沒有人認為我是高個子。

我的朋友ＪＪ身高一百八十幾分公，在職場中很高，但是跟職籃球員一比就略遜一籌。不過就算是世界上最高的人，也不是所向披靡，只要一站到長頸鹿旁邊，他立刻就成了白雪公主裡的七矮人。

由此可見，高或矮的含義是會改變的，大和小也是如此；但是某些詞語的語境敏感度（context-sensitivity）則令人相當吃驚，例如：「空的」（empty）一詞。[22]

例如某天我說：「冰箱空了。」其實是指「冰箱裡找不到能做晚餐的食材」。如果你打開冰箱一看，會發現裡面還有汽水、調味料；但只要我們的談話背景是一致的，你就會同意冰箱是空的，因為真的找不到可以做出晚餐的材料。

現在我們再換個語境，搬家工人就要來了，我們忙著打包所有東西，我問：「冰箱清空了嗎？」這裡空的含義又變了，如果冰箱裡還有汽水，它就不是空的，因為冰箱裡不可以有東西在裡面晃來晃去，否則搬家後我們就得收拾爛攤子。

我在第一個例子中提到的情況，很容易讓人以為所謂的空是指空無一物——沒有食物或飲料；但是大家務必要留意，即使是沒有食物或飲料的冰箱，也未必在任何情況下都算是空的。例如我們需要在真空的冰箱做實驗，那麼必須等冰箱裡的空氣全部消失後才算是空的。在大多數情況下，空的並不意味著空無一物，它的真正含義要視情況而定，而且它的含義是不受限的。

史坦恩指出，**「知道」（know）一詞也跟「空的」一樣，一定要搞清楚語境，並針對不同的情況、依照不同的標準，來決定人們是否知道某件事**。史坦恩說這些標準取決於所謂的「相干的另類選擇」（relevant alternatives），它們會隨不同的情況而產生變化。

舉一個標準的例子，你正在聖地牙哥動物園裡，眼前出現了一群有著黑白條紋的動物，你脫口而出：「是斑馬耶！」然後你便走上前去，想要近距離觀看牠們，你知道你看的是斑馬嗎？你當然知道，假設這天是晴天，而且你的視力很好，你不大可能把斑馬和其他動物搞錯。

但是你敢打包票說，你看到的絕對不可能是巧妙偽裝的驢子嗎？從你站的位置來看，你不敢這麼肯定，你必須走近一點才能評估那個看起來是斑馬的東西，其實是一頭經過造型師巧手打扮的驢子。但是史坦恩認為，你不需要排除那樣的可能性，就知道你看到的是一頭斑馬，[23]因為這不是個相干的另類選擇，你沒有理由擔心動物園會把驢子偽裝成斑馬。

但是在某些地方你的確需要擔心這個問題，像墨西哥的提華納（Tijuana），長期以來一直把塗上斑馬條紋的驢子當成一個旅遊景點。[24]所以如果你以為你在那裡看到了斑馬，你應該懷疑並確認牠不是由驢子偽裝的，否則你無法確定。*[25]

* 跟各位分享一個有趣的事實：在提華納，被扮成斑馬的驢子叫做「斑驢」（Zonkey），牠們並非真正的驢子，而是由驢子和斑馬雜交後生下來的動物，是斑馬和驢子的後代，牠們看起來很像穿著斑馬緊身衣的驢子，真的很厲害。

這如何幫助我們消除懷疑？想像你去了動物園，並且告訴一位朋友說你看到斑馬很開心。

但她說：「你不知道你看到了斑馬。」

你立刻反駁：「我當然知道。」

她解釋：「牠們搞不好是經過巧妙偽裝的驢子。」會這麼說的人要麼是個瘋子，要麼是個認識論者……。

關於這一點，史坦恩說你有兩種方式可以選擇，你可以堅稱你知道自己看到的是斑馬，因為沒有理由認為偽裝的驢子是個相干的另類選擇；或者你可以讓你的朋友轉換對話語境，使得偽裝的驢子成為一個相干的另類選擇。[26]這兩種做法會分別產生什麼樣的作用呢？

如果你的朋友拿不出動物園用驢子偽裝成斑馬的證據，那麼她就是在玩懷疑論的遊戲——拚命想要找出懷疑的來源，這是個好遊戲！因為它讓我們明白了，在收集這世界的資訊時，有可能會面臨一些限制，不過你沒必要隨她起舞。

史坦恩的想法大概是這樣：懷疑論者是對的，當我們以懷疑論者的口吻說話時，我們確實啥也不知道。**但是在哲學以外的場合，我們根本沒理由要用那種方式說話**，在日常生活中用懷疑論者的方式說話其實是很愚蠢的，因為按照普通的標準，我們其實知道很多事情，[27]而且我們必須要能夠互相溝通交流這些事情。

小心哲學領域之外的懷疑論者

你必須提防那些喜歡玩懷疑論遊戲的人，他們比你想像的更常見，雖然懷疑論遊戲在哲學上很有趣，但在探討哲學以外的場合，要小心它可能不懷好意。

亞利桑那州立大學的安哲爾．皮尼洛斯教授（N. Ángel Pinillos）最近在談到氣候變遷時便提出此觀點，[28] 他是一位專門研究認識論的學者，並對人們懷疑科學的方式很感興趣。目前我們已經取得大量的證據，顯示碳排放是氣候變遷的罪魁禍首，[29] 我們正以慢動作在摧殘這個世界，且未採取應有的措施來阻止此事，為什麼會這樣？原因很多，但最主要的原因是，把碳排放到大氣層中能讓某些人獲利，所以他們不願減少碳排放。他們當然不會直接說我們辦不到，因為這樣很難說服大家，所以他們會拐彎抹角地說，我們還沒有足夠的知識來採取行動。

一些政治人物也採取同樣的策略，例如二〇一七年有位選民問新罕布夏州的州長克里斯．蘇努努（Chris Sununu），碳排放是否造成氣候變遷，他的回答是這樣的：

> 我不確定，我在麻省理工學院時就曾研究過這個問題，當年我和世界上最優秀的一群人一起研究地球和大氣科學，而且我親自看了這些數據……我認為我們應該繼續關注它，我們必須繼續研究它，弄清楚它對環境、社會、經濟的所有影響，以及其他可能造

> 成影響的因素。碳是否為造成過去一百五十年來地球持續變暖的主要原因？我不確定，但有可能是。[30]

這番話聽起來相當合理，蘇努努曾研究過這個問題，碳排放有可能要為氣候變遷負責，他並不排除這個可能性，他只是不知道。但是，請注意蘇努努如何利用「確定」一詞，設下了極高的知識標準，我們確定氣候變化是碳排放造成的嗎？恐怕未必哦，但我們也不確定——我們現在不是在做夢。問題是，為什麼我們必須確定呢？如果現在不採取行動，後果將不堪設想，況且我們就算不是完全確定，也已經非常接近確定了。

這是個老謀深算的策略，而且已經行之有年；以埃克森石油公司（Exxon）為例，該公司早在一九八〇年代起，便決定「強調科學結論中的不確定性」，[31] 但其實該公司的科學家早已「確信」，人為的氣候變化已經對我們構成了真實的威脅。不過埃克森石油公司並未起草這套劇本，劇本是菸草公司寫的，他們僱用的科學家明明已經證實了吸菸與癌症有關的事實，但菸草公司卻仍在質疑吸菸和癌症有關，布朗威廉森公司（Brown & Williamson）的一份內部備忘錄便曾寫著：「懷疑是我們的產物。」[32]

那我們該如何對待那些兜售懷疑的販子呢？這是個棘手的問題，身為哲學家的我，就跟笛卡爾一樣，是個懷疑專業戶＊[33]，**我認為窮究自己所知，來找出自己可能出錯的地方是很重要的，**

科學家也有這樣的傾向，他們會量化其不確定性，這使得他們很容易成為懷疑販子鎖定的目標。

我最近開始跟雷克斯談到這個問題，我教他提出問題質疑，也提醒他要留意並非所有的提問都是出於善意，**破解的方式就是要他質疑提問者：這個人是真的想了解事情的來龍去脈嗎？他們對證據感興趣嗎？如果他們得知自己的觀點是錯的，他們會坦白告訴我？還是會極力隱瞞真相？**

皮尼洛斯提出了另一個策略，我們在公開場合應該更側重可能性（probabilities），多過於談論我們知道的事。[34] 科學共識確實有可能會出錯——人類的碳排放並未導致氣候變化，而科學家可以明確說出他們出錯的機率是多少，且此機率很小，我們難道要為了這極微小的出錯機率，而賭上孩子們的未來嗎？但這就是懷疑販子要求我們做的事情。

我們並不需要知道才能採取行動，我們一直是用機率進行推理的，皮尼洛斯用樂透彩做了個比喻：你並不知道自己會賭輸，但機率肯定是對你不利的，可是你無法排除一個相干的另類選擇——你有可能會中樂透！但這種事你只能做做夢，無法為之做計畫。

* 但我們不必採取跟笛卡爾一樣的研究方式，他老兄總是立刻就開始懷疑一切，但我不認為我們有能力這樣做，或者說得更貼切些，就算我們像他那樣做，也不見得會有什麼收穫。萬事萬物皆是可以懷疑的，但我們不能同時懷疑一切，否則我們就無從判斷我們的懷疑是否有道理，懷疑比較像是個一步一步完成的專案計畫。

氣候懷疑論者堅稱，我們並不知道碳排放是否導致了氣候變化，然而按照任何合理的標準來看，他們都是錯的，我們確實知道碳排放造成了氣候變化。但我們沒必要與對方爭論我們知道什麼，**因為懷疑論者總是堅持不可能達到的高標準，所以我們應該反過來質問他們：科學可能出錯的機率明明低到不行，為什麼他們寧可賭上我們的未來呢？**

我們活在模擬世界嗎？

我們還必須讓孩子有能力認清政治宣傳——**教他們如何評估證據，與識別可靠的資訊來源。**有時候雷克斯會很樂意參與這類對話，但他更偏好思考一個瘋狂的想法，最近困擾他的問題都跟「我們是桶中腦的可能性」有關，他想知道我們是否生活在一個電腦模擬的世界裡，他對於這樣的想法十分著迷：我們這個世界裡的一切（包括我們），只不過是電腦裡的一組操作，我們生活在一個超高解析度的《模擬市民》（*The Sims*），或類似的東西中。

牛津大學的哲學家尼克．伯斯特隆姆（Nick Bostrom）說他認為我們很有可能活在一個電腦模擬的世界，此言一出立刻成為熱門話題，並獲得很多名人的支持，包括馬斯克（Elon Musk），他宣稱我們很可能是模擬人。[35]

伯斯特隆姆是牛津大學人類未來研究所的創所所長，這是一個跨學科的研究所，專門研究世界可能面臨的重大問題，研究清單上的項目包括氣候災難、外星人及人工智慧的失控。簡言之，該研究所的設立目的，就是避免我們淪為基努．李維的《駭客任務》系列電影。

伯斯特隆姆最著名的事蹟，就是指出我們已經身處其中，他認為我們可能已經活在一個有點像《駭客任務》那樣的電腦模擬世界裡了，為什麼他會這麼說？以下是其論證的一個粗略版本：如果人們有能力用電腦模擬世界，他們很有可能會這麼做；如果他們能做到，他們可能會做不只一次。[36]事實上，只要這件事足夠有啟發性（或娛樂性），他們說不定會模擬出許多個世界，甚至是幾百個、幾千個或幾百萬個世界。這麼一來，模擬世界就會比真實世界多很多，所以我們很有可能身處其中某一個模擬世界。

不過我已經說了，這只是其論證的一個粗略版本，伯斯特隆姆並未完全接受此結論，因為每一個推論步驟都有令人存疑的餘地。

首先，電腦恐怕無法模擬出我們這樣的世界，但有許多人認為可能，這些人對於我們從大型電玩機台《乓》（*Pong*）發展迄今的進步印象深刻，並據以展望未來，但是進步有可能會停止。或是進行一個逼真的模擬有可能需要耗費大量能量。據估計，需要用到的電腦搞不好跟地球一樣大。或是在電腦中創造出有意識的生物是不可能的。

除了上述這些憂慮，我們還應補充一點：即使科學家有能力模擬出我們這樣的世界，他們可能無意這麼做。伯斯特隆姆建議科學家運用電腦模擬來了解人類的祖先，但他們或許更想把其電腦運算能力應用於其他目的；又或者他們在道德上有所保留，因為不忍心再創造出像我們這樣受苦受難的生物，總之，真正的原因是什麼，我們很難得知。

不過，伯斯特隆姆認為有件事是可以肯定的，以下的命題至少有一個是真的：[37]

A. 模擬出像我們這樣的世界是不可能的。
B. 模擬出像我們這樣的世界是有可能的，但人們不會經常這樣做。
C. 我們幾乎可以肯定是模擬人。

我問雷克斯他接受上述哪一種情況，他說不是A就是C，他無法接受B，他說：「根據我對人們的了解，如果我們有能力模擬出像我們這樣的世界，那我們肯定會這麼做。」而且因為雷克斯認為我們辦得到，所以他才會傾向於選C，他認為我們就是模擬人；在某個更基本的現實中，人們想出了模擬世界的方法，從而建立了我們這個世界。

我可不像雷克斯那麼肯定，即便我們有能力模擬出像我們這樣的世界，我猜它需要的能量恐怕極大，大到無法多做幾回。如果要徹底模擬整個宇宙，直到量子的規模，肯定要消耗極其驚人的能量，所以人們必須審慎選擇他們想要納入哪些部分，例如人腦及身旁的環境。但這會引發另一個問題：他們必須對人腦的運作方式瞭若指掌，但我們目前的能耐遠遠無法達到這個要求。* **人工智慧的進步可能有助於解決上述任何一個問題，甚至是所有的問題，但在論證的每個步驟，關鍵字都是「可能」**。

模擬論證雖純屬臆測，但有趣極了。它引發了諸多倫理道德問題，你會想要創造一個人們會感到痛苦的世界嗎？讓人們遭受奴隸制或大屠殺的理由是什麼？如果答案就如我的猜想，我們找不出任何理由要讓人們承受這些苦難，這是否會影響我們身處於一個模擬世界中的可能性？

它還引發了神學方面的問題，如果模擬論證是真的，那麼大多數世界都有創造者——設計它們的工程師，對於其各自的世界而言，這些創造者算是全能且全知的神嗎？還有形而上學方面的問題，如果創造者控制了故事的進程，我們還算擁有自由意志嗎？如果我們的存在只是為了滿足創造者的需求，當他們想要時我們才能存在，那麼從某種意義來看，我們算不算是被奴役了？[38]

* 其實就某些方面來說，模擬整個宇宙反倒比較容易，你只要設置好初始條件，然後就放手讓電腦去運算，等著看會發生什麼事就行了。

它還引發了一些實際的問題，如果你認為自己身處在一個模擬世界中，你該怎麼做？雷克斯說他想給「全能的工程師」發一條訊息，他打算用麥田圈（crop circle）寫下這些內容：「嗨！我知道我們身在一個模擬世界裡哦，請再多來點 Shake Shack 漢堡吧。」但萬一他們不想讓你知道實情，你這麼做可能會有危險哦，他們搞不好會結束整個世界，或是把你給刪除了。

只要你認為你有手，那你就有

最後一點，模擬論證引發了我們可以知道哪些事情的問題。事實上，模擬論證看起來就像技術升級版的邪惡天才故事，我們猶如桶中之腦，只不過這下子連桶子都不需要了，因為我們的大腦也是模擬出來的。

於是，我們再次陷入了所知所想的一切都是錯誤的窘境，如果你身在一個模擬世界中，你就不會拿著這本書，因為這個模擬世界裡沒有書，你也沒有手來拿它，一切都只是個精心設計的幻覺罷了。

但也可能不是。

大衛・查爾默斯（David Chalmers）堪稱是哲學界裡的搖滾明星，他長年穿著一襲皮夾克、留著一頭長髮（不過現在頭髮剪短了也變白了）。他是紐約大學哲學與神經科學的特聘教授，也是意識等多個領域的頂尖專家。

查爾默斯對於我們是否活在電腦模擬的世界中並不感興趣，他也不認為這會威脅到我們的知識。查爾默斯指出，**即使我們生活在模擬世界中，只要你認為你有手，那你就有**，而且它們是由電子、夸克之類的物質構成的，就像你想的那樣，只不過這些物質是由電腦位元組成的！[39]

但你的手仍然是真實的，它們既非電影中的道具，也不像你最喜歡的虛構人物的手是想像出來的，虛構的手只能在想像的世界裡發揮作用。但是你的手卻大有用處，它們可以拿書、做飯，以及做其他很多事情，要是哪天你失去了雙手，你肯定會非常想念它們，這就是真實事物的標誌。

可你卻堅稱：「我的手不是真的！它們只是模擬的，全能的工程師可能擁有真正的手，而我們卻只能使用可悲的電腦模擬手，我們是可悲的模擬物。」

請注意兩者之間的微妙混淆，我們有一雙手（就像我們一直以來所理解的那樣），如果我們發現（或只是假設）我們生活在一個電腦模擬的世界裡，這個事實都不會改變。[40] 我們只知道這個現實與我們想像的不同，它並非一個物理現實，而是透過電腦在運算的。

為了更清楚理解我的意思，請各位想想雷克斯的手，他知道自己有一雙手，而且已經擁有很長一段時間了，長到他甚至對它們有了一點了解——裡面有骨頭和肌肉。現在他知道的更多了，他的骨頭是由分子組成的，而分子是由原子組成的。

到了某個時候，他又會了解到原子是由質子、中子和電子組成的，再過一段時間他將了解，質子和中子是由夸克組成的。到最後他可能會了解，電子並不像教科書中經常描述的那樣，是繞著原子核運行的小球，它們其實是分散的，有點像雲。

在上述每個階段，雷克斯都會對自己雙手的性質有更多的了解，但不管什麼時候，雷克斯都不會說：「天呀！我沒有手，手是由肌肉和骨骼組成的，但是附著在我手臂末端的這些東西，卻是由電子和夸克組成的！」要是他真的這麼說，我們就會告訴他，他的手確實是由肌肉和骨骼組成的，而肌肉和骨骼是由電子和夸克組成的。

要是事實證明我們的確生活在一個電腦模擬的環境中，那我們就可以把這個故事再多延伸一步，它的基本物理物質會是由電腦運算單位（比如位元）所組成。如果雷克斯發現了此事，他只會對他的手的性質多了一分了解，但他不會發現它們不是真的，也不會發現他沒有手。

這點很容易令人感到困惑，因為我們很想從全能的工程師的角度來看待這個問題。如果他們活在物理的世界裡（基本上），那麼他們就會認為我們的世界是虛擬的——是他們那個現實世界的模擬版本。在他們眼中，我們是虛擬的人，有著虛擬的手；但是從我們的角度來看，我們只是有手的人，一直以來都是如此。

我要比查爾默斯更進一步地指出：在全能工程師的眼中，我們並非虛擬的人，而是真人。**既然是人，我們擁有一定的道德地位，是權利和責任的承擔者，而這種道德地位並不取決於此人是**

由物質構成還是由電腦位元組成，而是取決於此人是否能夠意識到理由、感受到痛苦等。

任何人若提議要用電腦模擬出有人類存在的世界，都會面對嚴肅的道德問題，因為這些人將成為道德關注的對象。這些問題跟準爸媽選擇要生孩子時所面臨的問題有共同之處，因為每個人的人生免不了會遭遇一些痛苦。這些問題也跟上帝在選擇創造世界時所面臨的問題有共同之處（如果真的有上帝）。模擬是一種創造的行為（而非單純的想像），我希望任何有能力模擬世界的先進社會，都能體認到這一點。

不管怎樣，**我們的現實並沒有受到模擬論證的威脅，我們大部分的信念也未受到威脅。模擬論證不是一個懷疑論假說，而是一個形而上學的假說，它只是描述了我們的世界可能運作的一種方式，它並沒有說我們永遠無從得知我們的世界是如何運作的。**

孩子們喜歡假裝——假設世界不是它看起來的那樣，我猜這就是他們喜歡懷疑論證及模擬論證的原因。有陣子，夢境懷疑論是雷克斯最喜歡的哲學概念，結果它也成了我的最愛。事實上，我身為人父最難忘的一刻就是由笛卡爾提供的。

雷克斯在七歲的時候，為我親手做了一張生日賀卡，並在上面寫著：「**我愛你故我在。**」所以我在此提議，用「我愛你故我在」來取代「我思故我在」，兩者皆可套用於任何一種心境，請大家勇於找出潛藏在內心的愛意吧。

不過各位也不必對我們的父子情太過感動，我向大家保證，他更愛他老媽。

我是在某天接他下課回家時發現這一點的。當時雷克斯就讀小二，我們正在談論夢境懷疑論，並順便玩了一個遊戲，雷克斯要想出一個方法來證明他不是在做夢，而我要反駁它。

雷克斯說：「如果我們正在做同樣的夢，那不是很奇怪嗎？必須做同一個夢才能交談吧。」

「對啊，是很奇怪，但如果我不是真的，我只是你夢裡的一個角色呢？」

這句話令他小小的心靈大吃一驚，他花了一些時間反覆思考，並加以延伸。

他說：「所以我的朋友也可能只是夢裡的角色？」

「沒錯，就是這樣。」

就在我們要從轉角處走進我家的車道時，茱莉也正好帶著漢克回到家。

雷克斯指著前方問：「那媽媽呢？」

「她也可能只是你夢裡的一個角色。」

雷克斯的臉色為之一沉。

他輕輕地說：「那我就不想醒來了。」

第 9 章

真理

有所謂的正確答案嗎？

漢克說：「我今天在學校學到一種新的動物耶。」

「哪一種？」

「它叫 du-o-brak-ee-um-spark-say。」才小二的漢克還不太會念這個很長的單字。

「好酷哦，你知道我念小一的時候，我們班上就有一隻 *Duobrachium sparksae*（二臂櫛水母屬）嗎？」

漢克立刻反駁：「才不可能咧，科學家剛剛發現牠們的，一直到二〇一五年之前，都沒有人看過。」

「他們應該到多塞克老師的班上找找，因為他們班上就有個孩子叫做 *Duobrachium sparksae*，我們都叫牠 Sparky。」

漢克說：「你騙人。」

雷克斯在一旁幫腔：「爸爸說的是真的，爸爸讀的小學裡有很多動物，他念幼稚園時就坐在一隻企鵝旁邊，而他最要好的朋友是一隻猴子。」

我們以前就玩過這遊戲，我很高興長大的雷克斯成了我的好幫手。

漢克問：「那牠有多大？」

我說：「像小一生那麼大。」

漢克說：「牠們才沒那麼大呢，牠們真的很小。」

我說：「我知道*，我只是想幫 Sparky 守住祕密，牠們其實是三隻二臂櫛水母屬像疊羅漢似地疊在一起，然後站在風衣裡面，牠們會輪流站在最上面。」

漢克一臉不屑地告訴我：「牠們生活在水裡啦，牠們很像小水母。」幹麼不一開始就告訴我這個重要的資訊呢？

我繼續說：「沒錯，你可以聽到風衣裡不時傳出騷動的聲音，有一次 Sparky 曾讓我看裡面的樣子，牠們每一隻都待在一個魚缸裡，一個疊著一個。」

漢克追問：「那牠們怎麼走路？」

「這我就不知道了，那件風衣真的很長，所以牠們其實是在地上拖著走。」

雷克斯說：「我打賭是最下面那一隻用了牠的觸手。」

我說：「說不定 Sparky 有一輛滑板車。」雷克斯點頭表示附和，我說：「如果我在同學會上見到牠，我會當面問個清楚。」

漢克有點生氣地說：「牠們根本沒有臉。」

我說：「嗯，在海裡是沒有臉啦，但 Sparky 用麥克筆幫自己畫了一張臉。」

* 其實我不知道。

漢克掄起拳頭用力敲了敲桌子，「**說謊！**」他氣得大喊，「**別再跟我胡說八道了！**」

假裝和說謊有什麼不同？

我很難過我把漢克給逼瘋了，但我並不後悔跟他鬧著玩，這段對話很有趣，而且它給了漢克一個辯贏我的機會，他沒有把他學到的東西照本宣科地說出來，而是用它來證明我錯了。

不過這段對話令他有點沮喪，他認為我撒了謊，他是對的嗎？我並不這麼認為，不過我確實說了一些不真實的話——而且我知道。

我一直在假裝，而漢克知道我在假裝，所以我並不認為我是在撒謊，但是假裝與撒謊的界線比你想像的更難劃分。

幾天後我問雷克斯：「撒謊跟假裝有什麼區別？」

雷克斯說：「當你撒謊時，你說了些不真實的事情。」

「你在假裝的時候，不也說了一些不真實的事情嗎？」

「是沒錯啦，但是當你撒謊時，你是想要欺騙別人。」

「你難道不是為了騙人而假裝，比如在考完數學之後？」雷克斯在告訴我們他的數學考試成績之前，會刻意擺出悲傷的表情，這樣我們就知道他沒考好。

「對喲。」雷克斯慢慢地說，他剛剛才意識到這個問題沒那麼簡單。其實從某種意義上來說，所有的謊言都是在假裝，你撒謊時表現得好像某件事是真的，但其實不然，所以這裡面牽涉到假裝。不過雷克斯錯了，撒謊時說的未必一定是假話。

幾天後，他自己想通了這一點，在睡覺前他說：「我一直在想撒謊跟那個叫葛梯爾的傢伙，所以我想跟你說件事。」

「說吧。」

「嗯，有次週一晚上，你問我有沒有把垃圾拿出去倒，我覺得我沒去倒垃圾，但我不想惹麻煩，所以就跟你說我倒了。但其實我確實有去倒垃圾，我只是忘了這回事，我是在撒謊嗎？」

「你覺得呢？」

「雖然我說了真話，但那是個意外，我本來以為我說了假話，所以我認為我撒謊了。」

「我也這麼認為，」然後我突然意識到現在是週一晚上，「雷克斯，你倒垃圾了嗎？」

他笑著回答：「也許倒了。」（他確實倒了。）

我覺得雷克斯能把撒謊和葛梯爾問題聯想在一起實在太酷了，因為從表面上看，根本看不出兩者有什麼關聯。葛梯爾問題的重點在於你知道什麼，而非你說了什麼，但兩者其實是有關聯的。在葛梯爾的案例中，你相信某件事是真的，但你其實只是運氣好矇對了，因為你擁有的證據並不足以辨明它的真偽。*而雷克斯說了真的事，但那也只是他運氣好矇對了，因為他以為自己說了假話。（葛梯爾之所以能獲得這麼多的關注，原因之一是他的整體策略——拜好運之賜，事情成功了——在整個哲學界成果豐碩。）

但更令人印象深刻的是，雷克斯說得沒錯，**謊言雖然也可能是真的，但每個謊言中都有一些虛假的成分——那是你展示自己的方式，當你撒謊時，你是對自己根本不信的事情謊稱相信。**[1]

你會這麼做通常是為了欺騙你的聽眾，但其實並非所有的謊言都是為了騙人，我是從我的朋友席恩娜．西佛林（Seana Shiffrin）那裡學到這一點的，她也是一位法律哲學家。幾年前她教我打直瓶制保齡球（candlepin bowling），它比普通的保齡球好玩多了，令我大開眼界。西佛林還說要帶我去打短瓶制保齡球（duckpin bowling），但我才不相信有那種東西咧。總之，保齡球只是西佛林的副業，她專攻承諾、合約、言語自由，以及……撒謊。

大多數人是為了欺騙而說謊，但也可能為了其他原因，而不願如實表達他們的心理狀態。西佛林想像有個證人出庭作證，雖然他明知大家都知道他說的故事是假的，但他還是做了偽證。他根本不可能騙倒任何人，甚至也無意這樣做的，那他為什麼要撒謊呢？[2]也許他想避開真相，因為說出真相有可能會牽連到其他人，或是激怒暴民，所以他說了一堆鬼話，儘管他知道沒有人會相信。

當你把雷克斯倒垃圾的事與西佛林的審判放在一起檢視時，你會發現雷克斯第一次對於什麼是謊言所做的兩點說明——虛假的陳述、為了欺騙——都是錯的。西佛林的理論則比較周全，西佛林認為，**當某人在別人合理預期他會說真話的情況下，卻說出他自己不相信的事情時，他就是在撒謊**。[3] 這一點超級重要，我們不一定總是預期別人會說真話，例如在即興的喜劇表演中，我知道演員會說出他們並不相信的事情，否則即興的喜劇表演就沒啥意義了。[4] 同理，當我閱讀一本小說時，我也不會預期作者只描述他認為是真實的事情。

西佛林把這種不指望別人說真話的情況稱為「暫停語境」（suspended contexts）。[5] 不過我們需要謹慎對待「不指望別人說真話」這個觀點，如果你經常對我撒謊，我就不會指望你告訴我真相。[6] 但這並非西佛林關心的重點，她感興趣的是有充分理由接受不誠實的情況，她把這種情況稱之為「合理的暫停語境」（justified suspended contexts）。[7] **在這種情況下，你不欠任何人真相，所以你說的假話並不算是謊言**。[8]

* 我們在這裡快速複習一下，這樣各位就不用再翻回前面參考。在葛梯爾的案例中，你有個受證成的真信念，但是因為某些事情凸槌了，你的信念不能算作知識。我們舉的例子是這樣的，你以為你家裡有一本《廚藝之樂》，因為你擁有那本書很多年了，而且也用過很多次，你完全不知道你的另一半把那本書借人了。但事情就這麼湊巧，有個朋友送一本新的《廚藝之樂》當作你的生日禮物，就放在你家客廳裡，等著你拆開。你的信念被確證是真實的，但你並不知道你的房子裡有一本《廚藝之樂》，你只是很幸運矇對了。

事實上，我們經常處於合理的暫停語境中，譬如當你遇到認識的人時，你會跟對方說一堆寒暄：「真高興見到你，一切都很好，我喜歡你的髮型。」西佛林說，這些都是社會語境所要求的場面話，[9] 因為我們需要跟對方打招呼，並肯定我們之間的關係。西佛林指出，一個「合格的聽眾」，[10] 要明白這些「只是場面話，千萬別當真」，所以不真誠也沒關係。因此如果你嘴巴上說一切都很好，但實際上你的狀況很糟糕，西佛林也不認為你是在撒謊。

有些人覺得合理的暫停語境聽起來很怪，他們會說這是「善意的謊言」（white lie），但我推測他們應該也同意，說這些話是可以的。（因為關於你的生活情況，你並不欠任何人一個說明，即使他們問你怎麼樣。）所以我們沒必要在這裡為了名稱而糾結，**我們可以用不同的方式來使用謊言一詞，道德才是重點，在合理的暫停語境中，說你不相信的事情是可以的。**

現在回到我們的問題：撒謊和假裝之間有什麼區別？先前我們曾說過，在某種意義上來說，說謊就是在假裝，但是假裝大多發生在合理的暫停語境下，例如你在陪孩子玩的時候，會假裝自己是個超級英雄或魔法師，你暫停你對真誠的期望，這樣你就能享受到悠遊於想像世界所帶來的樂趣，這就是為什麼我要告訴漢克，在我小一的班上有隻二臂櫛水母屬，因為我想和他一起悠遊於想像的世界中。

我兒子一向很愛聽我講那些荒誕不經的故事，而且他們也會講自己編的故事，但現在他們漸漸地把想像世界拋在腦後，這是他們長大後最令我難受的部分。

謊言削弱了我們互相理解的能力

我在三歲的時候就知道人不應該撒謊，我哥馬克當時七歲，有天爸媽認為我們太吵了，所以把我們趕到屋外。但馬克哪會這麼輕易就放過他們，他叫我站在前門，儘量製造噪音。這聽起來很有趣，所以我大聲尖叫，大聲唱歌，並用力敲門，我媽只好打開門，讓我們回到屋裡。

我看到她一臉不高興就說：「是馬克要我尖叫的。」

我哥責怪我，然後我明白了他為什麼不跟著我一起瞎鬧。

我記不太清楚接下來發生的事情，總之我們在不同的房間接受爸媽的審問，我哥一直堅稱他沒要我製造噪音，但不知道為什麼他突然情緒崩潰了，並承認是他下的命令。

我已經忘了我們的懲罰是什麼，但我記得他受到的懲罰比我的更嚴厲，而且我清楚記得原因：**他撒謊了**，我不確定這有什麼關係，但是看到他被懲罰得更慘，我就在心裡牢牢記住——千萬不要撒謊。

但為什麼不呢？大人從未好好解釋過此事，哲學家們也不太清楚這個問題的答案，至少我家的哲學家沒有答案。

某天晚餐時我問漢克：「撒謊有什麼不好？」

「你沒有說實話。」

「對啦，但這有什麼錯呢？」

「你撒謊了。」漢克說。

我倆的對話簡直像在鬼打牆。

「但這有什麼錯？」

「你想讓別人相信一些不真實的事情。」

這就是進步，漢克的看法跟許多哲學家不謀而合，許多人認為說謊是錯的，因為它是在騙人。

但且慢，這有什麼錯？標準的故事是這樣的：當你騙別人的時候，你就是在操縱對方的心理狀態，以達到你想要的目的。你這麼做，便干擾了他們在這個世界上體現自己意願的能力，[11]這種想法呼應了我們之前提過的康德思想——我們應該把人當人看，而非把人當成我們可以利用的物件。

就目前而言，這個故事還不錯，但它未能涵蓋每一種情況，正如西佛林告訴我們的，**並非所有的謊言都具有欺騙性**。她舉例的那個做偽證的證人，並非故意誤導大家，但這並不能讓他脫身，無論你的意圖是什麼，在法庭上撒謊都是錯誤的。但這並非「謊言是錯的，因為它具有欺騙性」這個觀點的唯一問題，大多數人認為撒謊比單純誤導別人更糟糕，事實上，人們在騙人時，通常也會避免說謊。

哲學家們很喜歡講述亞歷山大的聖亞他那修（Athanasius of Alexandria）的故事。[12]他在路上遇到一群想要害他或甚至想殺死他的人，但他們並不知道他就是亞他那修，所以他們問：「亞他那修在哪裡？」他回答：「他就在不遠處。」然後他們就去找他了。我們應該認為亞他那修是聰明的，他沒有撒謊就成功誤導了一群想要攻擊他的人！對那些想要殺你的人撒謊有什麼不好呢？幹麼不跟對方說亞他那修離這裡還有好幾天的路程，或者乾脆說他已經死了？

語言哲學家珍妮佛．索爾（Jennifer Saul）就說：「儘管去撒謊吧。」她還用這句話當作其論文的標題，[13] 在該篇論文中，她論證了說謊並不比單純的誤導更糟糕，請看她舉的一個例子——戴夫和夏拉打算第一次發生性關係，戴夫問夏拉她是否有愛滋病，夏拉其實是人類免疫缺乏病毒陽性（HIV），而且她知道這一點，但她也知道自己還未染上愛滋病，她不想把戴夫嚇跑，所以她回答：「我沒有愛滋病。」戴夫得到保證後便同意進行無保護的性行為。[14]

夏拉並沒有撒謊，她如實回答了戴夫的提問，但她也確實以一種相當可怕的方式欺騙了戴夫。當然啦，戴夫提問的措詞應該更嚴謹才對；HIV和愛滋病是有差別的，夏拉很清楚戴夫想問什麼，而她也給了一個保證會誤導對方的回答，索爾指出：「認為夏拉欺騙戴夫的行為再怎樣都比撒謊好一點，也太荒謬了吧。」[15]

在索爾看來，說謊之所以是錯的，是因為它是騙人的，而且在大多數情況下，欺騙的方式並不重要。索爾認為，如果你要騙人，不如就撒謊吧，[16] 如果你的欺騙是錯誤的，也不會因為你撒了謊而罪加一等。況且如果你的欺騙是合理的——你有充分的理由要這麼做——那你根本沒有做錯什麼，這就是她對亞他那修的評價，他沒有撒謊，但就算他撒謊也是可以的。

我同意最後這一點，我並不認為亞他那修必須對想要攻擊他的人說真話，但我也不認為說謊與其他形式的欺騙有什麼區別，可以肯定的是，旨在欺騙的謊言是錯誤的，因為騙人是錯誤的。但就像西佛林所解釋的，還有另一個原因使得說謊是錯誤的。

要明白個中緣由，我們必須回顧前言中提到的顛倒色覺那段內容，我們擔心自己無從得知他人的思想，因為我們跟其他人的心理狀態沒有直接的聯繫。但有的時候我們需要知道對方是怎麼想的，如果我們沒辦法知道其他人在想什麼，我們就很難生活在一起，更別提一起工作了。西佛林指出，言語是我們克服彼此思想不透明的最佳工具，它能幫助我們更深入地理解彼此的想法。

有了這樣的理解，我們就可以相互關心、相互學習，並一起追求共同合作的專案和計畫。沒有言語，我們的生活將變得貧乏，所以我們有理由互相尊重彼此的言語，並善加維護言語讓我們相互理解的能力。

西佛林指出，**謊言之所以是錯的，是因為它歪曲了說謊者的心理狀態，從而削弱了言語幫助我們相互理解的能力，並使彼此未來的交流蒙上一層陰影**。西佛林指出，如果說謊變得司空見慣，那我們就會失去「獲得一系列重要真相的可靠途徑」。[17]

除此之外，謊言之所以是錯的，可能的原因包括：**謊言不尊重人、謊言會降低信任，以及謊言是騙人的**；而且它們任何一個的嚴重程度，都高過西佛林所提出的理由。夏拉的欺騙行為令戴夫陷入險境，這樣就已經夠糟了，說謊並不會讓情況變得更糟。不過在許多情況下，誤導算是一種比較溫和的錯誤（眾所周知我兒子會掩飾他們玩《當個創世神》的時數）。而且在這些情況下，用誤導來取代睜眼說瞎話是有道理的，這樣雙方才有可能坦誠交流。

在什麼情況下可以說謊？

「嘿，小夥子，我有個問題要問你們，有人想殺死你的朋友，於是你把他藏在閣樓裡。」

漢克問：「他叫什麼名字？」

「傑克，」我說，「然後那個想殺他的人出現了，並且問你他在哪裡。」

漢克問：「這個人叫什麼名字？」

「這不重要啦。」

雷克斯說：「那我們就叫他鮑伯吧。」

「好吧，鮑伯想知道傑克在哪裡，你會怎麼告訴他？」

雷克斯說：「他不在這裡！」

「所以你打算撒謊？」

「這不是撒謊。」

「但他就在閣樓上啊。」

「是沒錯啊，但是我說他不在這裡，我的意思就是指他不在我們現在站著的這個地方。」

看來我養了個亞他那修，呃，其實是兩個亞他那修。

「漢克，那你會怎麼說？」

「我會說我之前在街上看到他了。」

「那是真的嗎？」

「是的，他來的時候我在街上看到他了，在他上到閣樓之前。」

「你為什麼不撒謊？你可以說傑克離開我們鎮上了。」

雷克斯說：「我不認為有必要撒謊。」

「如果撒謊有幫助，那你可以撒謊嗎？」

雷克斯說：「嗯，我想我會，我又沒必要幫助鮑伯殺死傑克。」

但康德會斷然拒絕這個建議，至少人們是這樣解讀他這篇〈論以善意動機撒謊的假定權利〉（On a Supposed Right to Tell Lies from Benevolent Motives）論文。[18] 在這篇文章中，康德認為我剛剛提出的案例——一名殺手就站在你家門口，向你打聽他想殺的人在哪裡，而康德似乎主張你不能撒謊，即使是面對凶手你也不能撒謊。

這太莫名其妙了，沒有人會認同這種想法，就算是康德的鐵粉也無法苟同，搞不好康德本人也不是這樣想的。這個故事源於他與瑞士裔的法國政治理論家邦雅曼・康斯坦（Benjamin Constant）的一次爭論，研究康德學說的著名學者艾倫・伍德（Allen Wood）追溯了這段歷史，他認為兩人主要關注的是「在政治語境下說真話的責任」。[19] 事實上，伍德認為康德想像的並非是一名凶手出現在你家門口，而是一名警察登門要求你提供嫌疑犯的行蹤。[20] 伍德認為，康斯坦之所以不同意康德的觀點，部分原因是他在法國大革命期間的經歷，讓他對警察和罪犯之間的界限產生懷疑。[21]

伍德認為要讓康德的觀點成立，應透過這樣的故事：你是個宣誓要說真話的證人，在庭審中你被問了一個問題，「如果你照實回答，那麼你的朋友就會被定罪……但你知道你的朋友絕非殺人犯」。[22] 這是個很為難的可怕立場，但伍德說你必須說實話，除非「法律程序是非法的，或只是一場騙局」，[23] 否則你將成為那個「使庭審程序變成一場騙局」的人，[24] 因為你確保了法律程序是在謊言的基礎上進行的。

康德可能會同意上述觀點，但我不確定我同意，**我支持在極端情況下說謊是合理的觀點，不過這要取決於故事的細節**。我們暫且先把這個問題放在一邊，我們應該如何看待最初的那個案例，也就是那個吸引了如此多關注和嘲笑的案例？很明顯，你是可以撒謊的，而且西佛林給了我們解釋個中原因的工具：**你處在一個合理的暫停語境中，凶手無權要求你合作，因為他不懷好意，就像雷克斯說的，你沒必要幫助鮑伯殺死傑克。

相對主義：不同的人有不同的真相

門口的凶手得到了過度的關注，我們當中很少有人會與他對抗，況且康德和康斯坦關注的是「政客和政治家有說實話的責任」。[25]

雷克斯對這一點也頗感興趣。

他有幾次提到川普（Donald Trump）時都說：「我真不敢相信他竟然撒了這麼多謊。」他很喜歡看報紙上列出的川普說謊清單。[26]

當然啦，許多政客與真相的關係很脆弱，但川普最驚人的是他對真相充滿敵意，他上任第一天就對就職典禮的雨勢撒了謊，[27]並允許他的新聞祕書謊報觀禮人數的規模。從此以後謊言越積越多，他在任期結束時還無視所有的證據，謊稱該次總統大選的結果被竊取，[28]為他的支持者衝入國會大廈滋事創造了條件。

雷克斯有天在晚餐時說：「川普是個糟糕的總統。」當時暴動剛發生不久。

漢克說：「對我們來說，他是個壞總統，但是對喜歡他的人來說，他是個好總統。」

雷克斯說：「不，他是個壞總統。」

漢克也很堅持：「對我們來說他是壞蛋，但是對那些喜歡他的人來說，他是好人。」

我問：「漢克，那你的意思是，喜歡川普的人認為他是好人——但他們錯了？」

「不，他們認為他是好人，而我們認為他是壞蛋，這中間沒有任何東西能說明誰才是對的。」

「難道沒有人是對的嗎？川普要麼是個好總統，要麼不是。」

漢克說：「不，對我們來說我們是對的，對他們來說他們也是對的。」

這就是相對主義（relativism）——**不同的人有不同的真相**，在我家聽到這句話，令我相當震驚，我不是這樣看待世界的，我也不是這樣教孩子的。

我很納悶，漢克對相對主義的理解有多深？許多人懷疑道德議題或評價性判斷（evaluative judgement）——例如川普究竟是不是個好總統——是否存在單一真理。那真的是漢克的觀點嗎？還是他深信相對主義？

我說：「漢克，假設我們走到外面，我說下雨了，而你說沒有，我們中有一個人是對的吧？」

他說：「我對我來說是對的，而你對你來說是對的。」

我說：「但那要麼是天上落下來的雨水，要麼不是，有沒有下雨並不是我們說了算。」

漢克說：「它們是為你而落下的，但不是為我而落下的。」

起初我不確定漢克有多認真，因為他很喜歡惡作劇，我一直不確定漢克是否認得英文的二十六個字母，因為每次我叫他唱字母歌，他都會把一些字母的順序弄錯。我以為他是在跟我鬧著玩，因為我以前也那樣鬧過雷克斯，但現在看到他這麼堅持，如此抗拒糾正，不禁令我懷疑要他搞清楚字母的順序究竟重不重要。

等他上了幼稚園後，我才確定他是在耍我——而且從他三歲起就一直如此，他在老師面前就能清楚掌握字母表，還有很多我們根本不知道他懂的東西。

因此我對這傢伙的行徑感到懷疑，並一直在觀察他是否露出不懷好意的竊笑，我心想：這小子有可能是在耍我，他八歲時就已經知道哪些想法會惹火我。但是經過這一晚的討論，我發現漢克是真的那樣認為，他在深思熟慮後決定，我們各自得到自己的真理。

為什麼？他思考的關鍵是他對雷克斯所說的話：「他們認為他是好人，而我們認為他是壞蛋，這中間沒有任何東西能說明誰才是對的。」

當漢克說到最後一句話時，他還把他的手放到鼻子的位置上下比畫，以說明這中間沒有任何東西，但他真正的意思是說，這中間沒有中立的仲裁者來解決爭端。

回顧權利那一章，我曾告訴各位，漢克很喜歡聽我講授法律案例，他每次都會問：「那法官是怎麼判的？」他想知道正確的答案，他認為法官解決了問題，如果沒有法官，那麼不同的人就會有不同的答案。

我的許多學生都受過類似論調的誘惑，特別是（但不僅限於）那些熱愛體育競賽的學生。在他們的一生中，不斷接受裁判的判決，界內或出界、壞球或好球、接住或漏接，如果裁判判球進了，那就是進了，裁判的判決是最終決定，選手無法向任何人提出上訴，看來裁判確實有一言定江山的權力。

但沒有裁判會隨便亂判，如果真有疑義，只要看即時重播就能知道實際情況。在網球比賽中，一個球有沒有出界，要看球的落點與球場邊線的相對位置，而非聽憑裁判的認定。理想情況下，裁判會追蹤真相，而非決定真相。[29]

順便提醒大家一下，沒有裁判也可以比賽，例如我們跟別人打網球時，可以自行判定球是否出了界，很多時候雙方的看法是一致的，有時則未必。我們會有各自的觀點，私利會左右我們看問題的方式，這就是為什麼我們要設立裁判的原因之一。裁判是額外增設的人手，他們有可能判對也可能判錯，但真相是獨立存在的。

可能有人會對此感到困惑，因為大家都認為不是裁判說了算嗎？譬如一場足球比賽中，裁判說某個球員越位了，無論他是否真的越位了，我們都會認為他好像越位了。**裁判固然有權力決定我們會把什麼信以為真，但是在裁判做出判決之前，事實就已經存在了，沒有裁判的比賽就是這樣進行的。少了一個中立的仲裁者，絕對不代表沒有真相。**

意見分歧不代表沒有真理

然而，還是有許多人對客觀真理（objective truth）感到懷疑，例如某些圈子就很流行「真理是社會建構的」說法，但我們已經在種族那一章學到，我們的概念是由社會所建構的事實，並不意味著他們所挑選的客體（objects）也是社會建構的。我們可以決定什麼是行星，但是我們一旦決定了，冥王星要麼是行星、要麼不是，如果我們對事實判斷有誤，我們就有可能會搞錯。

除了漢克，幾乎沒有人會對下雨採取相對論，因為我們大多數人都能接受物理世界存在著絕對的真理，如果漢克在傾盆大雨中堅持說沒有下雨，我不會認為他有自己的真理，我會認為他瘋了，或是故意唱反調跟我搗亂。

但是講到評價性判斷，漢克就會有較多的支持者；川普是個好總統嗎？墮胎是錯的嗎？貝多芬比巴哈更厲害？有些人會說這些事情的看法因人而異，沒有正確的答案。

說這種話的人並沒有完全拒絕真理，他們拒絕的是客觀真理——這些真理適用於我們所有人，無論我們是誰。為了拯救真理，他們將真理「相對化」。他們說墮胎是對是錯，沒有唯一的答案，但有相對於不同世界觀的答案；對於崇尚生育自由的女性主義者來說，墮胎是被允許的，但是對遵循教會教義的天主教徒來說，墮胎就是不行。哪一個世界觀才是正確的？他們說這不是一個可以問的問題，女性主義者有她的真理；天主教徒也有他的真理。

如此看待世界的方式是黑暗的，我們所有人被分到了不同的陣營，在這個世界裡，我們可以發生衝突，但不能交流。在這幅畫中，女性主義者和天主教徒「各唱各的調」；她以她的世界觀提出她的主張，他則以他的世界觀提出他的主張，他們的主張在各自的道德框架內都是對的。根據漢克這種相對主義論者的說法，中間沒有任何東西可以讓一個框架優於另一個框架，所以爭論這個問題沒有什麼意義，任何試圖說服對方的行為，都不能真正訴諸於理性，因為理由也是相對於其世界觀的。（女性主義者會被打動的理由跟天主教徒的考量是不一樣的，而且在這中間沒有什麼東西能判定誰才是對的。）

相對主義的思維方式在哲學圈外比較受歡迎，事實上，**大多數哲學家認為徹底的相對主義（對任何事情皆採相對主義觀點）是無法一以貫之的**。[30] 聲稱這世上沒有客觀的真理是什麼樣的說法？這是一個能夠適用於我們所有人的客觀主張嗎？如果是的話，它豈非自打嘴巴；還是說，它是一個相對於主張者的觀點而言為真的主觀主張？如果是的話，它與世上有客觀真理的觀點並不會互相矛盾，它只是讓我們看到了強推此一主張者的心理。

較為中庸的相對主義不會用這種方式自食其果，你可以合理解釋道德相對主義，聲稱這世上不存在客觀的道德真相並不會自打嘴巴，問題在於此說法是否為真。

標準的論證始於合理的觀察，我們的道德觀會有分歧，有時候分歧很大，這裡的情況就是這樣。但若放眼遙遠的地方或年代，這種情況會更加鮮明。此外，**人們的道德觀，在很大程度上，**

是由他們成長的文化和社區塑造而成的；如果我們出生在不同的時空環境，我們對許多道德問題的看法也會不同。事實上，我們深信不疑的一些道德信念在早年並不常見，奴隸制在過去許多時期都曾被廣泛接受，但現在我們認為它是令人憎惡的。

此外，許多道德觀的歧見似乎難以解決，想想看，我們對於墮胎問題，以及它是否應該合法化已經爭論了幾十年（其實是好幾百年），但雙方迄今仍無法達成共識。

相對論者為我們提供了一個解釋，大致就像漢克說的那樣：中間沒有任何東西能決定誰才是對的，我們各自有自己的思想架構，誰都不比誰差。但請留意這是有代價的，這意味著奴隸制的對錯，取決於我們當時抱持的道德觀，種族滅絕也是如此，我們可以對一個納粹說：「我們認為你不應該殺害猶太人。」但如果他不接受我們的世界觀，我們無法給他一個不該那麼做的理由，因為我們不得不承認，他有他自己的真理，就跟我們一樣，起初的合理現在看來是荒謬的。

所以，說不定我們從一開始的觀察中得出了錯誤的結論，朗諾·德沃金就是這麼想的，他常說歧見並不意味著不確定，而是暗示著相反的情況。[31] **如果我們為了墮胎的對錯爭論不休，這幾乎可以肯定是因為我們認為此事有一個正確的答案——而且這個答案很重要。我們或許無法達成共識，但意見一致並不能確立真理，意見分歧也不代表沒有真理。**

的確，如果我們出生在一個不同的時代或地域，我們的想法可能會有所不同。而且不光是道德觀會不同，我們的科學觀也會不同，在古早年代，我們確信太陽繞著地球轉，但現在我們知道是地球繞著太陽轉。我們曾經有過不同想法的這個事實，並不會讓人對此判斷產生懷疑，我們可以解釋錯在哪裡，以及為什麼我們現在所持的觀點更有說服力，我認為奴隸制議題也是如此。

我們的道德觀之偶然性（contingency）*，並不會使其真實性受到質疑，相反地，**它指出我們應該對它們抱持謙遜的態度，我們應該省思自己是否錯了，且應該與抱持不同想法的人對話；我們還應秉持開放的態度，根據我們學到的知識來修正我們的觀點，我們不該放棄真理或是放棄追尋真理**。

不過我們究竟在尋找什麼？道德真理是如何形成的？這是最棘手的哲學問題之一，正如德沃金所觀察到的那樣，沒有人認為「宇宙的無數能量或物質粒子中，有一些特殊的粒子——傻子（morons）——其能量和動能建立的場（fields）……構成了特定人類行為或制度的道德或不道德、善或惡。」[32] 但如果道德不是傻子構成的，會是由什麼構成的呢？我無法在這裡公正地討論這個問題，但我可以跟各位分享我對這個問題的思考方式，它其實跟德沃金的想法很像。

我認為道德真理就在我們為支持道德主張而提出的理由上，正如德沃金所說，如果你問一個人為什麼她認為墮胎是錯的，她不會說墮胎的錯已被編織到宇宙的結構中，[33] 而會提出一些理

* 譯者注：客觀事物發展過程中，所存在的一種有可能出現、也可能不會出現的趨向。

由，像是上帝不允許這樣做，或說這是對人類生命固有尊嚴的不尊重，或說扼殺無辜的生命是不對的。只要她提出了她的理由，我們就可以認真思考：她提出的這些理由充分嗎？她有沒有忽略了什麼？她有認真思考過這個問題嗎？如果我們能跟她一起思考這個問題，會是最理想的。

現在想像一下，當我們正在討論這個問題時，有個懷疑論者插嘴了：「你們根本是在浪費脣舌，那些理由都不是真的。」我們就問他為什麼這麼想，然後他就會跟我們講他的……理由；我們就可以認真思考：這些理由充分嗎？他有沒有忽略了什麼？他有認真思考過這個問題嗎？

理由是無法逃避的，正如德沃金曾經說過的：「對於任何主張，包括最複雜的懷疑論證或論點，我們能做的最好事情，莫過於在經過我們認為合適的最佳思考之後，看看我們是否認為它是這樣的。」[34] 如果我們認為這主張正確無誤，我們最好相信它，除非我們有理由不這麼認為。

以開放的心態，接收各種來源的資訊

漢克的相對主義沒能持續很久，我在睡覺時改變了他的想法。

某些晚上我們不讀書，而是進行他所謂的男人與男人間的閒聊，這些對話大多很可笑，但我們偶爾也會聊些正經的話題。那天晚上我們繼續討論相對主義，我試圖跟漢克爭論，但收效甚微。

其實我還有個祕密武器，不過我整晚都忍著不用。

等我關了燈，唱完哄他睡覺的搖籃曲，準備離開他的房間時，我說：「晚安，漢克，你是我認識的六歲小孩中最可愛的一個。」

「我不是六歲，我八歲了。」

「哦？是嗎？對你來說也許你是八歲，但是對我來說你只有六歲。」

他激動地說：「我八歲了。」

「對我來說你只有六歲。」

他氣呼呼地說：「我八歲了，**有些事情就是真的**。」

我對此表示贊同，但為什麼我們很難對真理達成共識呢？曾經擔任《洛杉磯時報》（*L.A. Times*）美食作家的阮替（C. Thi Nguyen）對此頗有研究（插個話，我其實也很想當個美食作家，昭告全球的美食編輯：雷克斯和我很樂於為墨西哥夾餅餐車寫食評，漢克則獨鍾壽司這一味）。不過阮替後來轉往哲學領域，主攻信任、賽局，以及社群的運作方式。

阮替對於認識論泡沫（epistemic bubble）和回聲室效應（echo chambers）的區別做了深入的研究；他指出認識論泡沫是「對相關的聲音聽而不聞，並將之排除在外的資訊網路」。[35] 而我們日益生活在這樣的泡沫中，我們按照地域把自己分類，所以周遭都是想法差不多的人；我們的社群媒體訊息充斥著觀點相同的朋友，而且演算法會根據我們的喜好，量身打造我們的資訊網路。**認識論泡沫是不好的，它們會屏蔽掉與我們觀點相悖的資訊，令我們過於自信；認識論泡沫會讓我們相信，每個人的想法都跟我們一樣，即使實際情況相去甚遠，認識論泡沫甚至會對我們隱瞞整個問題。**不過阮替倒是不怎麼擔心，他說認識論泡沫「很容易戳破」，你只需讓人們「接觸到他們錯過的資訊和論點」即可。[36]

阮替則對回聲室效應憂心忡忡，雖然兩者的定義聽起來很相似，但有個重要的區別，回聲室是「在此社會結構中，其他的相關聲音被積極地抹煞了」，[37] 回聲室問題的重點不在於資訊被忽視，而是**可靠的資訊來源被暗中破壞**。

阮替指出已故的知名媒體人拉什·林博（Rush Limbaugh），曾大力打造一座回聲室。林博主持一個極受歡迎的廣播節目長達三十多年，他利用這個節目來推動他的保守主義觀點。他的聽眾有機會接觸到外部資訊，許多人也會從其他形式的媒體接收資訊，所以他們並未處於認識論泡沫中。但林博教導他的聽眾不要相信任何與他意見相左的人，並肆意指稱他的對手會對付他本人及他的聽眾，他還抹黑對手並質疑其誠信。[38] 儘管林博已經過世，但他幫忙創建的右翼回聲室還在，事實上，在有線電視和社群媒體的推波助瀾下，其影響力急劇擴大。林博和其同路人播下的不信任種子，為暴民闖入國會大廈埋下了伏筆；只要是來自右翼的任何謊言，就有一大票人照單全收。

左派也有回聲室（但影響力完全無法相提並論），作家羅賓・狄安吉羅（Robin DiAngelo）在她所寫的《好的種族主義：進步的白人如何使種族傷害永久化》（*Nice Racism: How Progressive White People Perpetuate Racial Harm*）一書中提出一份清單，列舉了種族主義者的行為和態度，[39]清單上有些例子很明顯，例如白人為模仿黑人故意把臉塗黑，或是故意怪腔怪調地念別人的名字；有些歧視行為則沒有那麼明顯，例如有人懷疑把神經多樣性（neurodiversity）納入你們組織的「多元共融」，可能是種族歧視的行為。（這畢竟不是一個零和遊戲，你可以杜絕種族主義，也可以打造適合各種背景的人一起工作的職場。）[40]但狄安吉羅卻不想聽到別人對她的清單提出質疑，事實上，她說質疑其清單就是種族主義者。她清單上的最後一項是「不明白為什麼清單上的東西會有問題」。[41]狄安吉羅這樣說，是為了讓她的觀點不受批評，並且不分青紅皂白地詆毀任何與她不同的意見，[42]這正是啟動回聲室效應的好方法。

如果社會上的回聲室變少，我們的政治肯定會變得更好。但阮替亦指出，回聲室未必都是政治性的，反對接種疫苗團體也是一個回聲室，它教導人們在沒有陰謀的地方看到陰謀，破壞了人們對醫生和科學家的信任。[43]除此之外還有跟運動、飲食法及多層次直銷有關的回聲室，識別這種回聲室並不難，阮替說你只要問一個簡單的問題：「**這個社群的信仰體系，是否會積極削弱不認同其中心教條的外來者之可信度？**會的話，那它就可能是個回聲室。」[44]

回聲室效應比認識論泡沫更難戳破，你無法讓回聲室裡的人接觸到外部資訊，因為他們會用

回聲室提供的視角來看待這些資訊。話雖如此，還是有出路的，阮替指出，人們必須像笛卡爾那樣，採取徹底的懷疑，他們必須中止在回聲室中獲得的信念，並重新建立自己的信念。

不過阮替指出，笛卡爾的方法是行不通的，如果你堅持要取得確定性，那麼你不會有任何基礎可以建立自己的信念。阮替建議的做法是，**重新啟動你的認識論作業系統，並以開放的心態，一視同仁地相信自己的感官與信任他人，接收各種不同來源的資訊，而且不要自動假設任何資訊是不可信的**。[45] 最終你必須決定相信哪些資訊來源，如果你能以開放的心態面對這一切，你就更有可能相信值得信任的資訊。

家庭應幫助孩子獲得良好資訊

阮替的理論影響了我的育兒方式，對幼童來說，家庭是認識論泡沫，孩子剛開始幾乎都是從爸媽那裡獲得所有的資訊，也許還包括兄弟姐妹。**確保孩子們獲得良好的資訊固然重要，但同樣重要的是，切莫教育孩子不要相信與你看法相左的資訊來源，以避免產生回聲室效應**。

請注意這裡需要達到一種平衡：我想讓我的孩子明白，並不是每個人都是值得信賴的，我還希望他們提防那些不值得信賴的人，我也想讓他們知道我信任哪些資訊來源，但最重要的是，**我**

希望他們有能力自己評估資訊來源。

我在第八章提過，我鼓勵雷克斯質疑提問者：此人是真的想要弄清楚事情的來龍去脈嗎？他們真的對證據感興趣嗎？如果他們得知自己的觀點是錯的，他們會認錯？還是會試圖遮掩？這些標準同樣適用於評估新聞來源。此外，我們還可以加上這些提問：**他們是訓練有素的記者嗎？他們有諮詢過專家嗎？他們會發表更正聲明嗎？他們是想激怒我？還是單純想告訴我這些資訊？**

雷克斯已經離開了我們家的認識論泡沫，獨自勇闖網路的資訊洪流，而漢克很快就會跟進。我衷心希望我們讓他們學會了保持開放的心態，也給了他們能進行批判性思考的工具，讓他們有能力選擇該相信誰，從而避開回聲室的影響。

家庭是認識論泡沫也非全無好處，它是維持童年時期的神奇信仰之關鍵，只要家長懂得控制資訊，聖誕老人聽起來就不會那麼難以置信。孩子們是在遇到那些知道真相、或心存懷疑的孩子之後，才開始起疑的。

我跟我太太對聖誕老人其實沒那麼著迷，但我們確實覺得有義務要維持對他的信念，因為我們不想讓我家的孩子毀了他朋友的聖誕節。不過這導致了許多有趣的對話，例如雷克斯曾提出要讓聖誕老人來我們家的計畫，可惜沒有成功；但牙仙確實來過，孩子們非常喜歡她，他們期待收到她寫的紙條，以及那枚一美元硬幣。有一次我跟雷克斯在回家的路上，試圖弄清楚牙仙是怎麼處理牙齒的，他猜說牙齒可能是在仙境中流通的一種貨幣形式，我則試著解釋一個由魔法生物組成的社會，應該會想要控制它的貨幣供應，所以牙齒的開採就像黃金的開採一樣，並非管理先進經濟的方法。

漢克在失去第一顆牙齒之前，就對牙仙產生懷疑了，因為有個朋友告訴他，世上並非真的有牙仙，其實是爸媽扮的（你看，認識論泡沫就是這麼容易戳破）。但我們不想讓漢克錯過這段童年回憶，所以我們撒謊了，事實上，我們打造了一個有點像回聲室的地方。

「漢克，我不知道你朋友為什麼這麼說，我想他可能搞錯了，牙仙曾經拜訪過雷克斯，她也拜訪過爸爸和媽媽。」

這段對話讓我們完整收集到半打牙齒，直到疑慮再次出現。回顧此事，我很想知道對孩子說這樣的謊話是可以的嗎？漢克問了一個直截了當的問題，但我們卻沒有告訴他真相。

也許我們處在一個暫停語境中，之前我曾說過，當你假裝時你就會處於這樣的語境中，但是在大多數情況下，孩子們其實知道你是在假裝。我們積極地對漢克隱瞞這個事實，我們一直在戲弄他，或許我們不該這麼做。西佛林認為，除非每個人都知道或有辦法知道真實性推定（presumption of truthfulness）被暫停了，否則你就不是處於一個合理的暫停語境中。[46]

不過這點我無法苟同，例如當你哄騙某人去參加一個驚喜派對時，你並不是在撒謊，你雖然說了一些不真實的話——說你們要去吃一頓安靜的晚餐，或是有緊急情況需要趕回家。但是為了給別人帶來驚喜或快樂，我們其實有一點迴旋的餘地，可以在適當範圍內，說些不真實的事情。而這正是我們試圖為漢克做的，我們希望他能享受到一點點幻想世界的樂趣，所以我不認為我們對他撒了謊，至少在道德意義上不算。

需要退出暫停語境的時機

為漢克編織幻想的世界是我最喜歡的消遣之一，有一次我告訴他，喬治亞大學的美式足球隊教練科比・斯瑪特（Kirby Smart）希望他在下一場比賽中上場。

漢克問：「打什麼位置？」

「當然是跑衛囉，他認為你能夠越過眾人的胯下。」

漢克說：「我還可以騎在別人的背上。」

「好主意，沒有人會看到你在那裡。」

「或者我可以站在四分衛的肩膀上投球。」

「在上面要小心哪，聽起來很危險耶。」

這種對話持續了一段時間，但我心想漢克已經六歲了，他肯定知道這不是真的，況且他看過這麼多場美式足球賽。

所以當他問我：「這只是假裝的，對吧？」我非常驚訝。

「你覺得呢？」

「**告訴我實話**。」

「漢克，你知道的嘛。」

「告訴我實話。」

於是我只好老實說了，而且這麼多年下來，幾乎每次我們鬧著玩的時候，我都得這麼做，因為某些時候漢克就會問我：「這只是假裝的，對吧？」要是我不馬上消除他的疑慮，他就會很沮喪，並懇求我告訴他他已經知道的事情。

幸虧西佛林幫我理解了漢克的心情，我們能夠在合理的暫停語境下接受不真誠的行為；但西佛林亦指出，**我們必須有退出這些語境的方法——解除暫停，並回到每個人都是真誠的假設**。[47]

例如你的朋友問你，你覺得她挑的那件衣服好看嗎？她可能想要聽聽你的真實意見，也可能只是想尋求你的認同，如果你夠了解她，你就會知道她想要什麼。如果她是想尋求你的認同，那你就處於合理的暫停語境，你可以說：「很好看呀！」即使你並不這麼認為。

但如果你的朋友接著說：「不，說真的，我想知道你的真實想法。」那麼你就該如實回答，因為她已經結束合理的暫停語境了。

西佛林指出，**撒謊是不好的，但是在向別人保證你說的是真話之後再撒謊，就更糟糕了**。[48]她以在戰爭中豎白旗為例，此舉表示投降或停火，以及邀請對方進行談判；濫用白旗是一種戰爭罪——假裝投降以達到突襲或破壞的目的。[49]為什麼？西佛林說：「即使我們吵得再凶，我們仍須保留一個出口，以便透過談判結束衝突。」[50]

雖然戰爭是一種截然不同的合理的暫停語境，但西佛林的比喻幫助我看清楚漢克的真正目的，他想知道他是有一條出路的。他喜歡假裝，但他需要知道我會在他要求的時候告訴他真相，他需要知道他的白旗是會起作用的。

某天晚上睡覺時，漢克說清楚了這一點，並且認可了我們對牙仙故事所做的選擇。茉莉正在給他蓋被子，而他聊起了他那天掉下來的牙齒。

突然間，他變得嚴肅起來，他問：「在我當爸爸之前，你能告訴我世上是否真的有牙仙嗎？」

茉莉說：「好的，在你當爸爸之前，我會告訴你的。」

漢克說：「那就好，如果有什麼我該做的事，我想知道，這樣我就不會搞砸了。」然後他就去睡覺了，沒有問牙仙是否是真的。

漢克想確認一件事：當他想知道真相時，他是可以得知的，不過他現在並不想知道。

第 10 章

心與意識

我們的感受是相同的嗎？

成為貝莉是什麼感覺？我們花了很多時間討論，可能有人還記得貝莉是我家的寶貝狗。

雷克斯很喜歡報導牠的生活，但不是用體育主播的方式講述：「貝莉選手正使出全力狂追松鼠薩米……牠能成功嗎……接近了接近了，比以往任何時候都更接近……噢不！就差了這麼百萬分之一秒，就讓薩米給逃掉了。」

雷克斯是從貝莉的角度訴說：「哇，前方有隻松鼠，我要去抓牠。快追！快！耶，又有一隻松鼠……開始追吧……算了，我還是休息一下吧。」

這段報導很有趣，因為我們可以肯定貝莉才沒有這樣的內心獨白，牠確實聽得懂一點人話，但也就那幾句。這段報導之所以有趣，是因為想像貝莉擁有跟人類一樣的想法和動機，但我們其實很肯定牠的內心生活跟人類是相當不同的，為什麼？因為狗打招呼的方式是聞對方的屁股，貝莉還曾吃過兔子的大便咧（並因此染上了寄生蟲），而且經常無緣無故對著氣球狂吠。

有時候我們可以知道貝莉在想什麼，例如我們知道牠餓了、想要小便或是想玩，我們還知道牠不喜歡洗澡，牠喜歡茱莉和孩子們，但不大喜歡我，這證明牠具有良好的判斷力。

但我們不知道當貝莉是什麼樣的感覺，即便只是對世界的感知，貝莉得到的經驗肯定跟我們很不一樣，因為牠是透過鼻子收集資訊的——牠的嗅覺比我們強太多了，科學家認為狗的鼻子比人的鼻子靈敏一萬到十萬倍，[1]按比例來看，狗腦中用於嗅覺的部分，比人腦中的類似部分大了四十倍左右。而且狗有一個我們沒有的器官，是專門用來探測費洛蒙（pheromones）。

擁有如此靈敏嗅覺的生活會是什麼樣？我只能瞎猜，要是我能潛入貝莉的大腦，並像牠那樣感知世界，我敢打賭我肯定會很驚訝，事情看起來怎麼這麼不一樣？即使如此，我仍不知道成為貝莉是什麼感覺，我不僅需要擁有狗的感知力，我還需要具備狗的信念、狗的欲望等。

我曾經問過漢克：「成為貝莉會是什麼感覺？」

他說：「應該會很不一樣吧。」

「怎麼說？」

「牠有不同的規則。」

我倆有點雞同鴨講，但我好奇地追問：「你的意思是？」

「牠必須在外面撒尿，我不需要，而且我可以吃巧克力，牠不行。」

「你認為牠對世界的體驗跟我們不一樣嗎？」

漢克說：「嗯，牠沒辦法看到我們能看到的所有顏色。」

這倒是真的，狗看到的顏色主要是藍色、黃色和灰色。[2]

「你認為牠現在腦子裡在想什麼？」貝莉的嘴裡正咬著一個玩具，並且茫然地盯著我們。

漢克說：「這我就不知道了，你應該問問牠。」

我問了，牠朝我的方向轉過身來，但沒有任何反應。

貝莉是我們家的重要成員，不過大多數時候我們並不知道牠在想什麼。

當個嬰兒是什麼感覺？

其實我們也一直搞不懂兒子們在想什麼，不過現在他們會分享他們的想法，所以比較沒那麼神祕了。當他們還是嬰兒的時候，甚至比貝莉更難懂，因為貝莉至少會動來動去，所以你大概知道牠在想什麼，但嬰兒只是躺著、看著周遭的人來來去去。

我老媽對小孫子的神祕心思非常著迷，他們剛出生時，她老是問：「他的小腦袋瓜裡到底在想什麼呀？」

我說：「他想知道你什麼時候才會停止問這個問題。」

但其實我也有相同的疑問，我想每個跟嬰兒相處的人都是這樣，他們是如此專注地凝望著這個世界，但我們完全猜不透他們的心思。

呃，也不是完全猜不透啦，有些心理學家專門研究嬰兒的思維方式，但這並不是件容易的事，因為他們沒法告訴我們。於是心理學家模仿嬰兒觀察這世界的專注程度，來觀察他們的一舉一動；心理學家會追蹤嬰兒的視線，以及他們凝視目標的時間。當嬰兒再大一些，心理學家就會讓他們玩遊戲，以了解幼兒有什麼樣的認知能力。

儘管方法看似有限，還是揭露出不少訊息。如果你去修讀發展心理學課程，就會了解到嬰兒如何聚焦他們的注意力，他們的記憶是如何運作的，以及他們如何理出事物的因果關係。但你無從得知身為一個嬰兒，甚至是一個蹣跚學步的幼童是什麼感覺。真的沒有人知道，他們對我們來說就跟狗一樣陌生，搞不好更陌生。

我們都以為小孩子的心思跟成年人一樣，只是沒那麼複雜，但這種想法是錯誤的，頂尖的發展心理學家愛麗森．戈普尼克（Alison Gopnik）指出：

> 兒童並不只是有缺陷的成年人，也不是漸趨完美與複雜的簡陋版成年人……他們有著與成人同樣複雜和強大，但極其不同的心智、大腦與意識形式，這樣設計的目的是為了因應不同的演化功能。人類的發展並非簡單的成長，其實更像是蛻變（metamorphosis）——從蝴蝶般四處飛舞的兒童，蛻變為在成長道路上步步為營的毛毛蟲成人。[3]

孩子的心智能夠做出令人震驚的壯舉，這是成年人的心智無法相提並論的，只要看看孩子學習語言的那份輕鬆勁，你就會希望自己還擁有同樣的技能。

而且孩子不光有語言天分，他們的想像力更是天馬行空，他們不斷在創造世界，我們卻早已經為了生活而失去赤子之心。我們必須工作，所以很少有時間假裝和玩遊戲，**但阻礙我們的不只是工作，還包括我們大腦的運作方式變了，我們被鎖在這個世界裡，我們可以想像其他世界，但**

不會獲得跟孩子一樣的樂趣。

孩子還小的時候，我經常陪他們玩假裝遊戲，我很驚訝他們居然能玩得那麼開心，好希望我也能像他們那麼投入。雖然有時我也很開心，但多半是為了他們的快樂而高興，其實心裡覺得無聊透頂，巴不得遊戲能趕快結束，好讓我可以去做一些有意義的事。我理應為此感到內疚。

大家都說：「你將來肯定會懷念跟孩子一起玩的時光。」

他們說的沒錯，我已經開始想念我兒子了，並忍不住向他們傾訴我的心情。

漢克問：「你幹麼想念我？我還在這裡啊。」

我說：「你是在這裡沒錯啦，但是一分鐘前的你離開了，而且再也不會回來了。」

我不但懷念我兒子小的時候，我也懷念幼時的自己，我曾經是個瘋狂的孩子，忙著創造自己的世界，但我再也找不回來了；我甚至想不起來那是什麼樣子，只記得一些零星的片段。當你陪孩子玩時，你會情不自禁地想以他們的角度看這世界，暫時忘我地與他們一起遊戲。

就連最懂孩子的科學家也有同樣的想法，另一位頂尖的發展心理學家約翰·佛拉維爾（John Flavell）曾告訴戈普尼克，他願意用他所有的學位和榮譽來換取一個機會，讓他在一個孩子的腦袋裡待上五分鐘，再次以兩歲孩子的身分體驗這世界。[4]

我很喜歡這個畫面：一位傑出的科學家想移居到一個孩子的腦中，就為了找回我們曾經擁有的事物，這說明我們有多不了解當一名小孩是什麼感覺。戈普尼克、佛拉維爾之類的優秀學者，已經發現了嬰兒大腦的運作方式，但他們的內心世界仍罩著一層神祕的面紗。[5] **我們都曾是嬰兒，但我們都不知道當個嬰兒是什麼感覺。**

我們無法進入彼此的大腦和心思

我們一直在問的問題——當貝莉是什麼感覺？當個嬰兒又會是什麼感覺？——其實與二十世紀最著名的一篇哲學論文的主題有著異曲同工之妙，那是湯瑪斯・內格爾（Thomas Nagel）所寫的「當隻蝙蝠是什麼感覺？」。

內格爾是一位涉獵甚廣的哲學家，他寫過利他主義、客觀性、理由的本質，以及……呃，稅收政策。不過他最出名的著作還是提問當隻蝙蝠是什麼感覺。這是個很有趣的問題，因為蝙蝠可以做很多人類做不到的事情，蝙蝠不但會飛，還能回聲定位，這一點引起了內格爾的注意；蝙蝠會發出高亢的尖叫聲，然後利用回聲來收集周圍環境的資訊。此聲納感應能力，讓蝙蝠得以「對距離、大小、形狀、運動和質地進行精確的辨別，能媲美人類透過視覺做出的判斷」。[6]

當隻蝙蝠是什麼感覺？我們不得而知，而且我們也不清楚怎樣才能找到答案，內格爾是這麼解釋的：

> 這樣的想像是幫不上忙的——此人手上有蹼，讓他能夠在黃昏和黎明時分飛來飛去，並用嘴捕捉昆蟲；他的視力很差，必須透過一個反射高頻聲音信號的系統，來感知周圍的世界，然後一整天頭下腳上地倒掛在閣樓裡。

內格爾表示，一個人就算能做到以上所有事情，（頂多）能讓他稍微了解一個人像蝙蝠一樣活著會是什麼情況，但這並不是他想知道的，他好奇的是「一隻蝙蝠像蝙蝠一樣活著，是什麼感覺」。[7] **但他想不出有任何方法可以得知此事，因為他只擁有自己的所思所想**。

一些哲學家認為內格爾太悲觀了，部分原因是因為有些人能夠回聲定位，最著名的要屬丹尼爾．基許（Daniel Kish）了，他被稱為現實世界中的蝙蝠俠。[8] 基許是個盲人，他在十三個月大的時候失去了視力，但他不久就開始用舌頭發出短促的聲音，並像蝙蝠一樣用聲納來收集周圍環境的資訊。基許的回聲定位能力很強，好到他可以騎自行車，事實上，他聲稱他能看見，用儀器掃描基許的大腦，顯示處理視覺資訊的部分確實是活躍的，[9] 難怪他的回聲定位會產生一種類似於視覺的體驗。

那麼基許能告訴我們當隻蝙蝠是什麼感覺嗎？內格爾會說不能，能夠回聲定位的人或許能部分理解當隻蝙蝠的感覺，因為他們與蝙蝠的共同點比我們其他人多得多，所以他們比我們更懂蝙蝠的視角，但他們還是無法完全了解當隻蝙蝠是什麼感覺。[10] 基許只知道人去做蝙蝠會做的事是什麼感覺，但是他並不知道蝙蝠去做蝙蝠會做的事是什麼感覺，就像我們也不知道，一個正在蹣跚學步的幼兒做我們也能做的事是什麼感覺。

我們在這裡遇到的狀況，就跟當年我在幼稚園時發現的問題一樣，當時我意識到自己不知道紅色在我媽的眼中是什麼樣子，用現在的話來說就是，我想知道她看著紅色的東西是什麼感覺，而我明白我永遠沒辦法得知這個問題的答案。

各位可能會問，那又怎樣呢？關於這個世界，我們不知道的事情可多著呢，幹麼要一直糾結於我們不知道別人眼中的紅色是什麼樣子呢？我們也不知道其他星球上是否有生命，冷核融合（cold fusion）是否有可能，或是人們為什麼這麼關心卡戴珊姐妹（Kardashians），這世界真是個令人困惑的地方。

話是沒錯啦，但要是我們有足夠的時間和資源去調查，我們還是可以知道很多其他的事情。但我不知道紅色在我媽眼裡是什麼樣子的這個事實，卻是源自於不同的、且看似無法解決的問題，目前還不清楚時間或金錢能否幫得上忙，而且即便她知道答案，直接問她也沒用，我媽之所以無法告訴我紅色在她眼中是什麼樣子，是因為我們無法用語言來描述紅色的紅（redness），用哲學家的話來說，**這種體驗是無法言傳的，而且這種體驗還是個人私有的，她的體驗是她的，我無法一窺究竟。**

我們每個人都有自己看世界的視角，且無法獲得別人的視角，我們無法進入彼此的大腦並非

偶然。其實仔細想想，這個想法並不合理。想要像幼兒那樣體驗世界，你必須成為一名幼兒，同時又要以某種方式保持自我，但如果你保持自我，你就不可能成為一名幼兒，也就無法擁有不屬於自己的體驗。[11]

我們不應高估這個問題，我們很擅於讀懂彼此的心思，我能看得出來漢克是高興或悲傷，也知道他是餓了還是在生氣，因為他會把自己的感受全寫在臉上。而我之所以能分辨這些情緒，部分原因是我也有類似的情緒，且會以類似的方式表達出來。當心理狀態表現成行為時，我們就很容易看出來。

但我們有時會搞錯，而且不是所有的心理狀態都能表現出來，所以我們也不應該低估這個問題。**其實我們無法進入彼此的心思，對我們彼此的關係影響頗大**，一來我可以把想法藏在心裡，而得以保有一些隱私；二則因為我不會對別人的想法瞭若指掌，所以別人能為我帶來驚喜，這在大多數情況下是好事，但壞處是我們無法對別人的心情感同身受，從而忽視了別人的痛苦。

我們為什麼有內心生活？

當然，前提是其他人也有痛苦，也許我們根本不應該這樣假設。一直以來我們都理所當然地以為，當個嬰兒／貝莉／蝙蝠／別人，肯定會有某種感受，換言之，我們認為其他生物也擁有內在生活，但我們憑什麼這麼篤定呢？我知道自己是有意識的，所以我知道成為我這個人是什麼感覺，我對這一點的了解，確實比其他任何事情都要深刻，但我憑什麼認為你也是有意識的？成為你這個人是別有一番感受的？

或許是笛卡爾的惡魔讓我的世界充滿了這些看似有思想、有感覺，卻從未體驗過這個世界的生物。又或者我是某個電腦模擬中的主角，是唯一一個被軟體工程師賦予思想的人。說不定我遇到的其他人都是虛無飄渺之物，只是一種表象，就像電玩裡的角色。（請注意你從未想過自己成為這些電玩角色——永無休止地拯救桃子公主的瑪利歐，或是不斷吃著同樣食物的小精靈——會是什麼感覺。）

當哲學家心生這樣的擔憂時，他們便想到了殭屍，但不是流行文化中的那種殭屍，哲學中的殭屍不會想吃掉你的大腦，他們是以截然不同的方式令人感到不安。

什麼是哲學殭屍？想要理解此概念，最簡單的方式就是參考我的「殭屍雙胞胎」，他除了某個方面，其餘全都跟我一模一樣，包括身高、體重、年齡都相同，事實上，他是個完全相同的複製品，且精準到電子、夸克這類基本粒子都分毫不差的程度。他的行為也跟我如出一轍，他以同樣的方式行動，以同樣的方式說話，甚至在同樣的時間說同樣的話。他正在寫一本書，內容跟這本書一字不差，他是我的替身，我倆只有一個區別：他沒有意識。[12]

由於意識是個模糊的概念，所以做個明確的定義是很重要的。有時候我們說某人有意識，是指他們能夠感知周遭的世界，若按照此定義，當你醒著的時候你就是有意識的，睡著或昏迷時則否。若根據此定義，我的殭屍雙胞胎也是有意識的，至少大部分時間是如此；因為當他醒著的時候，他能感知周遭正在發生的事情，並做出反應，事實上，他的反應和我完全一樣。

那他究竟有什麼不同？他缺乏哲學家所說的現象意識（phenomenal consciousness）*，亦即**他只有行為、沒有經驗**。請各位花一分鐘想一下吃墨西哥夾餅的感覺，充斥在嘴裡的各種味道；或是想想聆聽巴哈的古典樂、或是搖滾樂團BTO的歌曲各是什麼感覺；或是微風吹過髮梢的感受。上述任何一種體驗，我的殭屍雙胞胎都沒有，光看他的行為你會以為他有這些體驗，因為他在任何情況下都表現得跟我一模一樣；但他的內心其實是空虛的，有輸入才會產生輸出，就像使用計算器或電腦一樣，**但是他沒有上述任何一種體驗，所以沒有任何與之相關的內在生活，他的內心是一片漆黑**。

那麼問題來了：我知道自己不是殭屍，因為我很清楚我體驗過這個世界†，但我憑什麼認定其他人也是呢？我根本無法得知任何人的經驗，所以我無法分辨哪個世界是有內在生活、哪個世界是沒有內在生活的。我身邊的每個人都有可能是殭屍，但我無從知曉。

這是個懷疑論的假設，跟我們在知識那一章提到的那些假設類似，我認為我們把它們放到了適當的位置。但有趣的是，依我的世界觀，我不能排除有此可能性。但我會繼續把其他人都當成是有意識的，因為我有充分的理由相信這一點。

正如我所說的，我知道自己是有意識的，要懷疑其他人是有意識的，我必須認為自己是很特別的，這未免太令人震驚了。我憑什麼認為自己是世上唯一一個有過任何經歷的人？我只不過是個在一九七六年出生於亞特蘭大郊區的笨蛋，我從高中就不曾有過這樣的想法：世界是為我而存在，只有我才能享受這世界。這雖然有可能是真的，但很難明白是怎麼一回事，而且我不應該把這個想法當真，因為這會牽涉到你是不是一個殭屍。

所以，我並不認為你是個殭屍，但你說不定是個殭屍的可能性，就成了探討意識的一個「困難問題」（Hard Problem）‡。

但問題不在於決定你是否有意識，而是弄清楚為什麼，**為什麼我們會有內在生活？為什麼成為你（或是我／嬰兒／蝙蝠／貝莉）會有另一番感受？為什麼我們任何一個人是有意識的？為什麼我們不全是殭屍？**

* 譯者注：是第一個層次的意識，是對當下經驗的感覺，是生物的主觀經驗，包括視覺、聽覺、嗅覺、觸覺和痛覺等。

† 我的殭屍雙胞胎肯定也會這麼說。

‡ 譯者注：指無法歸結為結構和功能的問題，通常跟解釋意識體驗的來源及本質有關。

我曾經用一種迂迴的方式問過漢克，他當時八歲。

「你會彈鋼琴的中央C嗎？」

他說：「當然會。」他已經上了好多年的鋼琴課。

他走過去，並且按下了琴鍵。

「它是如何發出我們聽到的那種聲音？」我問。

漢克解釋了鋼琴的運作原理：琴鍵移動琴錘，琴錘敲擊琴弦，使琴弦振動並發出聲音。

我說：「沒錯，但它是如何讓你的腦中發生一些事情呢？」

「嗯……是聲波嗎？」

「什麼是聲波？」

漢克笑著說：「就波浪形的東西咩。」

於是我解釋：「當琴弦振動時，它會撞上一些空氣分子，然後這些分子又撞上其他分子，而那些分子又撞上另一些分子，就這樣一直下去，直到你耳朵裡的空氣分子被撞擊到。」

「然後它們撞到我的耳膜。」漢克說。

「是的，這會讓你耳朵裡的神經興奮起來，並發出一個信號給你的大腦。」

漢克說：「很有道理。」

「事情就是這樣，但現在我的問題來了，當你的大腦接收到該信號時，為什麼會將它體驗為你所聽到的聲音？」

漢克聳了聳肩說：「我不知道，我又不是專家。」

這倒是真的，對於這個問題，其他人和漢克一樣，沒有人知道答案是什麼。

生活在一百多年前的生物學家湯瑪斯．亨利．赫胥黎（Thomas Henry Huxley），對此一現象做了最生動的說明，他寫道：「像意識狀態這麼顯著的東西，竟然是刺激神經組織的結果，就像神話故事中阿拉丁一摩擦神燈，精靈就會出現一樣，是難以解釋的。」[13]

且讓我們把這個謎團說明得更精確些，從漢克的耳朵傳到大腦的信號，會在幾個不同的地方處理，它們各自負責不同的工作。大腦的某個部分負責解碼聲音的持續時間、強度和頻率，另一個部分負責定位，還有一些部分則對聲音的意義進行分類——它們是警報聲還是歌曲，是哭聲還是詞語？科學家對這一切的發生過程瞭若指掌，而且他們還在不斷地學習更多的知識，但他們不知道的是，為什麼在發生這些情況時，你會感受到聲音；也就是說，科學家還不知道為什麼我們會產生聽到中央C的感受，也不知道為什麼我們的內在不是寂靜無聲的。

那位幫助我們思考模擬假說的哲學家大衛．查爾默斯，把此情況歸類為意識的困難問題，[14]他的用意是把它跟其他相較之下比較容易解決的問題區分開來（雖然我們並不知道所有問題的答案）。意識的簡單問題主要是關於大腦處理資訊的方式——識別資訊、將資訊與其他資訊整合、儲存資訊，使資訊可供進一步使用等。這些都是神經科學家研究的過程，而且我們有充分的理由相信，只要他們繼續研究下去，終究會逐漸搞清楚整個過程。事實上，他們已經了解很多狀況了。

至於意識的困難問題則是想弄清楚，為什麼這些資訊處理全都附帶著一份「感覺」（sensation）？我大腦中的某些系統，不只能偵測到頻率為二六二赫茲的聲波，它還會把這件事昭告大腦的其他部分，讓它們也能使用這些資訊。但為什麼這一切能給我聽到中央C的感覺？為什麼它能給我任何感覺呢？

唯物論和泛心論

哲學家已經研究心靈很長一段時間了，笛卡爾認為心靈和身體是各自獨立存在的實體，他的概念被稱為二元論（dualism），他能想像一個沒有身體的心靈，以及一個沒有心靈的身體，[15] 所以它們一定是不同種類的東西。他說心靈是一種會思考的東西，身體則是一個在空間中延伸的東西，[16] 身體和心靈當然是互有聯繫的，但是兩者如何聯繫的問題變得很棘手。笛卡爾說心靈並不在身體裡（不像船員置身於船上），[17] 相反地，兩者是交融成一個單位，笛卡爾認為此交融發生在松果體中，[18] 這是一個位於大腦中間的一個小結構。

這番話在解剖學上是荒謬的，現在我們已經知道松果體的主要功能是製造褪黑激素，不過早在科學家發現這一點之前，哲學家就已經看到了可以否定笛卡爾觀點的理由。而且最早的批評者之一還是一位公主呢——波西米亞的伊莉莎白（Elisabeth of Bohemia），他倆曾有過信件往來；伊莉莎白要求笛卡爾說明，非物質實體（心靈）是要如何影響物質實體（身體），她懷疑他有辦法解釋。[19]

用較現代的術語來表達伊莉莎白的觀點：身體是物質的，而我們知道物質世界是因果封閉的（causally closed），每個物理事件都有一個物理原因，[20] 所以非物質的心靈，絕不可能影響物質的身體要怎麼做。我們可以用一個問題來概括伊莉莎白公主的批評，笛卡爾究竟是怎麼想像出松果體中發生的事情？機器裡的幽靈是如何讓機器運轉的？[21]

如今幾乎沒有人信奉笛卡爾的二元論了，主流觀點恰與二元論相反，它認為世上只有一種東西——大致上是物理學所研究的東西——所以這世上的萬事萬物，要麼就是這種東西，要麼是在此基礎上建立起來的。簡而言之，**這種觀點（通常稱為唯物論）認為心靈即是大腦，心理狀態（信仰、欲望、感覺）就是大腦的狀態**。*[22]

---

* 還有另一種看法，有人說心智狀態（mental state）是腦部狀態的作用，此一區分的目的，是為了保留一種可能性，構成方式與人類不同的生物——例如中央處理器由矽製成的機器人——也可能擁有跟我們一樣的心智狀態，例如疼痛。這可能是更可信的唯物論觀點，但文中的觀點更簡單，所以我繼續採用這個觀點。

唯物論觀點有很多優點，它是合乎科學的，因為它並未假設機器裡有個幽靈。根據唯物論的主張，想要了解心靈，只需研究大腦即可；此外，我們可以清楚地看到心腦之間有著許多關聯，腦部的損傷往往會影響到心靈，許多精神疾病的根源在於大腦的生物學特性。而且我們仍持續在研究大腦如何做心靈在做的事情，例如儲存記憶。

儘管如此，並不是每個人都贊同唯物論主張的「心腦同一」觀點，要明白個中緣由，我們可以從雷克斯……以及一位名叫法蘭克．傑克遜（Frank Jackson）的哲學家那裡得到幫助。傑克遜是研究心靈的頂尖哲學家，也是當代哲學中多個極具影響力的故事之作者。[23]

某天晚上，我給雷克斯講了這個故事。

「有個名叫瑪麗的科學家，她住在一個只有黑色和白色的房間裡。」

「為什麼？」

「因為瑪麗是實驗對象，請她待在這個房間裡的人，不想讓她看到黑白以外的顏色。」

「那她穿的衣服是什麼顏色？」

「只有黑色和白色的衣服，而且這些衣服會完全蓋住她的肌膚，此外房間裡沒有鏡子，所以她無法看到自己。」

「好怪異的實驗。」

「沒錯，但更詭異的還在後頭呢。因為瑪麗研究的是顏色，以及我們感知顏色的方式。由於這是在相當遙遠的未來，所以科學家們已經知道關於顏色的一切，以及當我們看到顏色時，大腦會發生什麼變化。而瑪麗也從她的黑白書籍和黑白電視裡學到了這一切，她只是沒有見過黑與白以外的任何顏色。」

「噢，好吧。」雷克斯說。

「然後有一天，他們決定該讓瑪麗看看紅色的東西，所以他們給了她一顆蘋果。」

雷克斯說：「她肯定認為這很酷。」這小子竟然猜到了傑克遜的觀點。

「為什麼？」

「因為她發現了紅色看起來是什麼樣子。」

「你確定她之前不知道嗎？別忘了，我說過瑪麗已經知道一個人在看到紅色的東西時，大腦中會發生的一切。」

「沒錯，但她不知道紅色看起來是什麼樣子，她必須親眼看見才知道。」*

* 且容我插個話：做這個思想實驗的工程浩大，而且是完全不可信的。你必須用黑白兩色的收縮包裝裹住瑪麗，不讓她看到自己，並希望她在閉上眼睛時，不會有任何雜亂的色彩體驗。因此我認為最好把瑪麗想像成一個性學專家，對於性刺激可能產生的生理反應瞭若指掌。而且出於宗教的原因，她自己從未體驗過性高潮，然後某天她達到高潮了，她有學到什麼嗎？我認為她有，她知道了性高潮是什麼感覺，而且我們不難想像她會對此體驗感到驚訝、欣喜或失望。

如果雷克斯是對的，唯物論就是錯的；雖然瑪麗知道所有的物理事實——當她看到紅色的東西時，她大腦中的神經元會產生什麼樣的反應，但她仍然不知道看到紅色的東西是什麼感覺。這意味著世上有些事實不是物理性的，例如看到紅色是什麼感覺。此外這還意味著，除了大腦，還有更多的思想，因為事實證明了，你可以對大腦瞭若指掌，但無法對心靈瞭若指掌。

雷克斯是對的嗎？在我們討論這個問題之前，我再給各位兩個反對唯物論的論證。

首先是當年我向我媽提出的論證，我說我不知道紅色在她眼裡是什麼樣子；我們可以想像我媽的兩個版本，她們在各方面都是一模一樣的，其中一人會像我一樣體驗到紅色，但另一人體驗紅色的方式則和我體驗藍色的方式一樣。如果我母親的兩個版本都有可能存在於某個世界——不是這個世界的話——那麼唯物論就是錯的，因為她腦中的物理事實，並不能完全決定她的體驗。

至於第二個論點，請想像我母親的第三個版本，此人的生理與前兩人完全相同，但她沒有經歷過任何事情，她是個殭屍。同樣地，如果這個版本有可能存在於某個世界——如果不是在這個世界——那麼唯物論就是錯的。理由跟前例一樣，我媽腦中的物理事實不能完全決定她的體驗。

要理解這一點有個簡單的方法，就是問：上帝創造世界需要花多少工夫？（暫且假定有上帝存在，我們稍後會再探討這個議題。）[24] 按照唯物論的觀點，上帝一旦創造了物質世界，祂的任務便大工告成了，因為那就是存在的一切，心靈是自由的，因為心即是腦。相反地，若依我們之前一直在思考的論點，上帝在創造了物質世界之後仍有工作要做，祂還得決定是否有任何生物應該擁有意識，如果答案是肯定的，就還得決定他們應該擁有什麼樣的經驗。

這些論點及其他類似的論點，把一些哲學家拉回到二元論。[25] 近幾年來，大衛．查爾默斯比任何人更能激起人們對二元論的興趣，但他並不擁護笛卡爾的二元論，他不認為機器裡有個幽靈；相反地，查爾默斯認為，心靈和大腦可能是某種現實的兩個不同方面，此現實更為深層且更為根本，它既非物理性的也非現象的（phenomenal）。查爾默斯認為資訊可能是世界的基本組成部分，既表現為物質又表現為心靈。[26] 事實上，**他認為所有物質可能都擁有與心靈相關的經驗——這種觀點被稱為泛心論**（panpsychism）。[27] 因此，除了擔心你的朋友和家人是否有意識之外，你可能還得擔心浴室裡的磅秤是否也有意識。

意識的困難問題

不過在你過分擔心之前，我必須告訴各位，許多哲學家都拒絕接受剛才提到的反對唯物論之論點，其中最激烈的莫過於丹尼爾．丹尼特（Daniel Dennett）。丹尼特是個熱愛航海的水手，同時也是美國最著名的哲學家之一，他曾寫過許多關於自由意志、宗教和進化論的文章，但他最出名的是意識方面的作品。

丹尼特認為雷克斯對瑪麗的看法是錯的，他不認為瑪麗看到紅蘋果時，會學到任何新東西。他還延伸了這個故事，他想像給瑪麗一顆藍蘋果（而非紅蘋果）來騙她，但他說瑪麗一眼就會識破這個詭計，因為她知道自己的大腦處於藍色狀態，而蘋果應該是紅色的。[28]

何以如此？丹尼特認為，如果瑪麗知道所有的物理事實，她就能辨別出她對藍色或紅色之反應的細微差別（例如藍色可能會影響她的情緒，而紅色不會）。這將為她提供線索，讓她知道自己正在經歷什麼樣的色彩體驗。我認為丹尼特的觀點是對的，但我不認為這足以顯示雷克斯錯了，因為問題不在於瑪麗是否能以某種方式知道她看到了紅色，而是在於她是否已經知道看到紅色會是什麼感覺。而且光是知道會影響她的一些方式是不夠的，她必須知道每一種方式，否則她就會學到新的東西，而且正如雷克斯說的，她很難預料到紅色的紅是怎麼回事。

但丹尼特否認有任何東西符合「紅色的紅」這個描述。心靈哲學家所說的感質（qualia），是一個花哨的名詞，用來形容我們的經驗之特質，例如：紅色的紅，或藍色的藍；當你累了的累感、餓了的餓感、焦慮時的焦慮感，或是當你受傷時的痛感。簡而言之，感質就是你的現象意識，大多數人是這麼說的，但丹尼特並不這麼認為，他否認感質的存在。[29]

丹尼特說，我們所說的感質，其實只是判斷和處置，[30]我們判斷某個東西是紅色的，並以某種方式對紅色事物做出反應。但是我們看到紅色的體驗也就那麼多了，當然也沒有「紅色的紅」這回事；如果我們以為自己擁有的是個人私有的、不可言傳的體驗，那就大錯特錯了。

那麼丹尼特是如何看待顛倒色覺呢?他認為那是一派胡言，事實上，他說那是「哲學中最惡毒的謠言之一」。[31]既然我們沒有紅色或藍色的個人體驗，它們自然不可能在我們之間被搞混。其實他還發表了更大膽的主張，在思考殭屍的可能性時，丹尼特是這麼寫的：「殭屍是可能的嗎?它們不只是可能的，而且是真實存在的，我們全都是殭屍。」[32]

哇，好離譜的說法，很難說丹尼特是否真這麼認為，而且他還在哲學史上最奇葩的註腳中宣稱，要是不引述前後文便斷章取義他的最後一句話，那將是一種非常糟糕的「知識不誠實」（intellectual dishonesty）[33]行為。但說實話，我不確定什麼樣的語境能讓這個說法看起來沒那麼離譜[34]。*[35]哲學家們開玩笑說丹尼特寫的《意識全解》（*Consciousness Explained*）一書，應該叫做《意識全部解釋掉》（*Consciousness Explained Away*）才對。但我必須告訴各位，如果你認真讀了這本書，並且認真思考丹尼特所說的話，你可能會開始認為他是對的。他既毒舌又辯才

---

* 在被引述的這段話中，丹尼特反對我們擁有副現象意義上的感質（epiphenomenal qualia）；說某樣東西是副現象的，就是說它沒有任何因果後果（causal consequences）。如果殭屍是可能的，就說明意識經驗是副現象的——它並不影響世界上發生的事情——因為殭屍除了沒有意識，其他方面都跟我們一模一樣。丹尼特反對副現象論（epiphenomenalism）可能是對的，因為即便是捍衛意識經驗的人，對於副現象論也是有爭議的。不過丹尼特的殭屍論表現在其他地方，早些時候，他曾說感質只不過是「對反應所做的處置之總和」。但我們大多數人都認為，紅色的意義不只是處置方式的總合，還包括了紅色的紅；焦慮也是如此，雖然處置焦慮會是個問題，但焦慮的感覺也挺煩人的。

無礙，他將教你很多關於大腦的知識，不過到最後，你會開始懷疑自己是否已經失去理智，還是打從一開始就未真正擁有過。

丹尼特的觀點有不少擁護者，但也不是所有人都買帳，像查爾默斯就指出，當他向內看時，他會發現一系列的心理狀態（感覺和情緒），可是丹尼特卻否認這些狀態，或是重新描述到無法捕捉其本質，例如看到紅色的感覺，似乎並不像是一種判斷或處置。某次，查爾默斯想知道丹尼特是否真的是一個殭屍（這些傢伙對彼此都很「狠」），[36]不過他嘴下留情地說：「丹尼特只是習於從別人身上找答案（extrospecting），而非內省（introspecting），因為這麼做有利於某種科學探索。」

不過查爾默斯亦堅決主張，從內省獲得的知識，是無法用唯物論來解釋的。瑪麗可以盡情地研究大腦，但她不會知道看到紅色是什麼感覺，除非她真的看到了。

但爭論並未就此打住，許多唯物論的信奉者，對於查爾默斯或他的聰明論點不為所動，許多神經科學家不認為他所謂的意識的困難問題，有可能比他們研究的其他問題更難；他們指出，雖然目前我們還無法理解大腦中的物理物質是如何產生現象意識的，但只要假以時日，科學遲早會把它弄清楚的。

努力鑽研，得出你自己的見解

我對這一切有什麼看法？我沒有什麼看法。

數十年來朱爾斯．科爾曼（Jules Coleman）一直是我的良師益友，他是我在法學院的老師，他教給我一項畢生受用的重要觀念。我還在法學院念書的時候，曾在大堂裡遇到他，我們開始談論哲學。我不記得當時我倆在討論什麼問題，但我確實記得我試圖分享我的觀點。

我說：「在我看來……」他立刻打斷我。

他說：「你太年輕了，不應該有觀點；你可以有疑問、好奇心、想法……甚至是傾向，但不能有觀點，你還沒準備好擁有自己的觀點。」

他這番話指出了兩個重點。首先，**有觀點是很危險的，因為你會經常挖空心思為它們辯護，這樣你很難聽得進其他人的意見**。身為一名哲學家，科爾曼擁有許多了不起的美德，包括他願意從善如流改變自己的觀點。*[37] 那是因為他「更關注問題而非答案」，他願意去他所理解的任何

* 法蘭克．傑克遜也有這種美德，他為自己編撰的瑪麗故事辯護了幾十年之後，竟改變了主意，並改口說瑪麗其實不會因為看到紅色而學到什麼。不過大家並未響應他的新立場，瑪麗的故事依舊照原樣繼續流傳，而且對它的辯論也仍在繼續。

地方，即使這需要他從以前去過的地方走回頭路。

其次，**你必須努力掙得自己的觀點，除非你能為自己的觀點辯護，為它提出論證，並解釋反方的論證錯在哪裡，否則你就不該擁有自己的觀點**。科爾曼說我還太年輕了不能發表自己的觀點，他指的並不是年齡（我當時已經二十六歲了），而是說我對哲學的涉獵不足。幾十年過去了，我現在有了很多觀點，而且我可以解釋我為什麼會持有這樣的觀點，以及我認為其他人的觀點哪裡有問題。但我並非對每個問題都自有看法，因為我還沒有付出努力，去取得這些觀點。

心靈哲學就是我尚未涉足的領域；因為我有很多疑問，所以我讀了很多書，但這一讀不得了了，想不到那些聰明絕頂的人，竟然提出一堆令人困惑的觀點，令我相當震驚。而且贊成和反對的論點堆積如山，根本來不及評估，要是你逼我選邊站，我會像漢克一樣懟你：「我又不是專家，我啥也不是。」

但這並不妨礙我想要搞清楚意識是如何融入這世界的，事實上，就算某人比你懂得更多——他讀了更多書，做了更多研究，思考了更多的可能性——也絕對無礙於你思考這些問題所做的功課，**努力鑽研某件事、得出你自己的見解，是有回報的**。你不需要成為世界上最厲害的鋼琴家，才值得去練琴；同理，你也不需要成為世界上最優秀的哲學家，才值得去思考哲學問題。

發現有哲學家比你懂得更多，其實是件很美妙的事，這讓我們有機會向他們學習，但是，對他們的想法照單全收是學不到東西的，你需要在比你更專業的人幫助下，自己解決這個問題，而非對他們的判斷言聽計從。這就是為什麼我從不要求我的孩子照我說的去做，即使我告訴他們我對某個問題的看法，我也不會告訴他們該怎麼思考，我寧願他們努力去形成自己的觀點。

如前所述，我仍在努力形成我對意識的觀點，我可能永遠無法達到那個境界，但這是我的書，所以我還是要跟大家分享我的傾向。我發現這個領域最吸引我的人是蓋倫・斯特勞森（Galen Strawson），在懲罰那一章，我們認識了蓋倫的父親彼得・斯特勞森（他們堪稱是哲學世家）。蓋倫本身就是一位非常傑出的哲學家，也是自由意志、身分同一性（personal identity）、意識的本質等主題的頂尖思想家。我很喜歡他的作品，因為他強調了我們是多麼的無知。

斯特勞森完全無法接受丹尼特的殭屍論，還說它是「有史以來最愚蠢的主張」，[38] 因為它否認了最明顯的事實：**我們在體驗這個世界**。如果事實證明科學與之不能相容，那就必須放棄科學，但斯特勞森指出，科學並非與之不相容。斯特勞森其實是個不折不扣的唯物論者，相信世上的一切都是物理性的，包括心靈。

此話怎講？斯特勞森指出，問題出在我們對於物理事物的思考方式，我們的出發點是假設物理事物（如物質和能量）不會體驗世界，然後我們就會想為什麼它的某些安排（如嬰兒、貝莉、蝙蝠）會體驗這個世界。斯特勞森想翻轉我們的視角，他說你肯定知道，物理事物也在體驗世界，因為你就是在體驗世界的物理事物。[39] 所以問題不在於解釋意識，因為我們完全知道那是怎麼一回事，他還說其實你對意識的了解，比你對其他任何事物的了解都要更加密切。**問題在於我們對物理事物的理解還不夠深入，所以不知道意識是如何融入物理世界的**。

斯特勞森指出，最簡單的方法就是假設所有物質都在體驗世界，而這把我們帶回到泛心論，斯特勞森認為經驗乃是世界的一部分，即便是最小規模的。[40]

成為一粒電子會是什麼模樣？他不知道，也許只是不停地發出「嗞嗞嗞」聲吧。[41]

成為廚房裡的餐桌會是什麼模樣？可能什麼都不是，說「所有物質都在體驗世界」，並不是說所有物質的排列都在體驗世界，桌子裡的電子可能會體驗世界，但桌子可能不是一個獨立的主體。那浴室裡的磅秤呢？這很難說，它能感知你的體重，但你不必擔心它在評判你，**泛心論並不主張萬物都會思考**，**而是認為經驗交織成世界的結構**。

以上全屬推測，而且是天馬行空的推測。但是正如查爾默斯所強調的，我們必須推測，因為我們不了解的東西太多了，我們正處於需要想法的階段，好讓我們可以思考各種可能性。[42]

我們有可能搞懂意識是如何融入這世界的嗎？有些哲學家認為我們不能，[43] 貝莉永遠不會理解廣義相對論，這超出了牠的認知能力，說不定意識也超出我們的認知能力，那就太遺憾了，但找出答案的方法只有一個——**我們必須把它想個清楚**。

當漢克還小的時候（四或五歲），我們會在他準備要洗澡的時候玩一個遊戲，我會要求他脫衣服，他就脫了，然後我會要求他脫掉他的膝蓋或手肘，有一次我甚至要求他脫掉他的想法。

我說：「你不會想把它們弄溼的。」

漢克問：「我的想法在哪裡？」

「你把它們弄丟了嗎？」

「沒有。」他咯咯地笑了起來。

「那就把它們脫下來呀。」

「我不能，我不知道它們在哪裡。」

「漢克，你真的要小心保管東西，要是你不能收好你的想法，我們是不會再買給你的哦。」

「我知道它們在哪裡了。」

「在哪裡？」

「反正不在這裡。」然後他就一絲不掛地跑了。

雷克斯十歲的時候，我也曾和他有過類似的對話。

他說：「我很好奇我的想法在哪裡。」

「你認為會在哪裡？」

「可能在我的屁股裡。」

「那你的屁股受傷時，你的思考會受到阻礙嗎？」

「會啊，因為我會一直想著我的屁股。」

我們也曾對意識有過比較正經的談話，最近我們一直在討論意識的範圍會有多大，我們還曾想過機器人或電腦是否也有意識，甚至是任何東西皆可能是意識。有一次我給雷克斯讀了赫胥黎的那段話，結果他對「像意識狀態這樣顯著的任何東西，都是刺激神經組織的結果」大為驚嘆。

我們就這個問題談了幾分鐘後，雷克斯將談話帶入了尾聲。

「我們可以停止意識這個話題嗎？」他問。

「當然可以。」我說。

「很好，你刺激了我的神經組織。」

第 11 章

無限

宇宙到底有沒有邊界？

「你今天在學校裡學到了什麼？」

「沒什麼。」

「真的嗎？一樣都沒有？整整一天什麼都沒學到？」

雷克斯氣噗噗地回答：「就沒有嘛。」但他接著又說：「不過我想通了一件事。」

「什麼事？」

「宇宙是無限的。」

「其實科學家並不確定耶，有些人認為宇宙是無限的，但另一些人則認為宇宙雖然很大，真的很大——卻是有限的。」

雷克斯斬釘截鐵地說：「不，宇宙肯定是無限的。」想不到只看過幾集《宇宙有道理》（*How the Universe Works*）的七歲小孩，僅憑這一丁點物理學知識，就有如此堅定的信念。

「你為什麼這麼說？」

「想像一下，你搭著一艘飛船來到了宇宙的邊緣，然後你就在邊緣打了一拳。」

他出拳比畫了一下。

「你的手總得有地方去，對吧？」

「如果它就停在那兒了呢？」

雷克斯說：「那就會有東西阻擋它，所以你就不會是在邊緣了！」*

邊緣之外還有東西

雷克斯並不是第一個提出這種論點的人，舉世公認第一個提出這種論點的人叫阿基塔斯（Archytas），[1]他是一位古希臘的哲學家，但我認為這只是紀錄保存的問題，說不定某些七歲的孩子比他更早想到。

阿基塔斯是柏拉圖的朋友，有一次柏拉圖在西西里島與一些強盜發生了糾紛，阿基塔斯（他還是位政治家和數學家）曾派了一艘船去救他。[2]

阿基塔斯是這樣闡述雷克斯的論點：

> 如果我到達天堂的最外緣……我是否可以把我的手或手杖伸出去？如果不能的話就太矛盾了，但如果我能伸出去，那麼在外面的要麼是身體，要麼是地方。[3]

* 譯者注：無限不是指邊界外就沒有東西，而是指邊界外永遠有另一個邊界存在。

等一下，這段敘述的發展也太快了吧，而且聽起來很奇怪，在宇宙的邊緣不能伸出你的手，哪裡矛盾了？

雷克斯有個答案，阿基塔斯也有；就像雷克斯所說的，如果你不能再往前進一步，肯定是有什麼東西擋住了你，說不定是一堵用樂高積木堆成的牆，如果樂高積木永遠存在，那麼宇宙就是無限的，而且大部分是由樂高積木組成的。* 如果牆不是無限的，而且你又能找到突破的方法，你就能繼續往前進，至少在其他東西擋住你的去路之前。但如果你遇到了另一個障礙，你所要做的就是重複雷克斯的論點，那麼結論似乎必然是：宇宙是無限的。

但你不必相信雷克斯的話，甚至不必相信阿基塔斯的話，羅馬詩人暨哲學家盧克萊修（Lucretius）在數百年後提出了同樣的論點：**他想像把一支標槍投向宇宙的邊緣，要是標槍飛了過去，那麼你認為是邊緣的地方就不是邊緣；如果有什麼東西擋下了標槍，就代表你認為的邊緣之外還有東西。**[4] **跟之前一樣，你可以永無止境地重複這個論點，而空間會一直奉陪。**

以上是盧克萊修的看法，但你可能想聽聽科學家的意見，你認為牛頓夠格嗎？牛頓的看法與雷克斯一樣：「空間向各個方向無限延伸，因為在我們想像任何地方之任何限制的同時，必定會想到在它之外還有空間。」[5]

牛頓說的是對的嗎？每當你想像一個有邊界的空間時，你是否也會想像在它之外的空間？花一分鐘看看你能否看到牛頓沒看到的可能性。

無限大的數字與空間

在各位認真思考的同時，我想聊聊學校的事。我不知道雷克斯那天要學些什麼，我幾乎都不知道他的學習進度，因為雷克斯從來不會主動提起，他多半只會說他有多無聊。但無聊也有是有好處的，因為一個連九九乘法表都還不大熟練的小男孩，竟然能得出跟牛頓相同的太空觀。

雷克斯在學校的某些挫折感和我小時候一樣，學校太死板了；但這也不能怪學校，畢竟老師要帶好多個孩子，還有很多課程要教，所以學校很難為特定的孩子量身定制學習經驗。不過某些學科會比其他學科容易些，以閱讀為例，任何一個稱職的圖書館員，都能幫孩子找到符合他的興趣和能力的書；但是為孩子量身訂做數學課程就比較有挑戰性，你可以把孩子的學習進度往前進

* 我們積累樂高積木的速度顯示，它們確實是宇宙中主要的物質形式。

或往後退一點點，因為學校為大家制定了每個人都必須經歷的標準進度，老師根本沒時間幫個別孩子追求他們的興趣。

為了不讓小傢伙覺得無所事事，我問他們對哪些事情感興趣，這會比直接問他們在學校裡學到了什麼要好得多，因為有一天漢克告訴我，他對「無限大」很感興趣，很多孩子都是如此，一旦你開始學習數學，就會很自然地問：「最大的數字是什麼？」

漢克確信那就是無限大，但這個問題並非出現在課堂上，他是從一年級的朋友那裡聽說的。

但他的朋友錯了，無限大並不是最大的數字，世界上沒有最大的數字，漢克很喜歡學習這種東西。

「選一個超級大的數字。」我說。

「一百萬。」漢克說。

「好，接下來是什麼數字？」

「一百萬零一。」

「我想你需要說一個更大的數字。」

「一兆。」漢克說。

「好吧，那下一個數字是多少？。」

「一兆零一。」

我們又進行了幾個回合，途中順便學會了一千兆（quadrillion）和一百京（quintillion）這兩個詞，然後我問：「你知道一古戈爾（googol）是多大嗎？」

「不知道。」

「這是個非常大的數字，它是一後面跟著一百個零，這是我能說出最大的數字了。」

「那是最大的數字嗎？」漢克問。

「不是，你認為接下來是什麼數字？」

「一古戈爾零一！」他高興地說。

「那之後呢？」

「一古戈爾零二！」

「哇！你剛剛幫我學會了新的數字。」

漢克非常得意。

然後我問：「你認為我們會有數字用完的時候嗎？還是我們隨時都能再加一個？」

「我們隨時都能再加一個。」他說。

「那麼世界上有一個最大的數字嗎？」

「沒有。」

我說「這就對了，『無限大』是我們用來指稱數字會永遠繼續下去的事實，無論你數多久，它們永遠不會停止。」

有好長一段時間，每當我問雷克斯他對什麼事情感到好奇時，他的回答永遠是「空間」。所以我們就回過頭來聊聊空間吧！

你看到牛頓沒能看到的任何可能性了嗎？當你想像一個有界限的空間時，你必須想像在它之外的空間嗎？

答案是否定的，牛頓錯了，雷克斯也錯了；就我們所知，宇宙可能是無限的，但雷克斯提出的論點是行不通的。

想知道為什麼，可能需要氣球的幫忙，所以當雷克斯說完他的論點之後，我便拿來一個氣球。

我說：「讓我們來看看這個氣球的表面，它是有限的？還是無限的？」

雷克斯有點遲疑地回答：「我認為它是有限的。」

「那如果我們把它切開，然後攤放在桌子上，它會一直延續下去嗎？」

這回雷克斯比較有自信了：「不會，它是有限的。」

「很好，現在想像一下，有一隻螞蟻在這個氣球的表面上行走，它朝某個方向出發後就一直往前走，它會被卡住或碰到邊緣嗎？」

雷克斯看著我用手指描畫的螞蟻行走軌跡後回答：「不會。」

「如果它一直走下去會怎麼樣？」

「它會回到開始的地方。」雷克斯也用他的手指比畫著。

「沒錯，就是這樣！因為氣球會自己折回去，所以螞蟻會走回到開始的地方。」我們又描畫了幾條路徑來強調這一點。

然後我解釋說：「這個氣球的表面是有限的，但一隻螞蟻可以永遠走下去而不會碰到邊緣，因為根本沒有邊緣！」

「螞蟻能跳下去嗎？」雷克斯問。

「好問題！」我說，「我們假設它不能，想像一下這隻螞蟻是完全扁平的，因為氣球的表面就是整個宇宙，它上面沒有空間，下面也沒有，甚至裡面也沒有。所以螞蟻除了氣球的表面，沒有別的地方可以去。」

雷克斯說：「好吧。」他仍在研究氣球。

我說：「空間有三個維度，不像氣球表面只有兩個維度，但一些科學家認為其運作原理是一樣的，它是有限的，但沒有任何邊緣。」我接著問：「如果宇宙也是這樣運作的，那你認為我們乘坐太空船出發，並一直前進會怎樣？」

「我們會回到起點！」雷克斯說。

「沒錯！」

「太妙了！」

「只要記住，**我們並不知道這是不是真的，宇宙有可能是無限大的，但它也可能是有限的，並且會自己折回去。**」

事情可能不像表面上看起來那樣

雷克斯對於無限提出的論點，讓我想起當年在百無聊賴的學校生活中，也曾提出一個跟古人的觀念不謀而合的論點，不過當時我已經念十年級了，比雷克斯大一點。

我在瓊斯先生的課堂上看到我的朋友尤金，我決定跟他分享我思考了一整天的某個想法。

「嘿，小金，我可以揍你一拳嗎？」我問。

尤金是學校裡塊頭最大的孩子，他高一就進了美式足球校隊，他們還因為找不到夠大的頭盔，而不得不向亞特蘭大獵鷹隊求援。他後來獲得鉛球獎學金而進了大學。*

他問：「為什麼？」

我說：「我想證明一些事情。」

「好吧，看起來應該不會受傷。」

我收回我的拳頭，然後停住。

我說：「我打不到你。」

「放心啦，你儘管放馬過來吧。」

「不，我的意思是我沒辦法打到你。」

然後我向他說明我的意思。

「要打到你，我得先把我的拳頭移到離你一半的位置。」我把拳頭移到我倆的中間。

「然後我必須從這裡再移到剩下距離的一半。」

我再次移動我的拳頭。

「然後再一次，再一次，再一次。」

每一次我都把我的拳頭往前移動一些些。

「這意味著我無法完全碰到你，不管我重複多少次，我都還能再往前移動一點點。」

---

* 尤金還在我們當地的炸雞店創下了驚人的紀錄：一共吃了一百七十六根雞翅，中間只休息了一下下，因為他要打電話回家，但他媽媽跟他說晚餐已經準備好了。

這時我的拳頭已經壓在尤金的胸口上，幸好他是個溫柔的巨人，而且還是個數學奇才。

「小金，我知道這感覺很像我在碰觸你，但我怎麼都不可能碰到你。」瓊斯先生一直站在附近，這時候他終於開口了：「是誰教你芝諾悖論的？」

我問：「芝諾是誰？」

他說：「去查一查吧。」*

埃利亞的芝諾（Zeno of Elea）是比阿基塔斯和柏拉圖更早的古人，大約與蘇格拉底同時期（西元前五世紀），他與提出一元論（monism）的巴門尼德（Parmenides）是朋友，一元論是最令人敬畏的哲學概念：世上只有一樣東西，而且它不會改變，所有與之相反的表象都是幻覺。[6]

芝諾提出了許多支持一元論的悖論，其中最著名的是關於運動（motion）的悖論，我在瓊斯先生的課堂上展示的便是其中的第一個，亦即所謂的二分法（the dichotomy），它的內容是這樣的：如果你想從一個地方移動到另一個地方，你必須先走到一半的路程，然後再走到剩下路程的一半，然後再走到剩下路程的一半……這種情況會一直持續下去，這似乎是個問題。

現在我們換一種方式來思考它，最初尤金與我的拳頭之間有一個固定的距離，我想要打到他，必須先打到二分之一的距離，然後再打四分之一的距離，然後是八分之一，然後是十六分之一，然後是三十二分之一，以此類推，沒完沒了。這同樣是個問題，雖然距離越來越小，但是它們的數量無窮無盡，所以我也不清楚如何能全部涵蓋。

如果反過來看這個悖論就更令人困惑了，一開始我必須到達半途；但是要到達半途，我得先到達半途的一半（也就是四分之一的地方）；而要到達四分之一的地方，我得先到達八分之一的地方；而要到達八分之一的地方，我得先要到達十六分之一的地方，以此類推，沒完沒了。無論我想移動的距離有多短，情況都是如此，所以我看似根本無法移動——哪怕一丁點都不行。要想移動一小段距離，我就必須涵蓋無限多段的距離，但我沒有無限多的時間，所以我被困住了，移動只是一種幻覺。

芝諾是這麼說的，但他沒能說服很多人，據說古希臘哲學家第歐根尼（Diogenes）在聽到這個論點時，當場就站起來走人，用雙腳反駁了這個說法。[7] 這個舉動還挺可愛的。但這不算是反駁，因為芝諾要表達的觀點是：**事情可能並不像它們表面上看起來的那樣**。為了證明運動是可能

* 簡單介紹一下我們的老師比利．瓊斯，他是一位很懂得讓學生熱愛學習的天才教師，他會教拉丁語、德語和化學，還有其他十幾種科目全都難不倒他。在外人眼中，他的班上看起來一團混亂，因為每個孩子都在做不同的事情。孩子們以自己的速度前進，如果你提前完成作業，他就會給你一個新的挑戰，很多都是他自己發明的難題。他還會用你不懂的語言寫你的化學作業，只為了提高它的難度。或者他會給你出一道腦筋急轉彎，要你用化學符號拼出答案，例如Archytas的A是氬（Argon）、C是碳（Carbon）、H是氫（Hydrogen）、Y是釔（Yttrium）、T是鉭（Tantalum）、S是硫（Sulfur）。而且他對你的興趣很感興趣，還會幫你建立一些跟這些興趣有關的專案。在瓊斯先生的班上，沒有人會覺得無聊，我們非常喜歡他，我們從他那裡學到的東西比其他人都多。我從未遇過比他更棒的老師，也從未遇過比他更好的人。

的，你必須找出芝諾論證中的漏洞。

有好長一段時間，我還以為我找到了。幾天後，我又回到了瓊斯先生的課堂上，並告訴尤金我已經找到答案了。要打到他，我的拳頭必須穿過無限多段的有限距離，看似沒有時間來做這件事；但時間就跟空間一樣，也是可以被切割的，而我必須經過的每一個空間點，就有一個我可以到達那裡的時間點。

這張圖片或許可以幫助大家理解。

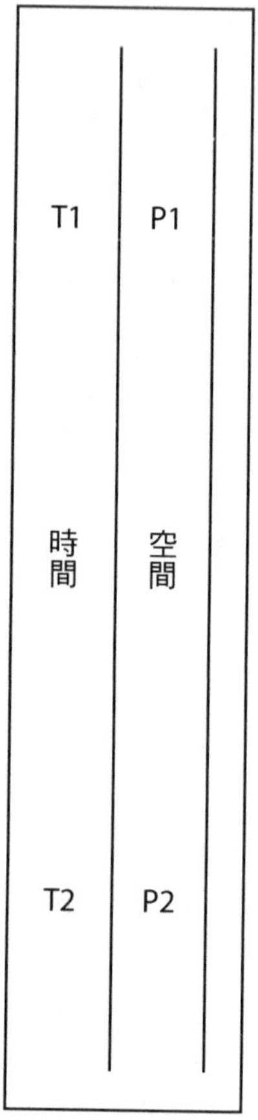

當我從P1移動到P2時，我必須經過空間中的無限多點，但是在T1和T2之間，也有無限多的時間點，所以我擁有我需要的所有時間。事實上，在我需要經過的每一個空間點，正好都有一個時間點。

這個故事讓我很滿意，所以我不再想芝諾的事了，直到多年以後，我才知道亞里斯多德也曾提出跟我一樣的解決方案。[8] 但這個解方並不能完全解開謎團（亞里斯多德其實也有意識到這一點），[9] 問題在於我們並不清楚時間在這幅圖上是如何運作的。一秒要過去，得先過了半秒；要過半秒，得先過了四分之一秒，然後……以此類推一直持續下去，所以即使只是一秒，看起來也像無限長，[10] 但這根本說不通。

最後是靠現代數學才解開了這個謎團——特別是牛頓和萊布尼茲（Gottfried Leibniz）發明的微積分。雖然在細節上仍有一些分歧，但關鍵的見解是：**無限多段的有限距離，加起來的總和未必是無限的**。[11] 事實上，令我們感興趣的那一系列數字（二分之一、四分之一、八分之一、十六分之一……）的總和只是一。所以這些微小的距離加總起來，並不會成為一段在有限的時間內無法走完的距離。[12]

儘管如此，有些人認為解決方案其實不在數學，而是在物理學，芝諾假設空間是可以無限分割的，我們可以把它分割得越來越小，但此想法恐怕不是真的，因為量子力學的最新進展顯示，空間可能是粒狀的結構，而非連續不斷的結構；也就是說，空間中可能存在再也無法被切割的最小微粒。如果真是這樣，我的拳頭就不需要穿過無限多的點，它只需要穿過一組有限的超小空間微粒，[13] 就能打到尤金了，這完全不成問題——只要他不回擊我。

哲學和科學系出同源

說了這麼多，我只是想指出，解決芝諾悖論的方法在於數學或物理學，而非哲學。而我們在本章一開頭提出的問題——宇宙是無限的嗎？——其答案當然在科學，那這些問題幹麼出現在一本討論哲學的書裡？

它們出現在本書的部分原因是，我們可以思考哲學與其他領域的關係，阿基塔斯身兼哲學家與數學家兩種身分並非偶然，同時優游於這兩個領域的思想家名單很長，包括笛卡爾和萊布尼茲這種家喻戶曉的名人。這沒啥好大驚小怪的，因為哲學家和數學家採用的方法或多或少是一樣的——**他們仔細思考難解的謎題和問題**，但是擅長某個問題的天賦能力，並不保證對另一個問題也能游刃有餘，因為謎題和問題並不一樣，但有些人就是能在這兩方面都表現得很出色。

哲學家其實也經常處於科學的最尖端，尤其是亞里斯多德；事實上，科學是直到最近才跟哲學「分家」的。歷史上有很長一段時間，曾把科學稱為自然哲學（natural philosophy），以便把它跟哲學的其他分支，例如道德哲學或美學劃分開來。我們之所以把科學看做是一個獨立的領域，主要是因為它採用了不同的方法。科學家們當然也會仔細思考，但他們還會透過觀察和實驗來研究世界。

哲學家的工具箱裡其實也有這些工具，只是他們不會那麼頻繁地使用。哲學家感興趣的許多問題，無法透過實驗來解決，因為沒有實驗能告訴你什麼是正義，*[14]或什麼是愛或美，沒有實驗能告訴你何時懲罰是合理的，也不能告訴你復仇是否合理，或是我們擁有什麼權利，沒有任何實驗能告訴你什麼是知識，或者我們是否有希望獲得知識。

我們回答這類問題的主要工具是仔細的思考和對話，這導致一些科學家懷疑哲學是知識的來源，並認為哲學只是空談，[15]但我必須指出：如果哲學不是知識的來源，那麼科學也不是，因為歸根結底，**每項實驗都是基於某個論點，這是發現世界的一種方式**。而且每個結果都需要解釋，正如我之前所說的，**科學家跟哲學家一樣必須仔細思考，如果他們的論證不夠充分，就算做了實驗也無濟於事，所以，科學和哲學皆立基於縝密的思考及與人對話**。

其實從最深層的意義來看，哲學和科學皆致力於運用適當的工具來理解這個世界，在我們看來是各自獨立的領域——數學、科學和哲學，其實系出同源；當其他學科更適合解決某個問題時，哲學家就會把問題轉給他們，阿基塔斯的宇宙大小問題就是如此，科學幫助我們深入太空

* 至少沒有科學家會做那種實驗，有些哲學家，例如美國的實用主義者約翰．杜威（John Dewey）認為，我們對倫理觀念進行實驗的方法是透過嘗試接受它們，然後看看事情會如何發展。我認為此想法很有道理，這也意味著倫理知識（至少是某種類型的倫理知識）很可能產生於學院之外，而非學院之內。儘管如此，專業哲學家仍有用武之地——完善其觀點，提出新的觀點並研究其影響等。

——深入過去——以了解宇宙的極限。芝諾的運動悖論也是如此，數學幫助我們對無限有更好的理解，而科學正在逐步揭露空間的結構。

不過我們即將看到，關於無限的某些謎題，目前仍純屬哲學範疇。

無限多的快樂及痛苦

這裡即有一例：假設宇宙是無限的，這對我們意味著什麼呢？它會影響我們的行為嗎？答案看似是否定的，宇宙即便不是無限大，至少也是大得驚人。據估計，目前人類可觀測到的宇宙直徑約九百三十億光年，[16] 所以我們當然無法看到宇宙的大部分，而且我們當中只有極少數人能夠離開地球，目前人類計畫要去探訪的最遠地方是火星，我們可能會想，宇宙是不是無限大，與我們何干？

但是向我們介紹模擬假說的尼克．伯斯特隆姆認為，宇宙的大小說不定很重要，例如功利主義有個人氣頗高的版本便指出，我們應努力使宇宙中的快樂最大化、痛苦最小化，這是個很吸引人的想法。**我們的行為皆會產生後果，我們肯定希望它們都是好的，所以衡量行為是好是壞的最重要標準，就是它會如何影響人們的快樂或痛苦**。而且不光是對人，如果快樂和痛苦的感受才是最重要的，那麼不管是誰——或什麼東西——感受到了苦或樂，都是重要的。**所以我們的行為準則應該是能讓宇宙中的一切生物，感受到最多快樂與最少痛苦的行動**。

伯斯特隆姆指出，只要宇宙是有限的，那麼這個公式就沒問題，但如果宇宙是無限大的，這個公式就行不通了，[17]為什麼？假設我們看不到的那部分宇宙，跟我們能看到的那部分宇宙是一樣的——遍布著匯集了恆星和行星的銀河系，那麼其中總有一些星球上也有人吧，他們可能跟我們一樣，或者就算他們的構成與我們不同，仍是能夠感受到快樂和痛苦的生物，那他們的快樂和痛苦就攸關整個宇宙的快樂與痛苦。

那裡有多少這樣的人呢？伯斯特隆姆說，如果宇宙是無限大的，而且其餘部分就像我們看到的那樣，那麼那裡應該有無限多的人。雖然只有一小部分行星上可能有人，但如果宇宙是無限大，這些行星的數量應該也是無限多的，那麼問題就來了：**如果宇宙中有無限多的人，就會有無限多的快樂，以及無限多的痛苦，那不管我們做什麼，都無法影響宇宙間的苦樂**。

如果你是個數學高手，你可能已經明白為什麼會這樣，但就算你的數學沒那麼厲害也不用擔心，我們只需要再多學一點關於無限大的知識就行啦，就拿我給孩子們出的一道謎題來練習吧。

想像你是希爾伯特酒店的晚班服務員*，酒店只有一條無限長的走廊，兩邊有著連續編號的無限多房間。

今晚每個房間都有人入住，你的無限酒店裡有無限多的客人，所以生意興隆！你準備放鬆一下，但是當你剛安頓下來，就有一名疲憊的旅客出現了，她問你是否還有空房。

你說：「抱歉，我們已經客滿了。」

她問：「你確定沒辦法把我擠進去？外面的天氣糟透了。」

你真的很想幫忙，但你不知道該怎麼做，你們酒店雖然有無數個房間，但它們現在全都被占用了，無論她在走廊上走多遠，都不可能找到一個空房間。

正當她準備離開時，你突然想到了可以把她擠進來的方法，只不過會給其他客人帶來一些不便。你知道怎麼做嗎？

我第一次問雷克斯和漢克的時候，他們都不知道，但現在他們知道答案了，所以他們很喜歡拿這個難題來考其他孩子和大人。

解決方法很簡單。首先，你用對講機通知每個房間的客人，要求他們收拾好行李，搬到下一個房間。也就是一號房的客人搬去二號房，二號房的客人搬去三號房，以此類推，沒完沒了，直到最後。

只要他們這樣做，酒店裡的每個客人都會有個新的地方睡覺，而且第一個房間空了出來，你就可以讓疲憊的旅客入住。

而我們在這裡學到的一課就是：無窮大加一，還是……無窮大。

更妙的是，這一招對任何有限數量的客人都有效，如果你有兩名疲憊的旅客，你只需要求每名住客都往後挪兩個房間；如果你有三名疲憊的旅客，就請住客往後挪三個房間，以此類推。（但這招並不是百試百靈哦，你不能要求人們往後挪到無限多號的房間。）†

這裡我們又學到了一課：無窮大加上任何有限的數字，還是……無窮大。[18]

咱們再回來聊聊伯斯特隆姆吧，如果宇宙中存在著無限多的痛苦，我將無法增加痛苦的數

* 這是以十九世紀末和二十世紀初最具影響力的數學家大衛．希爾伯特（David Hilbert）命名的。

† 但你可以接納無限多的新客人！只要把每個客人的房號加倍，並讓新到的客人住進所有的奇數號房間即可。這裡我們學到了兩課：其一，無窮大加上無窮大還是無窮大；其二，偶數的數目跟「偶數與奇數相加」的數目一樣多，這說不定是我最喜歡的數學事實。在希爾伯特酒店你還可以做很多事情！你可以容納無限多輛巴士，每輛巴士都載了無限多客人，每一個有理數（rational number）可以塞進一名客人。但有些團體太大了你接待不了，例如你無法為每一個實數（real number）安排一名客人，你的酒店明明有無限多的房間，為什麼不行？因為事實證明，有不同大小的無窮大；儘管整數集和實數集都會無限延續下去，但實數集（包括了不能用分數表示的無理數，例如 π）是大到無法計數的——它們的數量比整數多。事實證明，數學比學校裡教的東西有趣多了。

量，我雖然有能力令人不快，但不管我的前女友們怎麼說，我都只能造成有限的痛苦。* 當你把有限的痛苦加到無限的痛苦上時，你就會有……無限的痛苦。

快樂也是如此。

結果就是：在一個無限大的宇宙中，功利主義對我們的所作所為漠不關心，無論我們是傷害別人還是幫助他們全都無關緊要，快樂與痛苦都將紋風不動，我們根本無法影響它。所以我想，我們可以隨心所欲去做我們喜歡的事，無論多麼可怕。

除非功利主義是錯誤的，但這個主題很大，無法在這裡討論。不過我想說的是：我認為功利主義是錯誤的，伯斯特隆姆的論點就說明了這一點。**在我看來，每個人都很重要，人不僅是快樂和痛苦的容器**。

功利主義把人視為等著客人入住的旅館房間，如果無限多的人已經被快樂和痛苦填滿了，那麼再多一個人也沒差。

我則寧願把人當成在櫃檯前等候入住的旅客來對待，雖然多收她這個旅客根本沒差，但她是否有地方住是很重要的。

創造自己在這世上的意義

且慢，她真的有那麼重要嗎？因為她是我編造出來的，所以我應該問的是：**「我們真的有那麼重要嗎？」**

我很喜歡跟我兒子一起讀一本繪本，書名是《萬億兆顆星》（*A Hundred Billion Trillion Stars*），[19]書中介紹了好多巨額數字，它提到世界上有七十五億人，還有一萬兆隻螞蟻，但是其中最大的數字是書名的萬億兆，那是一後面跟著二十三個零哪。而且它可能會有一個數量級（order of magnitude）的偏差；有人估計在可觀測到的宇宙中，有一萬億兆顆恆星（septillion）。[20]如果宇宙是無限大的，那麼宇宙中當然會有無限多顆星，但我們姑且說宇宙中有萬億兆顆星吧，畢竟光是這個數字就已經大到超出我們的思考範圍了。

我之所以喜歡和孩子們一起讀這本書，是因為我想讓他們思考自己的渺小，或者說得更精確些，我想讓他們想想我們的渺小。宇宙就算不是無限大，也已經大到難以想像了；而我們僅占據

* 我是開玩笑的啦，我娶了我高中時的青梅竹馬，所以我根本沒有前女友——翻遍整個宇宙都找不到。有時你會看到有人說，在一個無限的宇宙中，一切可能存在的東西都存在，那是錯誤的，只要你願意在宇宙中搜索，你永遠也找不到我的「前女友」，不過茱莉老愛提醒，我很快就會有一個「前妻」。

其中一小塊地方，而且它並沒有什麼特別之處。更糟糕的是，它甚至不會屬於我們很久，幸運的話，或許可以待上八十年吧，但宇宙已經存在超過一百三十億年了，而且它還有幾十億或幾萬億年的時間呢。

在這麼漫長的時間洪流中，我們充其量只是曇花一現，這令我們顯得極為渺小。

某天我問雷克斯：「你認為我們重要嗎？」當時他才十歲，而我們正在談論宇宙的規模。

他說：「我不這麼認為。」

「為什麼？」

雷克斯說：「宇宙有這麼多東西，我不明白我們為什麼很重要。」

我們繼續邊散步邊聊天，過了一會兒我又問他：「我可以打你的臉嗎？」

他驚訝地說：「不行。」

我問：「為什麼不行？這又不重要。」

他笑著說：「但是對我來說很重要。」

在這短短的十分鐘裡，雷克斯表達了在你腦中勢不兩立的兩個想法。

如果你退後一步，從宇宙的角度來看自己，你簡直渺小到無足輕重的地步，在你生前或死後，這世界都不會有很大的差別。

我們整個物種也是如此，如果我們從未降生到這地球，或是我們全數離開之後，宇宙都不會有很大的差別。**從外面看，我們所做的一切似乎都是徒勞，即使我們成功了，最終也會煙消雲散。但從內部看，即使是最微不足道的事物也顯得意義重大。我們並不重要，但事物對我們來說很重要。**

各位可還記得湯瑪斯．內格爾？我們曾在上一章中見過他，他就是那個想知道當一隻蝙蝠是什麼感覺的人；他也對我們這邊提到的兩種思想並列深感興趣：我們並不重要，但事物對我們來說很重要。

內格爾認為，這兩種想法在你的腦袋中並存，為生活增添了一絲荒謬感，[21]而且他這番話是意有所指的。內格爾認為，當某樣東西／某件事的嚴肅性（seriousness）與重要性（significance）不匹配時，它就是荒謬的。[22]我還在法學院念書時，曾經參加過一堂如何把法律期刊的引述文格式化的訓練課程，想不到大家居然為了某些句號是否應該用斜體表示，展開了冗長的激辯。此事並不涉及利害關係，句號是不是斜體真的很難分辨，而且沒人會在意，所以整件事真的很荒謬。

內格爾認為我們的一生就有點像那場對話，我們太把它們「當回事」了，我們擔心我們的外表、衣著、職業、專案和計畫——而這一切的目的是什麼？其實到頭來一無所獲，因為這一切都會結束，所以發生在我們身上的一切都不重要。[23]

我們其實是微不足道的，而且我們心知肚明，但我們還在繼續，好像這一切都很重要。

荒謬。有些人努力想要去除這份荒謬感，他們試著放棄自己的執念，把世俗的一切都視為無足輕重，如果能做到這一點，他們就不會那麼荒謬了，但幾乎沒有人能做到（這種嘗試往往是荒謬的）。[24]

還有一些人則堅稱宇宙是為他們而造的，他們說自己非常重要，因為他們對於創造這一切的神來說很重要。

但我對上帝抱持懷疑的態度，原因我稍後再解釋，況且即使祂真的存在，我覺得認為上帝那麼在意我們是很放肆的。我們都知道在神的靜觀中（divine contemplation），人類的重要性並不高於一京隻螞蟻，我們既不在宇宙的中心，甚至不是我們這個太陽系的中心，上帝為什麼要把他關心的生物放在某個遙遠的地方呢？祂何必要創造其他生物呢？如果我們真的那麼重要，其他的一切又是所為何來？

我明白你認為上帝有個我們難以理解的神祕計畫，但上帝關心祂所有的造物，無論它們位在宇宙中的什麼地方，或許情況確實如你所想的那樣。

但是我從人們對上帝的懇求中，得到了不同的啟示，有些人認為上帝可以玩的把戲——只需關心事物，就能讓它們變得重要——其實我們也辦得到。

當然啦，我們無法讓事物在宇宙意義上變得重要，但我們可以讓它們對我們而言很重要，而我們唯一要做的就是關心它們。

而且我認為這就是所謂的超能力，這麼說並不誇張，**我們創造了自己在這個世界上的意義，沒有多少生物能夠做到這一點。**

別把自己看得很重要

所以我們應該關心一些事情，即使這樣做很荒謬；我們應該關心我們的家人、朋友、同伴、我們的專案和計畫，因為他（它）們使我們的生活充滿意義。

我們應該關心自己嗎？我本想說是的，但我剛剛讀了我的朋友莎拉．巴斯（Sarah Buss）所寫的一篇論文，所以我得再想想。

巴斯是我在密西根大學哲學系的同事，我兩個兒子都很喜歡她，主要是因為她每年都會送他們好吃的聖誕餅乾，她也是我認識的道德哲學家中最精明的一位。

她最近一直在思考道德勇氣──它是什麼？是否可以培養？她想知道為什麼有些人願意捨己為人、做出犧牲、對抗壓迫，不惜付出巨大的代價幫助別人。

巴斯對於答案並不確定，可能的原因有很多，但她懷疑有些人的勇氣可能來自於不夠重視自己，且極度重視他人；[25] 他們把自己看得無足輕重，卻讓其他人顯得舉足輕重。

這在情感上和理智上，都是很難做到的，[26] 主要的障礙是我們對自己的愛和同情，以及隨之而來的恐懼。[27] 要獲得正確的勇氣，你必須認為自己微不足道，但光從理智上認識到發生在自己身上的事情並不重要是不夠的，你必須去感受它，[28] 就像你現在感受到恐懼及對自己的那份愛一樣，否則在真正發生衝突時，恐懼就會勝出。

大家切莫把巴斯所說的態度與自卑混為一談，她並不希望你認為自己的人生不值得活，或是覺得自己是個不配被愛和尊重的生物。她當然認為你應該先看清楚左右兩邊的狀況再過馬路，而且你應該期待別人善待你。[29] **只是當需要展現勇氣的時刻到來時，你會想感受到自己渺小，就像你感受到自己的恐懼一樣肯定**。

除了情感上的挑戰，你還會面對理智上的挑戰。如果你視自己為無足輕重之人，那麼你似乎也應該這樣看待他人，但那樣是危險的，你不想成為無視他人的人，但如果你認為他們不重要，你就很容易會藐視他們。**所以即使你不把自己看得很重要，你仍須堅持他人是很重要的**。

這樣看世界或許不是一種融貫的方式，卻是一種美麗、無私且充滿愛的方式。

而且愛未必總是融貫的。

我希望我的孩子擁有道德勇氣，但這是個很大的要求，我也不確定自己是否有道德勇氣，要等到真的遇上事情了，我們才會知道自己有沒有。

至少我想讓他們明白，這世上有一種「別把自己看得很重要」的觀點，我希望他們練習用這種方式看待世界，**我希望他們換一種視角，把他們自己——以及他們目前所關心的問題——視為微不足道，以便正確且公平地看待問題**。

這就是為什麼我會和他們談論宇宙的大小，[30]這也是為什麼那晚我會從書架上拿出《萬億兆顆星》這本書。當時漢克七歲，他媽媽為了他不肯上床睡覺氣得大發雷霆。所以當我準備讀這本書給他聽時，他的心情很低落。

當我們讀到最後時，我問了他一個問題，這個問題我也曾問過他哥哥：「外面的世界那麼大，你認為我們重要嗎？」

「不重要，」但他隨即補充說，「但是對我們來說，我們很重要。」

我說：「你對我來說肯定很重要。」

然後我又問：「當你想到所有的銀河系、恆星和行星時，你有什麼感覺？」

「這對我的悲傷沒有幫助。」他看穿了我的心思。

於是我給他唱了一首搖籃曲，並且道了晚安。

不過我會繼續努力的。**我希望我的孩子對世事充滿熱情，這樣生活才會有意義**。

關心世事不難，難的是明白你所在意的事情其實沒那麼重要，即便它們看起來很重要，甚至涉及到生死。

要是我的孩子明白這個道理，卻還是繼續關心世事，他們就會有點荒謬，但他們已經是這樣了，況且他們並不孤單，我們其他人何嘗不是如此（這事就是沒那麼重要嘛）。[31]

第 12 章

上帝
神真的存在嗎？

「查克有上帝之靴耶。」

我問：「你說什麼？」並把注意力轉向了四歲的雷克斯，我正在廚房裡做晚飯，雷克斯則坐在餐桌旁吃零食，這些零食出現在我們家有兩個目的：讓我們可以好好做頓晚飯，以及確保孩子不會吃我們做的東西。

雷克斯又說了一次：「查克有上帝之靴。」彷彿這是個天大的啟示。

我故作熱情地附和著：「**哇！查克有上帝之靴耶?!**」彷彿這真的是個天大的啟示。（熱情附和是我常用的育兒方法，讓孩子對談話感到興奮，就會有好事發生。）

「對啊！查克有上帝之靴。」雷克斯用更加興奮的語氣說。

「你說的是哪個查克？大查克？小查克？還是老查克？」我家的幼兒房裡有一大堆各種尺寸的查克布偶。

「是小查克！」雷克斯洋洋得意地說。

「不會吧？小查克有神靴？」

「真的！」

「酷！但是……上帝之靴是什麼？」

雷克斯說：「你知道的啊。」彷彿這事再明顯不過。

「呃，我不知道耶，寶貝。什麼是上帝之靴？」

「就是印有上帝的靴子。」

我把它當成一個令人震驚的消息大聲喊道：「上帝在查克的靴子上！上帝重嗎？查克穿上他的靴子還走得動嗎？他是不是被困在學校了？我們應該去幫助他嗎？」

「把拔！不是上帝，是上帝的圖案啦。」

「是哦，那上帝長什麼樣子？」

「你知道的啊。」雷克斯用一種陰謀論的口氣說。

「不，我不知道，」我低聲說，「上帝長什麼樣子？」

「就是戴牛仔帽的那個人。」

「哪個戴牛仔帽的人？」

「電影裡的那個。」

現在我們總算有一點頭緒了，雷克斯只看過三部電影。

第一部是《好奇猴喬治》（*Curious George*）。「你是說那個戴黃色帽子的人嗎？」

他咯咯地笑著說：「不是啦。」

第二部是《汽車總動員》（*Cars*）。「那你是說拖線嗎？」

他用一種跟小孩子說話的口氣說：「也不是啦！拖線不戴牛仔帽。」

最後就只剩下《玩具總動員》（*Toy Story*）了。「是胡迪嗎？」

「是的！**上帝！**」

我小時候還以為上帝要麼長得像美國的國父華盛頓（George Washington）、要麼像超人，因為祂確實擁有超能力，所以應該是氪星之子（Son of Krypton）無誤；但上帝也是個超級大好人，而且非常老，所以華盛頓一直是我心目中上帝的樣子。

我不知道雷克斯是如何形成他的觀點，但如果你想讓自己毛骨悚然，就把上帝想像成胡迪吧；不論你走到哪裡、無論你在做什麼，胡迪那雙畫出來的眼睛都在看著你，真的超恐怖的啦。

但仔細想想，標準的故事就是這樣，全知全能真的令人毛骨悚然。

看不見、無形的、難以捉摸的神

那麼上帝究竟長得像誰？華盛頓？胡迪？超人？若根據各大主要的一神論宗教的說法，答案會是以上皆非。其實每四位神學家中，就有三個說上帝不存在於時空中*，因為祂創造了時空，所以祂立於時空之外。只不過祂不算是真的立於時空之外，因為站立需要空間，而且時空之外也是一個地方。重點是，上帝並非一個時空性的存在（a spatio-temporal being）†，這意味著上帝看起來不像任何東西。

但且慢！我們人類不就是按照上帝的形象和樣式創造出來的嗎？上帝不是有時會出現在聖經中嗎？大多數神學家是用隱喻來詮釋所謂的「人是照著神的形象和樣式創造出來的」，並非如字面所說我們真的長得跟上帝一樣——上帝有兩隻手、兩條腿，以及日漸發福的腰圍——而是說我們擁有上帝的一些屬性，例如推理能力。而且雖然上帝在《聖經》中出現過，比如摩西和燃燒的荊棘，但這些故事中的人並沒有真正看見上帝，而是看到了類似於化身的東西。

要詮釋耶穌就更複雜了，身為猶太人的我不會試圖去解釋三位一體，但我想說的是：即使按照基督教的說法，上帝也並非完全是時空性的；雖然耶穌肯定長得不像華盛頓、胡迪或超人，但上帝的其他方面——據說仍然存在的那些方面——在時空上沒有位置，這意味著我們看不見它們。這種說法也太方便了吧？

---

* 第四位神學家會推薦 Crest 牌牙膏（我是在開玩笑啦，大家都知道最棒的牙膏是 Tom's）。但這個統計數字其實並非事實，是我編造出來的，目的是為了凸顯出上帝與時間和空間的關係存在著一些爭議。關於上帝是無時的（atemporal，不存在於時間之中）還是永恆的（eternal，存在於所有的時間點），各方的爭論相當激烈。不過更多的神學細節，對於我們的討論目的來說並不重要。

† 所以上帝並非從上方俯視你。

安東尼．傅魯（Antony Flew）是位無神論哲學家＊，二十世紀後半葉在英國的幾所大學任教。他曾經講過一個故事，是改編自劍橋大學的哲學家約翰．維思登（John Wisdom）。話說某天，有兩個人走過森林來到一片空地，他們發現那裡長著很多花，但也有很多雜草，於是第一個人對第二個人說：「肯定有個園丁在打理這塊地。」[1]

第二個人說：「沒有園丁。」

這兩位皆是惜話如金之人，我們姑且稱他們為「有先生」和「無先生」。

兩人決定在空地上搭帳篷，並待上一段時間，他們一直沒看到園丁，但「有先生」並不氣餒，他說：「那園丁肯定會隱身術。」所以他們搭建了一個帶刺的鐵絲網。而且他們為了確保能在園丁來的時候抓住他，不但在鐵絲網上通了電，還用獵犬在附近巡邏。但是依然不見園丁的人影，鐵絲網從未有過任何動靜，他們從未聽到有人被電到而發出慘叫聲，獵犬也從未狂吠，但「有先生」還是不死心，他堅稱：「這裡肯定有個看不見、摸不著、對電擊不敏感的園丁，這是個沒有體味、不會發出聲音的園丁，他會偷偷來照顧他心愛的花園。」[2]

最後「無先生」終於忍不住吐槽了：「**一個看不見、無形的、永遠難以捉摸的園丁，跟想像中的園丁或根本沒有園丁有什麼區別？**」[3]

傅魯認為談論上帝是空洞的，是毫無意義的。「有先生」說這裡肯定有個園丁，所以他們開始尋找；當他們沒看到任何園丁時，「有先生」便對園丁的身分設下各種條件，他不斷削減這些條件，直到他的主張變成空無一物，因為沒有任何東西符合他設下的條件。

假設你和我對於冰箱裡是否有隻雞抱持不同意見，我說有，你說沒有，我們如何解決這個爭議呢？我們可以打開冰箱看看，假設我們看了，且沒有看到任何雞肉，你就說你贏了。但我也不甘示弱：「我又沒說那隻雞是看得見的，那是隻看不見的雞。」所以我們開始在冰箱裡摸索，但我倆都沒有摸到雞肉。你又說你贏了，但我也依舊嘴硬不認輸：「我又沒說這雞是摸得到的，它是隻無形的雞。」

總有一天，你會認定我要麼是精神錯亂了，要麼死不認錯，但無論是哪種情況，繼續爭論冰箱裡是否有隻雞都是沒有意義的，因為我根本不會接受任何相反的證據。

從前，人們曾為上帝在這個世界上的角色設定了一個假設：祂打理世界這座花園，所以人們會向上帝祈求下雨或是別再下雨。現在當然還是有很多人會向上帝祈禱，而且雖然仍有人會向上帝祈雨，不過很少人會認為每一場雨都是上帝的決定，因為我們已經可以解釋為什麼會下雨，所以我們不必再為上帝設定一個角色。但是隨著上帝從我們賦予祂的角色功成身退之後，我們卻又把祂重新塑造成一個看不見的、無形的人物，而祂在這個世界上的痕跡（如果真有的話）是無法

* 他在生命的晚期轉變成相信有上帝的存在，但人們斷定那是痴呆症造成的。

辨識的。這不禁令人擔心，上帝就跟我冰箱裡那隻看不見、摸不著的雞一樣不真實。

看不到、聞不到、吃不到、摸不到的雞，那還是雞嗎？每隻雞在時間和空間中都有自己的位置，但我們憑什麼一口咬定上帝的存在方式必須跟雞一樣呢？這世上還有其他的存在模式啊。

不存在的數字六

我是個不正經的爸爸，也是個不正經的叔叔，我很愛捉弄我侄子，例如我曾想騙他說數字六並不存在。

我在他五歲的時候問：「嘿，小畢，你會數到十嗎？」

他開始數：「一、二、三、四、五、六、七……」

「等一下！停下來！你剛才說什麼？」

「七。」

「不是這個，在那之前。」

「六。」

「什麼是六？」

「一個數字。」

「不，它不是。」

「它是！」

「不，它不是，如果你要數到十，要像這樣：一、二、三、四、五、七、八、九、十。」

他一開始並不相信，但我很堅持且很有說服力，最後他只好去找他媽媽。

「叔叔說世界上沒有數字六這種東西。」

他媽媽說：「嗯，史考特叔叔的數學很厲害哦。」不得不承認我嫂子真是個了不起的女人，居然讓我唬弄她兒子。

我瞎掰了一堆理由，直到我侄子完全相信數字六是幼稚園亂教的，不過等他對我的胡說八道深信不疑後，我趕緊告訴他真相，其實數字六是存在的。

但數字也不存在於時空中，所以問「數字六在哪裡？」或「數字六在什麼時候？」都是沒有意義的問題，因為數字六在空間和時間上都沒有一個位置。同時也沒有必要問數字六長什麼樣子，因為它並不是那種可以把光子（photons）反彈到你臉上的東西。

6

且慢！你可能在想，我知道六長什麼樣子啊，它看起來像這樣：

但6只是數字的一個符號，就像三個英文字母組成的「God」，只是我們用來稱呼全能上帝的一個符號一樣。數字六本身也可以像這樣符號化：

VI

或是這樣：

Six

或是其他任何你想要採用的方式，只要你告訴人們你的符號是什麼意思，但符號與數字是兩碼子事。

數字六是什麼？它為什麼會存在？數學哲學家們對此爭論不休，最簡單的說明大概是這樣：數字六之所以存在，是因為它在數字系統中所扮演的角色，它是數字五的後繼、且是數字七的前身。它還與一些實體有著無數的其他關係，這些實體的存在是由它們之間的關係相互定義的。這就是為什麼我必須讓我侄子知道真相，因為這世上如果沒有六，數學的其他部分就會變得一團亂。

但把數字六的存在，歸因於它在數字系統中扮演的角色，就迴避掉了一些困難的問題：**該系統是我們創造的還是我們發現的？**如果我們沒這麼做，數字還會存在嗎？我個人傾向於認為數字還是會存在，但我無法為此觀點辯護，而且我若認真辯護，各位恐怕會放棄這本書，因為它會變得超級難和超級無聊且超級快。

但我想說的是，世間的萬事萬物並非都以同樣的方式存在，雞存在於空間和時間中，園丁也是如此，但數字六則不存在於空間和時間中，如果數字六可以用這種方式存在，那為什麼上帝不行？

真實的上帝和假裝的上帝

雷克斯小時候經常問我：「上帝是真實的嗎？」我們送他去讀教會學校，所以他學到了很多關於上帝的知識——至少是猶太人講述的上帝故事。我們之所以會送他去念教會學校，主要也是為了讓他知道這些故事，我們希望他在自己的族群和文化中感到自在。

但是當他了解了這些故事後，他還是會堅持不懈地問我：「上帝是真的嗎？」各位看了我到目前為止所說的一切，可能會認為我告訴他上帝不是真的，但我沒有。原因有兩個，其一，我不確定這個問題的答案，稍後我會詳細說明原因；其二，**當孩子問了一個大哉問時，我認為重要的是開啟對話，而非中斷對話**。

所以我不說是或不是，相反地，我會分享各式各樣的觀點：「有些人認為上帝是真實存在的，我們在《聖經》中讀到的故事，就像書中所寫的那樣，是真實發生過的。但另一些人則認為，這些故事只是人們為了解釋他們不理解的事情，而編造出來的。」然後我會問雷克斯：「那你怎麼想呢？」我會認真對待雷克斯的回答，並期待我們能繼續聊下去。

如果雷克斯說上帝是真實的，那我就會問他為什麼會這麼想，他是否注意到《聖經》中的某些故事有出入（例如有兩種不同的創世紀故事）；還有，如果上帝是真實的，世上為什麼還會發生那麼多壞事？上帝明明能夠阻止呀。如果他不認為上帝是真實的，如果他說那些故事僅僅是故事，那麼我就會問他，為什麼會有這麼多人這麼認真地看待這些故事，他如何解釋世界的存在……等。

我必須以孩子能夠理解的方式跟他對話，而且我倆根本不可能悠閒地在暖爐旁一坐好幾小時，邊喝白蘭地邊聊人生的奧祕。**我們父子間的談話大多數都很短，通常只有一、兩分鐘，但是經年累月下來仍可見其功效，而且有時會出現令人驚訝的成果**。

某天雷克斯又問我：「上帝是真實的嗎？」他當時四歲，距離胡迪的天啟事件剛過不久。我們之前已經談過這個問題很多次了，所以我直接問他：「那你是怎麼想的？」

雷克斯說：「我認為真實的上帝是假裝的，而假裝的上帝是真實的。」我真的驚呆了，對於一個四歲的孩子來說，這個想法未免太有深度了，就算是四十歲的人也未必說得出這樣的一番話，所以我趕緊請雷克斯解釋他的意思。

他說：「**上帝不是真的，但是當我們假裝時，他就是真的。**」

哲學家把這種觀點稱為虛構主義（fictionalism），例如當我說：「我在密西根大學教書。」我說的是此時此刻在這個世界上的一件真事，但要是我說：「鄧不利多在霍格華茲教書。」這個說法在這個世界上就是假的，因為霍格華茲並不存在於這個世界上，鄧不利多也不存在，所以他不大可能在霍格華茲教書，但他們確實存在於另一個世界——哈利波特生活的那個虛構世界，所以「鄧不利多在霍格華茲教書」這句話，在那個虛構的世界裡是真的。而且當我說這句話時，你馬上就會明白我指的是那個虛構的世界，所以你會覺得我說的是真的，儘管它在這個世界上並不是真的。

成為鄧不利多的虛構主義者，只不過是接受他存在於小說中、而非我們的世界中，相信沒有人會否認這一點，因為鄧不利多顯然是虛構的。但有些哲學家認為，對於那些並非明顯是虛構的事情，我們應該都算是虛構主義者，例如有些哲學家認為道德是虛構的，對這些人而言，權利是虛構的，就跟鄧不利多一樣。

這是個悲哀的想法，人們很在乎權利，他們會為權利而戰，他們真的會這樣做，所以如果權利不是真的，那就太糟糕了。

但那些認為道德是虛構的哲學家們也說了：「不要絕望！我們所講述的關於權利的故事，全都是好故事，都有好結果，所以我們應該繼續講下去，我們應該為我們虛構的權利奮戰！」

我並不是這一派的哲學家，我認為權利就跟我冰箱裡看得見、摸得著的雞一樣真實，或是跟數字六一樣真實。但是有些哲學家會說我在這方面也是錯的，他們認為數字是虛構的，除了在我們講的故事中，這世上並沒有六或七或七十二。

這是另一個悲哀的想法，想想因長除法（long division）而損失的那些時間吧！

這些哲學家會說：「那些時間並沒有浪費！我們講的數字故事棒極了，沒有它們我們就活不下去了，所以不管你做什麼，都不要停止談論數字，儘管那完全是我們瞎掰出來的！」

我也不是那一類哲學家，沒有數學我們將無法理解這世界，物理學的定律（例如 E = mc2 或 F = ma）都是用數學來表達的。某些數字似乎被寫進了宇宙的結構中，比如上述公式裡的 c，代表光在真空中的速度（大約每秒二十九萬九千七百九十二公里），是目前宇宙所有物質中傳遞速度最快的。如果物理學依賴某種虛構的東西——如果虛構的數學是解釋我們發現的世界之關鍵，那就太奇怪了。所以我不是個數學虛構主義者，就像我也不是個道德虛構主義者。

但我必須坦承：我認為雷克斯是對的，真實的上帝是假裝的，而假裝的上帝是真實的；關於上帝這個議題，我就是個虛構主義者。

我們最近換到另一家猶太會堂，原本那家猶太會堂，禮拜儀式大部分是用希伯來語進行，但我不太會說希伯來語，我會念所有的祈禱詞，不過我並不懂其中大部分的意思。我很喜歡在猶太會堂裡跟著大家一起唱頌歌，並讓這些祈禱詞洗滌我的心靈。

在新的猶太會堂裡，我們唱的頌歌、念的祈禱詞與原先大同小異，但大部分是用英語說的。結果我發現我很不喜歡這樣，事實證明，我喜歡我信仰的宗教是莫測高深的。

我就是不相信我們所講的故事，但是用英語聽這些故事，卻逼得我必須一再面對這個問題。

信仰究竟是什麼？

猶太人流傳著一個老笑話。

有個孩子上完主日學回家，父親問他今天學到了什麼。

「今天我們學習了摩西如何把猶太人從埃及的奴役中解放出來。」

他爸爸問：「他是怎麼辦到的？」

「他們快速逃離，連麵包都來不及烤；當他們到達紅海時，埃及人緊追在後，所以他們不得不加快工作，他們造了一座橋並快速衝到對岸後，就把橋炸掉了。」

他爸爸問：「真的嗎？這就是他們教你的？」

孩子說：「不是啦，但如果我把他們教我的東西告訴你，你也不會相信的。」

我就是笑話裡的那個孩子。

我從來不相信這些故事，而且是從第一次聽到時就不信了。

不過我假裝相信，而且我不打算停止這麼做，因為假裝能讓世界變得更美好。

我們家會在週五晚上點安息日蠟燭，並向上帝禱告。這是忙碌的一週中一個寧靜的時刻，而且給了我們齊聚一堂的理由，為我們所擁有的一切表示感謝。

一整年當中，我們歡慶許多節日，有的歡樂、有的莊嚴，我們會與家人和朋友聚在一起，傳唱與念頌我們族人世代相傳的祈禱詞。

我們用宗教儀式來紀念人生中的大事：新生兒的割禮（bris）或命名禮、童年結束時的成人禮、新家庭開始的婚禮，以及生命結束時的安息儀式。

即使沒有上帝，也有辦法讓這些活動變得有意義，但是許多不信神的人錯過了這些美好的儀式，因為他們沒能形成替代的傳統。

所以解決的辦法不是信仰，而是假裝。

至少這是我的解決辦法，我並不會貶低任何人的信仰，但信仰究竟是什麼？為什麼我沒有？

路德維希．維根斯坦（Ludwig Wittgenstein）是二十世紀最有影響力且最神祕的哲學家之一，他講的故事通常很短，這裡就有一個：

假設某人是個信徒，他說：「我相信有最後的審判。」而我說：「我不太確定，可能有吧。」你會說我倆的看法南轅北轍，但如果他說：「天上有架德國飛機。」而我說：「我不太確定，可能有吧。」你卻會說我倆的看法相當接近。[4]

為什麼我們在其中一個例子的看法很接近，在另一個例子的看法卻差很大呢？**當我們在討論頭頂上是否有飛機的時候，我們對世界的定位是一致的，我們想搞清楚事實，我們的分歧只是如何評估證據，我們之間的歧見不深**。我覺得你對飛機的看法可能是對的，我只是不確定。

但是在第一段關於末日審判的對話中，情況是完全不同的，雖然你說你「相信」有末日審判，但你並不是告訴我，你已經評估了證據，並做出確實有末日審判的結論。因為說實話，**證據並不充分，你其實是在宣揚你的信仰**。這就像柏克萊大學的哲學家萊拉．布查克（Lara Buchak）所說的：「信仰與行動更加有關（高過信念）。」[5]

為了理解她的意思，我們來看看另一個故事。假設你擔心我們的朋友對某件重要的事情撒了謊，我聽你說完後，對你說：「我明白你為什麼擔心，但我對她有信心。」我這麼說並不是在和你爭論，我甚至不是告訴你，我對證據有不同的評估；相反地，我只是告訴你，我打算裝作這位朋友說的是真話——我在為她冒險——即使面對相反的證據。如果我真的有信心，我就會告訴你，我願意相信我們掌握的證據。（如果我要你去查明真相，那就表示我對她缺乏信心。）

信仰上帝的人同樣願意承擔風險，他選擇假裝上帝存在，而不是等待確認，或尋求進一步的證據。他甚至可能會在證據不夠充分的情況下，儘管心存疑慮，卻還是願意將自己的生活圍繞著上帝展開。*同理，當你告訴我你相信有末日審判時，你就是在告訴我，你向來以某種方式看待這個世界並據以行事，如果我的回應是：「我不太確定，可能有吧。」那我就是在告訴你，我並不像你那麼深信，我倆的看法存在著巨大的鴻溝，你已經做了信仰的飛躍（leap of faith）†，而我卻還站在另一邊。

帕斯卡的賭注

我是否也該縱身一躍呢？我不認為這是個正確的問題，因為我懷疑你可以透過推理來決定是否要信仰上帝，但有些哲學家不認同我的看法。

十七世紀著名的法國數學家帕斯卡（Blaise Pascal）對於哲學也有涉獵，他就認為你可以透過推理來決定是否要信仰上帝，他的論點是這樣的：假設真有上帝，如果你相信祂，祂會很高興，而你將終生受益。但如果你賭世上沒有上帝，祂就會不高興，而你應該猜得到結果會是怎樣。現在假設世上沒有上帝，信仰並不會令你付出很大的代價——除了浪費一些時間上教堂或是做善事，但即使沒有上帝，做善事也是很有價值的；況且你就算沒上教堂，很可能只是把時間浪費在玩電動，或是像帕斯卡說的那樣：「**如果你賭贏了，你將得到一切；如果你賭輸了，你也毫無損失，那就毫不猶豫地賭有上帝吧**。」[6]

這就是知名的帕斯卡的賭注（Pascal's Wager），但你也可以把它稱作漢克的賭注；漢克七歲的時候，我曾問他上帝是否真的存在，我們討論了幾分鐘後他就求饒了。

他說：「我不喜歡談論這個。」

「為什麼？」

---

* 有趣的是，如果他確定上帝存在，他就不會有信仰，只有當你可能是錯的情況下，信仰才有意義。例如我不會說我有信心老虎伍茲是個高爾夫球高手，因為我確定他就是，根本不需要信仰；但是請注意，我可以說我有信心老虎伍茲會贏得美國名人賽。同理，一個確定上帝存在的人，也可以相信上帝在保佑他（或諸如此類的事情）。正如《新約聖經》所解釋的：「信就是所望之事的實底，是未見之事的確據。」（希伯來書 11:1）

† 譯者注：意味著你對某件事情極有信心，準備放手一搏，不要想太多，相信就對了。

「因為上帝會覺得這是對祂的侮辱——如果真的有上帝。」

我笑了，並告訴他一些關於帕斯卡的知識：「你跟他想的一樣耶，你應該信上帝，這樣你就不會令祂不高興——如果上帝真的存在。」

漢克說：「我一直都這麼認為啊，這就是為什麼我從來不想談論它。」

哲學家們曾為了帕斯卡的賭注是否有效而爭論不休，[7] 我們不須妄下判斷，但我要說的是，**如果你是出於私利而信奉上帝，我懷疑你來世能否得到完全的信任。**[8] 所以我懷疑漢克和帕斯卡在計算他們的賭注時，可能出現了偏差，說不定是很大的偏差。

雖然我不認為你可以透過推理來決定是否要信仰上帝，但是我可以解釋為什麼我缺乏信仰，以及我為什麼不曾做過信仰的飛躍。正如我之前所說的，一個有信仰的人，他的生活是以上帝為中心的，而這種情況跟我的人生方向正好背道而馳。我是一個會質疑的人，一個會懷疑的人，一個想了解世界的人，以及想了解我們在世界的位置，我寧願沉浸在謎團中，也不願意假設一個解決方案。而信仰要求我做的承諾，如果我不重塑自己的話，我是辦不到的。

許多人的情況恰恰與我相反，而我已經說過，我不會貶低任何人的信仰，事實上，我非常欽佩許多信徒為其信仰所做的諸多善行義舉，我們的世界也因為宗教藝術，以及他們所做的一些社會運動，而變得更加豐富。這種情況並非意外，因為對許多人來說，信仰是目的、方向和深刻動力的來源。對我們猶太人來說，信仰的目的是——修復世界（tikkun olam），而許多信仰及許多有信仰的人，也都有類似的抱負，這世界肯定會因為大家所做的一切而變得更美好。

但是信仰也會滋生仇恨，這點並不意外，相信雷克斯的公式前半段（真實的上帝是假裝的）的人，絕不會以上帝的名義去憎恨他人。*我可以講述我的故事，你也可以講述你的故事，只有當我們相信這些故事時，它們才變得互不相容。

沒有仇恨的信仰當然也是有可能的，許多人便是如此。但不可諱言的，宗教仇恨是世界上眾多衝突的根源，因此我希望雷克斯的觀點能得到更廣泛的傳播。如果非要我選擇，對於上帝這個議題我選擇當個虛構主義者，並把我的信仰放在別處——**在我們彼此之間，以及我們合力修復世界的努力中**。

要是我們能一起努力修復世界，我想上帝肯定會很高興的。如果上帝真的存在，你可以把這稱為史考特的賭注，這是個比帕斯卡更好的賭注。

* 當然，這樣的人有可能會因為其他原因而仇恨他人，我在這裡提出的主張並不是想要比個高下，我只是想指出，宗教也可能是仇恨的一個來源。我們都很熟悉產生仇恨的其他原因：民族主義、種族主義、性別歧視等。而前述這些信仰體系與宗教皆有個共同點：它們會讓群體中的成員產生優越感，我懷疑他們的仇恨大部分就是從這兒來的。

上帝無法提供答案

某天晚上我告訴雷克斯（他當時九歲），我正在寫我們關於上帝的談話，他焦急地看著我；「這可能會『冒患』到某些人耶。」

我笑了出來，我好懷念他的臭奶呆啊，所以我不打算糾正他，我想盡可能留住我的小男孩。

雷克斯是對的，很多人不喜歡這樣的想法——全能的上帝是虛構的，但我之前便向雷克斯解釋過，一個哲學家必須說出他的想法，即使他認為別人不會喜歡他說的話，這就是哲學家的工作。

所以我不僅要跟各位分享我的想法，我也要跟大家分享我的疑慮。

這個世界有太多我們不了解的東西，我們不知道意識是什麼，它為什麼存在，或是它的分布有多廣泛。而且更重要的是，我們不明白世界為什麼存在，為什麼物理定律會如此，甚至不明白為什麼會有物理定律。

而上帝就是許多人給出的答案，大多數宗教都是從創世故事開始，但它們都不是真的，就算它們是真的，它們也無法解開這個謎團，它們只是把它推到了另一個地方。如果真有上帝，如果上帝創造了我們所知的世界，我們仍然會想：上帝為什麼存在？

也許上帝一定存在，有些哲學家就是這麼想的，十一世紀的聖安塞姆（Saint Anselm）曾說，他有個能證明上帝確實存在的論證，不過這個論證始於一個非常奇怪的想法：我們可以設想世上有一個存在，祂比我們能夠設想出來的任何存在都更偉大。[9] 這番話說穿了就是要我們想想，**這世上是否有一樣東西，是比我們能想到的其他任何東西都更厲害的？**

且讓我們來做個實驗，請各位想想你覺得最棒的一樣東西，我也來想想。

我的答案是墨西哥夾餅，你想到了什麼？墨西哥夾餅？我想也是。

但安塞姆想到的竟然是上帝（這也不能怪他，因為他從來沒吃過墨西哥夾餅），不僅如此，安塞姆還說上帝一定存在，因為真的存在會讓一個偉大的人更偉大，而上帝是最偉大的人，所以祂一定是真實存在的，讚啦！（邏輯學家比較喜歡說ＱＥＤ。）*

如果你覺得安塞姆想要唬弄你相信他的說法，你並不孤單，他的論述幾乎一提出就被一個叫高尼祿（Gaunilo）的修士打槍了。[10] 高尼祿說，他可以想像一座令其他島嶼都黯然失色的偉大島嶼，而真實存在會讓一座偉大的島嶼更加偉大。所以根據安塞姆的邏輯，那個完美的蜜月熱點一定存在！

哲學家們為安塞姆的論證起了個好聽的名字——稱它為本體論論證（Ontological Argument），但是就連雷克斯都吐槽說這個論證有夠可笑：「我能想到的東西並不代表它就是真

* ＱＥＤ是 *quod erat demonstrandum* 的縮寫，大意是「證明完畢」，用來表示證明所需的結論已經完整了。

的。」這差不多是大多數哲學家會給出的診斷，多年來有人試圖完善此論點，[11] 但我從未遇過有人是因為認同安塞姆的論證，而相信上帝的。（如果你認同安塞姆的主張，那我有座島想賣給你，高尼祿說它很棒。）

說到底，**我並不認為上帝能幫助我們解釋世界的存在，就像我說的，上帝只是揭開了這個謎。**

那麼，如果不是透過上帝，我們還能如何解釋這個世界呢？或許還有其他東西可以解釋世界存在的原因，愛因斯坦曾說過，他想弄清楚「上帝在創造世界時，是否有過任何的抉擇」。[12] 但上帝只是愛因斯坦用來指稱物理定律的隱喻，他想知道的是物理定律是否非得如此。[13] 所以我猜，發現各種物理學定律，搞不好是圓滿解釋世界為什麼是這樣的唯一希望，即便如此，我們也不一定能知道世界存在的原因。

為什麼會有物理定律？為什麼不是虛無（nothingness）**？或許這才是最大的大哉問。**[14]

或許世界的存在是無法解釋的，或許世界就這樣存在了啊，或許我們無從知曉，或許是我搞錯了，說不定上帝確實是解開謎團的關鍵。

我並不堅決主張上帝不存在，因為那是一個非常強烈的表態，而我還沒準備好要做出那樣的表態。

我懷疑，而且我懷疑我的懷疑是否合理，這是身為一個哲學家最好的性情，我希望我的孩子也能養成這樣的性情。

世上苦難何其多

我在寫這本書的結語時問雷克斯：「你認為上帝是真實的嗎？」當時他十一歲。

他毫不遲疑地回答：「不是。」

「為什麼不是？」

「如果上帝是真實的，祂就不會讓那麼多人死掉。」此時，死於新冠疫情（COVID-19）的人已經超過兩百五十萬，而且疫情還未結束。

「你為什麼這麼說？」

他說：「上帝不是應該關心我們嗎？既然祂關心而且又有能力阻止，就不該讓這種事發生。」

我想這就是每個思考上帝（或別的名稱）是否存在的人，都知道的「邪惡問題」（Problem of Evil），我認為澳洲哲學家麥基（J. L. Mackie）對這個問題提出了最佳的解釋（麥基對於道德和上帝皆抱持強烈懷疑的態度），麥基指出：「這個問題的最簡單形式是這樣的——上帝是全能的，上帝是全善的，然而邪惡還是存在。」[15] 麥基認為邪惡的存在，使得世人相信全能全善的上帝是不理性的。[*16]

只要放棄上帝既是全能又是全善的想法，即可解決這個問題；[17] 只要拿掉其中一項，就很容易解釋邪惡的存在——上帝無法阻止邪惡，或是懶得去阻止邪惡。但如果你跟許多信徒一樣，堅信上帝是全能和全善的，那麼問題就會比較棘手，因為這麼一來，邪惡的存在就成了一個令人費解的大謎團，這也是雷克斯想不明白的難題。**為什麼一個全能和全善的上帝會允許人們受苦？祂明明可以阻止這種情況發生的呀！**

人們對這個問題提出了許多答案，但大多數是糟糕的推理。比方說吧，有人說善需要惡——沒有惡，善就不可能存在，不清楚這樣的說法為什麼會是真的。但這並不重要，因為如果你採取這種觀點，你就是在質疑上帝的無所不能。[18] 事實證明有件事是上帝辦不到的：只創造善而不創造惡。再者，如果善需要惡，說不定只需要一點點就夠了，難道世界上的每個惡都是絕對必要的嗎？為什麼我們不能擁有跟現在一樣的世界（但請去除我上週二的坐骨神經痛）？什麼樣的上帝竟然沒法讓我少受點罪？我的復健師東尼根本不敢自稱是神，卻讓我的背舒服多了。

不過他是個英雄，有人說這就是為什麼上帝允許邪惡存在於世上，祂不在乎快樂和痛苦，祂在乎的是它們能成就什麼——惻隱之心、慈善及英雄行為，[19] 就像東尼用按摩舒緩了我的背痛。快樂和痛苦當然也會孳生怨恨、惡意和冷酷無情，[20] 現在還不清楚哪一方占上風，有時候壞人看似把我們耍得團團轉。

上帝的支持者宣稱：「這不是上帝的錯！」上帝希望我們有自由意志，這是祂追求的美好，而且為了讓我們擁有自由意志，祂必須放棄祂的控制權。如果我們做了不好的選擇，那是我們自己的責任，不是祂的責任。縱觀歷史，這是對雷克斯的問題最有影響力的答案了，但我並不認同，我認為麥基說得好：「如果上帝造人是為了讓他們在自由選擇時，有時偏好善，有時偏好惡，那祂為什麼不把人造成永遠自由選擇善呢？」[21] 如果說上帝確保我們總是選擇好的，我們就沒有自由，這不是答案。麥基並未想像上帝控制我們的選擇，他只是觀察到上帝能預見我們會選擇什麼，**因此如果上帝願意，祂可以只創造那些每次都能做出正確選擇的人**。

有人說這種事就算是上帝也辦不到，各位可還記得我曾在前言中提到，漢克抱怨他媽媽預知他午餐會想吃漢堡，而提前準備好一個漢堡的事嗎？有些人懷疑預知他人的行為與自由意志不相容，但我不認同，雖然我們早已預知漢克會怎麼做，但他還是自己做了選擇。而上帝比我們更擅長預知遊戲，祂肯定能預測漢克在任何情況下會做出什麼選擇；而且不光是漢克，上帝應該能預測我們任何人在任何情況下會做什麼選擇，因為全能意味著全知，如果你仍堅稱上帝辦不到，請

* 麥基指出，要證明這是不理性的，就必須在他對問題的陳述中增加一些內容：「這些新增的原則是，善與惡是對立的，善的事物總是盡其可能地消除惡，而且一個無所不能的東西所能做的事情是沒有限制的。」

注意哦，這只會令上帝聽起來比較像是無能而非所不能。

我認為邪惡問題對信仰構成了嚴重的障礙，而且我對那些用陳腔濫調來搪塞此事的人沒什麼耐心。萊布尼茲堅信我們活在一個最棒的世界裡，[22]因為要是還有更棒的世界，上帝肯定不會屈就次好的那個，所以大家大可放心，這個世界已經夠好啦——但坐骨神經痛（及奴隸制）除外。**我認為「假定上帝辦得到，祂肯定會那麼做」的想法很傻**（伏爾泰也這麼認為）。[23]它讓上帝不必為人們承受的巨大痛苦負責。我認為邪惡問題需要一個更淺顯易懂，且更有說服力的解答。

瑪麗蓮．麥考德．亞當斯（Marilyn McCord Adams）也這麼認為，她是一位哲學家兼聖公會的牧師，也是第一位在牛津大學擔任神學教授的女性，她還在一九七八年協助成立了基督教哲學家協會，後來並成為該協會的領導者。（如果先前我給各位留下了哲學與信仰互相衝突的印象，亞當斯顯然是最佳反證，歷史上有許多哲學家是非常虔誠的教徒，且現今依然如此。）

亞當斯指出，我們無法透過把世界視為一個整體，來解決邪惡問題，她認為上帝必須處理特定人群生活中的某些可怕罪惡，[24]但她並未要求上帝要一口氣解決全部的問題，只要逐一解決即可。她列舉出她非常關切的駭人罪惡：酷刑、強姦、飢餓、虐童、種族滅絕，[25]其他的可怕罪惡我就不在此一一列舉了。她還指出，在一個盡善盡美的世界裡，這些罪惡或許也會存在——其原因我們不得而知。

但她並不喜歡這樣的想法，上帝讓人們遭受可怕的磨難，當作是祂「實現完美世界的一種手段」。[26]她舉了一個例子：「若一名卡車司機不小心撞死了他心愛的孩子，難道他要安慰自己說，這是為了接受上帝建立一個盡善無惡的世界，所必須付出的部分代價嗎？」[27]亞當斯並不認同，在她看來，要是上帝允許任何人的生命被邪惡所吞噬，祂就不算是「良善或慈愛的」。[28]

但是許多生命似乎遭到邪惡的吞噬，我們該如何解決這個問題呢？亞當斯不認為這個問題能夠靠世俗的方法解決，她認為只有靠宗教思想——只有當你採取了信仰的飛躍，才能獲得的那種宗教思想——能真正解決邪惡問題。[29]她認為，親近上帝能讓一個人的生活充滿上帝的愛，無論遭受什麼樣的磨難，仍感覺值得活下去；因為與上帝的愛相比，一切磨難都顯得微不足道。[30]

此外，她認為上帝可以透過把邪惡融入一個有機的整體（an organic whole）來擊退邪惡，[31]因為這個有機整體本身的價值有一部分來自於磨難。（為了說明此觀點，亞當斯以一幅畫為例，儘管其中一小塊地方可能不好看，卻仍對整幅作品的審美價值做出貢獻。）[32]但可怕的罪惡如何貢獻有價值的東西？亞當斯推測「人類的恐怖經歷」，[33]有可能是「認同基督的一種手段」，因為基督「透過祂的熱情和死亡參與了可怕的邪惡」。她還指出，上帝可能會對一個人受到的磨難表示感謝，從而轉移了苦難的意義。[34]

雖然亞當斯不確定答案是什麼，但她並不擔心這個問題。她說，我們應該接受「我們在認知上、情感上或精神上不夠成熟，所以無法理解此事」。[35]她解釋說，一個兩歲的孩子，雖然從認知上無法明白母親為什麼要讓他接受痛苦的手術，但他可以透過母親無微不至的照顧和陪伴，來確信母親對他的愛。[36]

對於那些能感受到上帝臨在（presence）的人，或是確信他們以後能感受到的人，我認為亞當斯找到了一個答案，而且我認為修理宗教思想來捍衛教義是公平的。但老實說，**我認為用一個無法驗證的故事，就想把不合理的事情洗白，未免過於樂觀**。這可能是因為我成長於一個不把上帝的仁慈視為理所當然的傳統中。事實上，第一個猶太人亞伯拉罕，便曾與上帝爭論過祂要摧毀索多瑪和蛾摩拉的計畫。[37]

亞伯拉罕質問：「您要把義人和惡人一起毀滅嗎？說不定您能在城中找到五十個義人。」

上帝說，要是亞伯拉罕能找到五十個義人，祂就會放過這兩座城市。

亞伯拉罕又問：「那四十五個呢？只差五個人您還是會毀掉它們嗎？」

上帝回答：「不會，四十五個義人就可以了。」

「四十個？」

「也行。」

「三十個？」

「也好。」

最後亞伯拉罕跟上帝討價還價到只要能找到十個義人即可，但上帝可能只是在跟他開玩笑，因為最後連區區十個義人都找不到，所以上帝便摧毀了這兩座城市，以及其中的一切。*要是上帝真的是全知全能，祂一定早就知道事情會是這樣發展。

但是請大家注意，亞伯拉罕並未假定上帝的滅城計畫是好的，所以他為了一個更好的計畫而努力奔走，而上帝也讓步了。

我並不期望在我死後能見到上帝，但如果我見到祂了，我打算遵循亞伯拉罕的做法並與上帝爭論：世上苦難何其多呀，真的是這樣，每個人的人生中都有很多的苦難。

如果上帝真的存在，我定要向祂討個說法，我認為我們都應知道答案。

在雷克斯堅決主張上帝不存在之後，我問他是否還記得他小時候的想法。

他不記得了，於是我告訴他，他曾說過：「真實的上帝是假裝的，而假裝的上帝是真實的。」

他說：「哇哦，這聽起來很聰明耶。」

「對呀，我也是這麼想的，你認為這是對的嗎？」

---

* 我很想知道亞當斯如何看待上帝殺死的那些人，他們的生活是不是也充滿了上帝的慈愛？某一類基督徒會認為他們是罪有應得，但是亞當斯認為，如果我們當中有任何一個人可能被詛咒，那麼人類的生命將會是個糟糕的賭注，且與上帝是慈愛的想法背道而馳。她關心為非作歹的壞人，也關心被壞人摧殘的受害者。

他說：「呃，或許吧。」

接著我們又聊了一會兒，我告訴他虛構主義是什麼，以及他如何在四歲就能想到一個複雜的哲學思想，然後我再次問：「你是怎麼想的？你認為你當時的想法對嗎？」

雷克斯說：「我不確定耶，這個問題很複雜，我不知道該怎麼想。」

我說：「這個回答聽起來也很聰明哦。」

童年時光轉瞬即逝，童年時的某些想法也是如此，我認為雷克斯小時候的想法很棒，但我也欣賞他現在不願妄下定論的態度。

他正在苦思這個問題，我希望他永遠不要停止。

第 13 章

在生活中累積哲學素養

雷克斯和他的朋友詹姆斯正在收拾東西，準備從學校回家。
雷克斯問：「是什麼讓那個置物櫃成為那個置物櫃的？」
詹姆斯說：「什麼意思？」
「我的意思是，如果你把置物櫃的門拆下來，再換上一個新的，那它還是同一個櫃子嗎？」
「應該是吧，」詹姆斯說，「它只是有了一扇新的門。」
「那麼，如果換掉的是櫃子而不是門呢？那它還是不是同一個置物櫃？」
詹姆斯說：「我哪知，這是個奇怪的問題。」
雷克斯說：「雖然它還在同一個地方，但已經不是由相同的金屬製成的。」
詹姆斯說：「那我認為它是個不同的置物櫃。」
雷克斯說：「我不確定哦，它還是我的置物櫃啊。」

每個哲學家都需要對話的對象

那天雷克斯從學校回到家後，轉述了這段對話。
「我跟詹姆斯聊到了忒修斯（Theseus）的船！我不是直接問他船的事，而是拿我的置物櫃發問，並問他如果我們換掉了置物櫃的門，它是否還是原本的那個櫃子。」

忒修斯的船是一個關於「身分」（identity）的古老謎題，雷克斯是在《波西傑克森》（*Percy Jackson*）系列小說中讀到這個故事的，他很興奮地與我分享，並且對我已經聽說過此事感到驚訝，這可是哲學中最著名的謎題之一耶。

經典版本是這樣的：忒修斯從克里特島駛回的那艘船，一直停放在雅典的港口，但隨著歲月的流逝，船身的木板開始腐爛，不過每塊腐爛的木板，都會被替換上新的木板，最後原本的木板全都消失了。羅馬時代的希臘作家普魯塔克（Plutarch）指出，停泊在港口的那艘船，究竟還能不能算是忒修斯的船，抑或根本是一艘全新的船？[1] 哲學家們眾說紛紜。

如果你傾向於認定這是一艘完全不同的船，請自問：它是在什麼時候不再是忒修斯的船了呢？是在第一塊木板被換新的時候嗎？這聽起來不對，你不可能只是換掉舊車的一個面板就得到一輛新車，或是更換屋頂便獲得一間新房子，由此可見，物體似乎可以經得起一些變化。

但是能經得起多大的變化呢？是像忒修斯的船那樣，直到最後一塊船板被換新的那一天？還是中間有什麼轉捩點，比如一半的船板被換掉的時候？這聽起來也不對，因為這意味著光是一塊船板便產生了變化，那塊船板把事情推動了五〇%以上。但是一艘船的身分怎麼可能取決於數百或數千塊船板的其中一塊？

如果沒有一塊船板能起作用，那麼或許所有船板也起不了作用，說不定重點在於船板的排列方式，而不在於它們是否是船的原件。如果是這樣，那麼停在港口的那艘船仍然是忒修斯的船。

但大家別以為這就是結論了，我們的老朋友霍布斯為那道舊謎題推出一個新版本，他認為，每當一塊船板從忒修斯的船上被換下來後，就會被祕密保存起來（也許這些船板並未腐爛，只是變髒了）。等到所有的船板都被替換下來後，一個很有心的造船者就會把原件重新組裝完成。[2]

而這艘肯定是忒修斯的船！它所有的零組件都按相同的方式排列。如果你把你的車子拆解，然後在車庫的另一邊重新組裝，它仍然是同一輛車，對吧？但如果重新組裝完成的船是忒修斯的船，那麼停泊在港口的那艘是什麼船？這兩艘船不可能都是忒修斯的船，它們不是同一艘船。

這個謎題有什麼解法嗎？其實我認為方法很多，**但我會覺得身分問題的答案，應取決於我們對其感興趣的原因**。如果你希望能觸摸到忒修斯曾經觸摸過的東西，那麼停在港口的那艘船並不是他的船；但如果你只是想「瞻仰」那艘被數代人尊敬的物件，那麼港口的那艘船是正確的物件。假設你從雅典旅行回到家，朋友問你：「你有看到忒修斯的船嗎？」「有啊，但我有意識到它其實不是忒修斯的船。」這樣的回答並非雞同鴨講，而是反映出雙方對身分的不同思考方式。

我認為原本的問題之所以令人費解，是因為不清楚我們為什麼要在乎這艘船是否是忒修斯的，既然缺少了需要在乎的理由，我們自然不知道該如何判定這艘船是不是他的。

忒修斯的船這個悖論，也跟我們曾經看過的許多謎題一樣，看起來似乎很可笑，但其實很多事情都可能牽扯到身分問題，例如達文西的畫價值連城，假設修復者去除或蓋掉原畫中的一些顏料，這幅畫還能算是達文西的作品嗎？如果你認為不是，那恐怕連蒙娜麗莎也不能算是達文西的作品了，因為它已經被破壞很多次了。所以一件達文西的作品，似乎未必一定得是他當初畫的東西，但是我們要把一幅畫破壞到什麼程度，才無法認定是他畫的？這個問題的答案可是攸關數百萬美元的價值呢。[3]

我們甚至可以讓這些問題變得更加個人化，**是什麼讓你仍是上週的那個你？去年的你？畢業舞會照片中的那個你？你身上的「船板」已經慢慢被替換掉了，這是否使你成為一個不同的人？抑或是在不同身體裡的同一個人？或者這個身體雖然不是由相同的材料製成，也不是以相同的方式排列，但你仍是在同一具身體裡的同一個人？**我認為這些問題的答案，同樣取決於我們提問的理由。要說我仍是各位在前言中遇到、那個很想知道紅色在他母親眼裡是什麼樣子的小傢伙，並不為過；但要說我跟寫前言的那傢伙根本判若兩人也沒錯，畢竟在那之後發生了這麼多事情。（哈囉，新冠疫情！）

總而言之，我們不會再繼續討論這些難解的謎題了，我要把它們留給各位自行解開，或是跟你的好友「詹姆斯」一起。**每個哲學家都需要一個對話者，多於一個則更棒。**

培養一個會思考的孩子

我的兩個兒子一直是我的詹姆斯，但雷克斯居然開始跟他的朋友討論起哲學，這真的太酷啦。當年那個喜歡被處罰暫停的幼兒，現在已經長大成為小蘇格拉底了，我只希望他的結局別像蘇格拉底那麼慘。（蘇格拉底被以提出惱人問題荼毒雅典年輕人的罪名遭到處決。）

長久以來我跟我太太都很清楚，養育我家的兩個兒子，其實是在培養兩個哲學家，各位也該這麼做嗎？我不認為這是個正確的問題，**如果你家有個幼兒，那你就是在培養一個哲學家（不論你知道與否），所以唯一的問題是你的心態：支持？忽視？消滅？我認為你應該大力支持**。

為什麼？各位可還記得雷克斯早早就說過哲學是一門思考的藝術，而且是家長希望孩子能夠運用自如的一門藝術。**但我們的目的並不是要培養一個專業的哲學家，而是要培養一個能慎思明辨的人，一個能為自己思考的人，一個關心他人想法的人——而且願意跟別人一起思考的人。簡言之，是要培養一個會思考的人**。

如何培養一個哲學家？最簡單的方法就是跟你的孩子對話，向他們提出問題，並質疑他們的回答。你的提問不一定要很複雜，你也不必具備一定的哲學素養才能發問，像下面這樣就行了：

- 你是怎麼想的？

- 你為什麼會這麼想？
- 有沒有可能你是錯的？你能想出原因嗎？
- 你說……是什麼意思？
- 什麼是……？

提問的目的是要讓孩子們提出自己的論點，並讓他們看到另一方的觀點，所以儘量讓孩子暢所欲言，而且在他們卡住的時候伸出援手。最重要的是，**你們的對話是平等的，認真對待孩子說的話，即使你不認同，即使你覺得他們淨說些傻話。把道理解釋給孩子聽，而不是直接告訴他們該怎麼想。**[4]

你們要如何展開一場哲學的對話？你可以事先做好安排，我在附錄中為各位準備了一些可參考的資源，書籍、播客及網站。其實幾乎每一本繪本都會提出一些哲學方面的問題，只是大家沒注意到罷了。不過這沒啥大不了的，我也經常忽略了很多問題，因為某些晚上，你就只想好好享受故事，或是很想看到書的結尾。不過有機會的話，跟孩子聊一聊真的很有趣。

我的意思是，**你們根本不需要準備一本書或其他任何東西，直接開始對話就行了，其實光是聆聽孩子的抱怨及他們感興趣的事物，哲學問題自然會浮現。**當孩子抱怨不公平的時候，你就可以問他什麼是公平，抑或你是否有義務使事情變得公平，又或者她是否曾經因不公平而獲益。你不必等到腦袋裡已經有答案就可以開始問問題，只要留意對話的走向即可。

當孩子心情不好時，你很難跟他們進行深入的對話，但是根據我的經驗，哲學可以幫助孩子平靜下來。各位可還記得漢克曾經因為不能對雷克斯主張權利而泣不成聲？所以我溫和地跟他交談，並且認真地對待他，而他也努力控制自己的情緒，才讓我們得以進行一次正經的談話。但這也不是每回都奏效，有時候孩子只是需要一個擁抱，或是一個人靜一靜，但只要爸媽認真對待他們，他們的心情自然能平復。

好奇心跟抱怨一樣值得重視，但爸媽不必擔心自己懂得不夠多，你們可以先談一談，然後一起研究，為了找出科學答案，必須這樣做，但其實所有問題都可以這樣做。我從小就很愛問什麼是最棒的，而我爸一定會回答我。

「最棒的音樂是哪一首？」

「《藍色狂想曲》（*Rhapsody in Blue*）。」

「最棒的電視影集是哪一部？」

「《獨行俠》（*The Lone Ranger*）。」

這些答案都是他個人的看法，他錯過了與我討論的機會。

要是他問我：「最棒的音樂是哪一首？」

我會說：「這是個好問題，你認為怎樣才算是好音樂？」

這樣我們就可以開啟一場關於美學的對話，而且你不需要具備任何美學知識，就可以跟孩子好好來場對話。我就完全不懂美學呀，重點是認真傾聽孩子說了什麼，再分享你的想法即可。

最重要的是，千萬別對孩子們提出的「怪問題」嗤之以鼻。如果你的孩子想知道他這輩子是否都是在做夢，不要隨便打發他。如果她想知道為什麼日子一天一天一直到來，先聽聽看她怎麼說。如果孩子問了一個你答不出來的問題，就跟他一起讚嘆這個世界吧。

挖掘隱藏在世界表面下的驚奇

還記得我試圖說服漢克放棄相對主義的那個晚上嗎？我們在睡前進行了男人間的對話，我故意堅稱他是六歲，而他其實已經八歲了。當時，我並沒有告訴各位在這之前發生了什麼事。

當我們在辯論真相的時候，漢克問我為什麼這麼在乎。

我說：「因為我是個哲學家，我們想了解一切，尤其是真相。」

漢克說：「你並不是一個很棒的哲學家。」

「為什麼？」

「因為你的論點沒有說服力。」

我立刻笑了出來，並且知道他的相對主義無法持續到明天早上。這情況有點像當年雷克斯教我如何打空氣曲棍球時給我的建議——就在他生平第一次上場比賽的前幾分鐘。

孩子，你以為老爸我不知道自己在做什麼？看好啦。所以我順利擊潰了漢克，但其實我有一點後悔，因為說服人們認同自己的意見並非哲學的真正目的，至少不是我的哲學目標。

羅伯特．諾齊克（Robert Nozik）是二十世紀最偉大的政治哲學家之一——他曾說過有一種哲學家喜歡抱持著脅迫式（coercive）的風格，他們老是在尋找「強而有力的論證，它們會在腦中產生迴響，如果有人拒絕接受這個結論，他就死定了」。[5]當然啦，沒有人能夠做到這一點，但是這種想用自己的智力征服他人的野心，在哲學領域裡十分常見。許多人衡量成功的標準就像漢克說的那樣：你的說服力如何？你是否得到人們的支持？

但我的理想是：**能比之前更深入地理解事物，如果我能找到答案，很好；如果其他人能從中看到希望，那就更好了**。我的哲學態度跟羅素（Bertrand Russell）一樣：「**哲學即便不能如我們所願地解答那麼多問題，它至少有能力提出問題，增加人們對世界的興趣，即使是日常生活中最普通的事物，也能顯示出隱藏在表面之下的奇異和驚奇**。」[6]

孩子們對從未見過的事物興趣盎然，至少在我們訓練他們別再這麼「大驚小怪」之前是如此。所以，我希望各位能幫助你生活中的孩子們，繼續對事物秉持這份好奇心，同時我也希望各位能重拾你的赤子之心。

致謝

當我提交本書的最終草稿時，雷克斯問：「你接下來要做什麼？」

我說：「我要寫致謝。」

「既然你寫了那麼多關於我跟漢克的故事，那你的致謝會提到我們嗎？」

肯定會囉，兒子。

所以我首先要大大感謝我兒雷克斯和漢克，願意讓我講述他們的故事，而且願意讓我說出真實的故事，雖然他們並不喜歡所有的細節。我還要感謝他們願意跟我分享他們的想法，且願意讓我跟各位分享他們的想法，所以他倆也算是本書相當重要的作者。

我對他倆的感謝當然不只這幾個方面，雷克斯和漢克經常令我會心一笑，甚至開懷大笑，他們還常令我深思，並且啟發了我——不論是在哲學上還是在哲學以外的地方。他倆其實還有好多優點和才能，我在這裡提到的只不過是其中一二罷了。

雷克斯是我認識最可愛、最善良的人，他不僅聰明，還很幽默，他就是我小時候立志長大後要成為的那種人。

漢克的笑點很低，他的笑容是我見過最可愛的；他心思敏銳、心地善良，而且他總是在做一些美好的事情。我希望他永遠不要長大——不要完全長大，我們每個人心中都該有個小漢克。

我是在前往夏令營的巴士上認識茱莉的，當時她十六歲、我十七歲。她既可愛又善良，所以我迫不及待在晚餐時就去找她了，這是我這輩子做出的最棒決定。

茱莉是我最好的朋友，也是我配不上的好伴侶，我對她的愛遠非言語所能表達。雖然她在本書中只是個配角，但是對於每個認識她的人來說，她是最閃耀的明星，尤其是我們這些有幸跟她生活在一起的幸運兒。如果沒有茱莉的鼓勵，我不會開始寫這本書，如果沒有她的支持，我也無法順利完成這本書，其實我所做的每一件事幾乎都是如此。

兒子還小的時候，我和茱莉輪流分擔晚上的育兒工作，若今晚她負責幫兒子洗澡，我就負責哄兒子上床睡覺，隔天晚上則交換工作。但是等到我努力爭取終身教職時，這項慣例就被打破了，茱莉只得一人攬下這兩件事。大多數晚上我都忙著完成我的檔案，當我偶爾回去輪班時，還惹得雷克斯很不高興。他在我重返浴室值班的頭一晚就說：「上樓去打字吧，爸爸！」我很了解他比較想要他媽媽幫忙的心情，因為我也是這樣啊。

幾年後他的願望實現了，我不但花很多時間打字，而且經常打到很晚，疲累的我火氣也很大，這種情況多到我都不想回顧往事。但茱莉跟兒子們不僅忍受了這樣的我，而且還歡迎我回家，我真高興擁有這個美滿的家庭。

亞倫・詹姆斯是第一個建議我寫這本書的人，若非他播下的種子，這本跟孩子聊哲學的書就不會存在。

幾年後，我把這個想法告訴了 Scott Shapiro，他也很支持。更妙的是，他把這個想法告訴了 Alison MacKeen，她也覺得不錯，而且她很懂得如何把一本書推向世界，她是世上最棒的經紀人。Alison 與 Park & Fine 團隊的其他成員，都是非常出色的顧問，為我個人及這本書皆貢獻良多。Alison 一直是最棒的朋友（相交數十年的老友 Scott 也是）。

我是從 Skype 上認識 Ginny Smith Younce 的，她很快便掌握了本書的重點，並在許多方面做了改善。還有 Caroline Sydney 也是，她倆一起提出了許多正確的問題，讓我避免犯下許多錯誤，企鵝出版社的整個團隊都非常優秀。

當我不在自家樓上寫作時，通常是在 David Uhlmann 與 Virginia Murphy 位於密西根湖畔的房子裡寫作。雷克斯小時候把這間房子命名為「海灘屋」，這個名字一直沿用至今。若沒有 David 和 Virginia 這對好友的支持，以及海灘屋所提供的寧靜天地，我想我是不可能完成本書的。

Angela Sun 提供了一流的研究協助，並在許多議題上提供合理的建議，若非她的專業協助，寫這本書的時間恐怕會是原來的兩倍，而且成品不會那麼好。

寫一本涉及這麼多哲學問題的書是個嚴峻的挑戰，如果沒有許多朋友和哲學家的幫助，憑我一己之力是不可能完成它的。

Don Herzog 耐心地閱讀我寫下的每一個字，他的影響很深，甚至包括我們意見相左的地方。他不僅是個才華洋溢的同事，也是我的良師益友。Chris Essert 也讀完整份手稿，他總是適時給我鼓勵和約束，我非常感謝他提供的真知灼見。

以下諸位皆曾對本書的部分手稿提出意見，或是對一些重要的部分與我交換想法，在此一併致謝：Kate Andrias, Nick Bagley, Dave Baker, Gordon Belot, Sarah Buss, Murrey Cohen, Nico Cornell, Robin Dembroff, Daniel Fryer, Megan Furman, Fiona Furnari, Daniel Halberstam, Jerry Hershovitz, Julie Kaplan, Ellen Katz, Kyle Logue, Alison MacKeen, Gabe Mendlow, William Ian Miller, Sarah Moss, Virginia Murphy, Kristina Olson, Aaron Olver, Steve Schaus, Scott Shapiro, Nicos Stavropoulos, Eric Swanson, Laura Tavares, Will Thomas, Scott Weiner, Ekow Yankah，本書的內容之所以能變得更好，要歸功以上諸位，還有一些我未提及的人士之貢獻。我還要特別感謝 Aaron Olver 和 Scott Weiner，他們安撫了我焦慮的情緒，並提供合理的建議，以及最棒的友誼。

我並非出身哲學世家，但我有幸生長在一個認真對待我的家庭中，我爸媽從不曾對我們說：「小孩有耳無嘴。」而且我們經常對話，我爸媽總是讓我暢所欲言；雖然我比我哥小了好幾歲，但他還是把我當成同齡人對待。雖然我的家人們搞不懂我為什麼會對哲學感興趣，但毫無疑問地，他們全力幫助我繼續當個哲學家，天底下的所有孩子都應該如此幸運。

附錄

給成年人的參考書目

• 育兒

1. Gopnik, Alison. *The Philosophical Baby: What Children's Minds Tell Us about Truth, Love, and the Meaning of Life.* New York: Farrar, Straus and Giroux, 2009.
2. Kazez, Jean. *The Philosophical Parent: Asking the Hard Questions about Having and Raising Children.* New York: Oxford University Press, 2017.
3. Lone, Jana Mohr. *The Philosophical Child.* London: Rowman & Littlefield, 2012.
4. —. *Seen and Not Heard: Why Children's Voices Matter.* London: Rowman & Littlefield, 2021.
5. Matthews, Gareth B. *Dialogues with Children.* Cambridge, MA: Harvard University Press, 1984.
6. —. *Philosophy & the Young Child.* Cambridge, MA: Harvard University Press, 1980.
7. —. *The Philosophy of Childhood.* Cambridge, MA: Harvard University Press, 1994.
8. Wartenberg, Thomas E. *A Sneetch Is a Sneetch and Other Philosophical Discoveries: Finding Wisdom in Children's Literature.* West Sussex, UK: Wiley-Blackwell, 2013.
9. —. *Big Ideas for Little Kids: Teaching Philosophy through Children's Literature.* Plymouth, UK: Rowman & Littlefield Education, 2009

• 電車問題

Edmonds, David. *Would You Kill the Fat Man?: The Trolley Problem and What Your Answer Tells Us about Right and Wrong*. Princeton, NJ: Princeton University Press, 2014.

• 懲罰

Murphy, Jeffrie G., and Jean Hampton, *Forgiveness and Mercy*. New York: Cambridge University Press, 1988.

• 知識

Nagel, Jennifer. *Knowledge: A Very Short Introduction*. Oxford: Oxford University Press, 2014.

• 意識

1. Dennett, Daniel C. *Consciousness Explained*. Boston: Little, Brown, 1991.
2. Godfrey-Smith, Peter. *Other Minds: The Octopus, the Sea, and the Deep Origins of Consciousness*. New York: Farrar, Straus and Giroux, 2016.
3. Goff, Philip. *Galileo's Error: Foundations for a New Science of Consciousness*. New York: Pantheon Books, 2019.
4. Koch, Christof. *Consciousness: Confessions of a Romantic Reductionist*. Cambridge, MA: MIT Press, 2012.

• 哲學史

Warburton, Nigel. *A Little History of Philosophy*. New Haven, CT: Yale University Press, 2011.

• 哲學趣談

1. Edmonds, David, and John Eidinow. *Wittgenstein's Poker: The Story of a Ten-Minute Argument Between Two Great Philosophers*. New York: Ecco, 2001.

2. Holt, Jim. *Why Does the World Exist?: An Existential Detective Story.* New York: W. W. Norton, 2012.
3. James, Aaron. *Assholes: A Theory.* New York: Anchor Books, 2012.
4. ——. *Surfing with Sartre: An Aquatic Inquiry into a Life of Meaning.* New York: Doubleday, 2017.
5. Setiya, Kieran. *Midlife: A Philosophical Guide.* Princeton, NJ: Princeton University Press, 2017

給兒童的書目

- 厚紙板書

  Armitage, Duane, and Maureen McQuerry. 共同創作了小小哲學家的大思想系列童書（Big Ideas for Little Philosophers），其中的主題包括了《蘇格拉底談真相》（*Truth with Socrates*）及《西蒙波娃論平等》（*Equality with Simone de Beauvoir*）New York: G. P. Putnam’ s Sons, 2020.

- 宇宙

  Fishman, Seth. *A Hundred Billion Trillion Stars.* New York: HarperCollins, 2017.

- 規則與何時可以打破規則

  Knudsen, Michelle. *Library Lion.* Somerville, MA ‥ Candlewick Press, 2006.

- 無限大

  Ekeland, Ivar. *The Cat in Numberland.* Chicago: Cricket Books, 2006.

- 哲學難題彙編（適合青少年閱讀）

  Martin, Robert M. *There Are Two Errors in the the Title of This Book: A Sourcebook of Philosophical Puzzles, Problems, and Paradoxes.* Peterborough, ON, Canada ‥ Broadview Press, 2011.

- 兒童必讀經典好書

Watterson, Bill. *The Complete Calvin and Hobbes*. Kansas City, MO: Andrews McMeel, 2012. 喀爾文與霍布斯激發了我在孩童時期對哲學的奇思妙想，現在則為雷克斯帶來了同樣的啟發，並提供了無與倫比的閱讀樂趣。我不確定世上是否還有更精采且適合全家共賞的哲學入門書。

- 網站

1. 教孩童認識哲學（www.prindleinstitute.org/teaching-children-philosophy）：如果你想跟孩子們談論哲學，這是你能找到的最佳資源，它有繪本的教學模組，其中很多本你可能已經買了。它提供了每一本書所探討的哲學問題之概述，以及你們在閱讀時可以提出的問題。
2. 華盛頓大學兒童哲學中心（www.philosophyforchildren.org）：這是另一個能幫助爸媽跟孩子們討論哲學的好用資源，它也有繪本的教學模組，還有教師的課程計畫，以及如何在學校開辦哲學課程的建議。該中心還為教師和家長舉辦研討會。
3. Wi-Phi（www.wi-phi.com）：這個網站有很多解釋哲學主題的短片，我跟雷克斯都很愛看。

- 播客

1. Hi-Phi Nation（https://hiphination.org）：一個鎖定成年人、但以故事為主的哲學播客。
2. Philosophy Bites（https://pse.is/5hy2et）：頂尖哲學家的簡短訪談。
3. Pickle（www.wnycstudios.org/podcasts/pickle）：這是由紐約公廣 WNYC 為兒童製作的哲學播客，但集數不多，它的澳洲「表親」Short & Curly（www.abc.net.au/radio/programs/shortandcurly/）的節目集數多很多。
4. Smash Boom Best（www.smashboom.org）：這個播客都是在提出論證，但不完全是哲學方面的，不過因為它很搞笑，所以漢克非常喜歡。

注釋

我已盡力使本書的注釋淺顯易懂，好讓一般讀者也能受用。而且我會優先採用可免費獲得的資料，而非需要付費的期刊文章。許多注釋取材自人人都可使用的線上百科全書——《史丹佛哲學百科全書》（*Stanford Encyclopedia of Philosophy*）及《網路哲學百科全書》（*Internet Encyclopedia of Philosophy*）。

我特別推薦《史丹佛哲學百科全書》，它是個很棒的資源，各位可能感興趣的哲學條目，這裡幾乎全都找得到；而且每個條目的結尾皆附上參考書目，能幫助讀者順利找到相關的學術文獻。

前言

1. *shifted color spectrum*: More commonly, this problem is presented through an inversion of the color spectrum—a 180-degree shift from red to green. For an overview of the problem and its implications for philosophy, see Alex Byrne, Inverted Qualia," *Stanford Encyclopedia of Philosophy* (Fall 2020 edition), ed. Edward N. Zalta, https://plato.stanford.edu/archives/fall2020/entries/qualia-inverted.
2. students recall pondering: Daniel C. Dennett, *Consciousness Explained* (Boston: Little, Brown, 1991), 389.
3. “Imputation of *Falshood*”：以下是洛克論述的其餘部分（你會發現它跟我對我媽說的話差不多）：「這種情況是無從得知的，因為此一人的心並不能進入另一人的體內，去感知那些器官產生了什麼樣的表象；我們的意念和名稱完全不會混淆，也不會有任何謬誤，因為具有紫羅蘭質感的所有事物，會恆常地產生一種他稱之為藍色的意念，而具有金盞花質感的所有事物，則會恆常地產生一種他稱之為黃色的意念。因此，無論這些表象在他心中是什麼樣子，他都可以透過這些表象，用藍色和黃色這兩個名稱，有規則地區分他所使用的事物，並理解和表示這些區別；就好像他心中從這兩種花得到的表象或意念，與其他人心中的意念是完全相同的。」John Locke, *An Essay Concerning Human Understanding,* ed. Peter H. Nidditch (New York: Oxford University Press, 1975), 389.

4. Sarah (age four) asked: Gareth B. Matthews relays the story in his book *The Philosophy of Childhood* (Cambridge, MA: Harvard University Press, 1994) , 1.
5. At the time, Matthews was teaching: For an overview of the Cosmological Argument, see Bruce Reichenbach, "Cosmological Argument," *Stanford Encyclopedia of Philosophy* (Spring 2021 edition), ed. Edward N. Zalta, https://plato.stanford.edu/archives/spr2021/entries/cosmological-argument.
6. "the First Flea": Matthews, *Philosophy of Childhood*, 2.
7. the *pre-operational stage:* Matthews, *Philosophy of Childhood*, 2.
8. Piaget simply fails: Gareth B. Matthews, *Philosophy & the Young Child* (Cambridge, MA: Harvard University Press, 1980), 37–55.
9. Matthews didn't stop: Gareth B. Matthews collects many of his conversations with kids in *Dialogues with Children* (Cambridge, MA: Harvard University Press, 1984) and Philosophy and the Young Child.
10. little boy named Ian: Matthews, *Philosophy and the Young Child*, 28–30.
11. "cultivate the naiveté": Matthews, *Philosophy of Childhood*, 122.
12. "spontaneous excursions into philosophy": Matthews, *Philosophy of Childhood*, 5.
13. By eight or nine: Matthews, *Philosophy of Childhood*, 5.
14. "a freshness and inventiveness": Matthews, *Philosophy of Childhood*, 17.
15. Michelle Chouinard listened: Michele M. Chouinard, P. L. Harris, and Michael P. Maratsos, "Children's Questions: A Mechanism for Cognitive Development," *Monographs of the Society for Research in Child Development 72*, no. 1 (2007): 1–129. For a discussion of Chouinard's study, see Paul Harris, *Trusting What You're Told: How Children Learn from Others* (Cambridge, MA: Belknap Press, 2012), 26–29.
16. In another study, researchers found: Brandy N. Frazier, Susan A. Gelman, and Henry M. Wellman, "Preschoolers' Search for Explanatory Information within Adult-Child Conversation," *Child Development* 80, no. 6 (2009):

1592–1611.

17. "What is time, anyway?": Augustine, Confessions 11.14, cited in Matthews, *Philosophy of Childhood*, 13.

18. "the ungainly attempt": David Hills, Stanford University, Department of Philosophy, accessed October 13, 2021, https://philosophy.stanford.edu/people/david-hills.

19. each brings something different: See Matthews, *Philosophy of Childhood*, 12–18, and Matthews, *Dialogues with Children*, 3.

20. Philosophy is partly play: See Matthews, *Philosophy and the Young Child*, 11.

21. days keep coming: 賈娜・莫爾・隆恩（Jana Mohr Lone）在她的《乖乖聽話少出聲》（*Seen and Not Heard*）一書中提到，她曾遇到一位母親，她的女兒也問了這個問題（隆恩很有可能承襲馬修斯「與孩子接觸最多的哲學家」之稱號；她在書中分享了自己透過與孩子們的哲學對話所學到的東西）。我們極有可能是跟同一位母親聊過，如果不是的話，那麼孩子們對這個議題的關注程度滿驚人的。See Jana Mohr Lone, *Seen and Not Heard: Why Children's Voices Matter* (London: Rowman and Littlefield, 2021), 8.

22. about continuous creation: For an introduction to continuous creation, see David Vander Laan, "Creation and Conservation," *Stanford Encyclopedia of Philosophy* (Winter 2017 edition), ed. Edward N. Zalta, https://plato.stanford.edu/archives /win2017/entries/creation-conservation.

23. doesn't teach them philosophy: Jana Mohr Lone, "Philosophy with Children," Aeon, May 11, 2021, https://aeon.co/essays/how-to-do-philosophy-for-and-with -children.

24. Indeed, he thought: Thomas Hobbes, *Leviathan*, ed. A. R. Walker (Cambridge: Cambridge University Press, 1904), 137.

25. "nasty, brutish, and short": Hobbes, *Leviathan*, 84.

第一章

1. can, may, and should: On the interchangeability of *can* and *may*, see "Usage Notes: 'Can' vs. 'May,' " *Merriam-Webster*, accessed July 5, 2021, www.merriam -webster.com/words-at-play/when-to-use-can-and-may#.

2. theory of rights: Judith Jarvis Thomson, *The Realm of Rights* (Cambridge, MA: Harvard University Press, 1990), 123.
3. It's called *consequentialism*: For an overview of consequentialism, see Walter Sinnott-Armstrong, "Consequentialism," *Stanford Encyclopedia of Philosophy* (Summer 2019 edition), ed. Edward N. Zalta, https://plato.stanford.edu/archives /sum2019/entries/consequentialism.
4. take rights seriously: Ronald Dworkin, *Taking Rights Seriously* (Cambridge, MA: Harvard University Press, 1977).
5. rights *trump* concerns about welfare: Ronald Dworkin, "Rights as Trumps," in *Theories of Rights*, ed. Jeremy Waldron (Oxford: Oxford University Press, 1984), 153–67.
6. commonly called Transplant: See Judith Jarvis Thomson, "The Trolley Problem," *Yale Law Journal* 94, no. 6 (May 1985): 1396.
7. the first Bystander at the Switch: Thomson, "Trolley Problem," 1397.
8. This one's called Fat Man: Thomson, "Trolley Problem," 1409.
9. Kant insisted that: For an overview of Kant's moral philosophy, see Robert Johnson and Adam Cureton, "Kant's Moral Philosophy," *Stanford Encyclopedia of Philosophy* (Spring 2021 edition), ed. Edward N. Zalta, https://plato.stanford.edu /archives/spr2021/entries/kant-moral.
10. an unfortunate by-product: 電車難題的另一個解決方案也利用了此事實，亦即支線上那名工人的死亡是可以預見的，但不是故意的，這就是著名的雙重效應學說，在天主教關於墮胎的教義中占有重要地位。根據這一教義，有時允許在追求有價值的目的時造成傷害，只要傷害本身不是故意的即可。巧的是，電車難題在哲學中的首次出現是在菲利帕・福特一篇標題為〈墮胎問題與雙重效應學說〉的文章中。*Oxford Review* 5 (1967): 5–15. For an overview of the doctrine of double effect, and some doubts about it, see Alison McIntyre, "Doctrine of Double Effect," *Stanford Encyclopedia of Philosophy* (Spring 2019 edition), ed. Edward N. Zalta, https://plato.stanford.edu /archives/spr2019/entries/double-effect.
11. she considered the solution: Thomson, "Trolley Problem," 1401–3.

12. This one's called Loop: Thomson, "Trolley Problem," 1402.
13. Some philosophers think: For an exploration of the possibility that it does, see John Mikhail, *Elements of Moral Cognition* (Cambridge: Cambridge University Press, 2011), 101–21.
14. Fat Man Trapped: Mikhail calls this case Drop Man. See his Elements of Moral Cognition, 109.
15. Thomson's last word: On this topic, discussed in the footnote, see Judith Jarvis Thomson, "Turning the Trolley," *Philosophy & Public Affairs* 36, no. 4 (2008): 359–74.
16. sometimes called Trolleyology: For a fun tour through Trolleyology, see David Edmonds, *Would You Kill the Fat Man? The Trolley Problem and What Your Answer Tells Us about Right and Wrong* (Princeton, NJ: Princeton University Press, 2014).
17. letter to the *Globe and Mail*: Wilson's letter is reprinted in Thomas Hurka, "Trolleys and Permissible Harm," in F. M. Kamm, *The Trolley Problem Mysteries*, ed. Eric Rakowski (Oxford: Oxford University Press, 2015), 135.
18. Trolleys were introduced: Foot, "Problem of Abortion."

第二章

1. steal their stickers: Nadia Chernyak, Kristin L. Leimgruber, Yarrow C. Dunham, Jingshi Hu, and Peter R. Blake, "Paying Back People Who Harmed Us but Not People Who Helped Us: Direct Negative Reciprocity Precedes Direct Positive Reciprocity in Early Development," *Psychological Science* 30, no. 9 (2019): 1273–86.
2. seek to satisfy hunger: See Susan Cosier, "Is Revenge Really Sweet?" *Science Friday*, July 1, 2013, www.sciencefriday.com/articles/is-revenge-really-sweet/; and Eddie Harmon-Jones and Jonathan Sigelman, "State Anger and Prefrontal Brain Activity: Evidence That Insult-Related Relative Left-Prefrontal Activation Is Associated with Experienced Anger and Aggression," *Journal of Personality and Social Psychology* 80, no. 5 (June 2001): 797–803.
3. revenge is sweet: Homer, *The Iliad*, trans. Peter Green (Oakland: University of California Press, 2015), 18.108–10. 在這段話中，阿基里斯說「怨恨比蜜還甜」，但他心中的怨恨是在考慮復仇。

4. "At a boozy dinner": The quote related in the footnote is from Simon Sebag Montefiore, *Young Stalin* (New York: Vintage Books, 2008), 295.
5. the roles of debtor and creditor: See William Ian Miller, *An Eye for an Eye* (New York: Cambridge University Press, 2006), 68–69.
6. "Vengeance is mine": Rom. 12:19 (King James Version).
7. Aristotle drew a distinction: Aristotle, "Book V: Justice," *Nicomachean Ethics*, trans. C. D. C. Reeve (Indianapolis: Hackett, 2014), 77–97.
8. a rather genius one: Miller, *An Eye for an Eye*, especially chapter 4 ("The Proper Price of Property in an Eye").
9. *Saga of Gudmund the Worthy*: Discussed in William Ian Miller, *Bloodtaking and Peacemaking: Feud, Law, and Society in Saga Iceland* (Chicago: University of Chicago Press, 1997), 1–2.
10. "willing to pay more": Miller, *Bloodtaking and Peacemaking*, 2.
11. "Honor was what provided": Miller, *An Eye for an Eye*, 101.
12. case about Kay Kenton: *Kenton v. Hyatt Hotels Corp.*, 693 S.W.2d 83 (Mo. 1985).
13. counted as reasonable compensation: As Miller explains (*An Eye for an Eye*, 53– 54) 關於什麼是對特定傷害的合理賠償，通常有一些習俗，但古德蒙為斯凱林的手訂定賠價金時就無視此習俗。
14. "odd to get even": Miller, *An Eye for an* Eye, 9.
15. "cheap, nasty, and brutish": Miller, *An Eye for an Eye*, 55.
16. little value on life and limb: For this and the "less of our virtue" quote in the footnote, see Miller, *An Eye for an Eye*, 57. 57 "every road fatality": Miller, An Eye for an Eye, 55.
17. a debt slave: Miller, *An Eye for an Eye*, 54.
18. *self-respect* is at stake: See Pamela Hieronymi, "Articulating an Uncompromising Forgiveness," *Philosophy and Phenomenological Research* 62, no. 3 (2001): 529–55.
19. ought to feel anger and resentment: Hieronymi, "Articulating an Uncompromising Forgiveness," 530.
20. a matter of self-respect: Jeffrie G. Murphy and Jean Hampton, *Forgiveness and Mercy* (New York: Cambridge

University Press, 1988).

21. If Hank resents Caden: Hieronymi, "Articulating an Uncompromising Forgiveness," 546.
22. correct the messages: See Scott Hershovitz, "Treating Wrongs as Wrongs: An Expressive Argument for Tort Law," *Journal of Tort Law* 10, no. 2 (2017): 405–47.
23. about Taylor Swift: The argument in this section is adapted from my "Taylor Swift, Philosopher of Forgiveness," *New York Times*, September 7, 2019, www .nytimes.com/2019/09/07/opinion/sunday/taylor-swift-lover.html.

第三章

1. Wrongdoers incur a debt: For an overview of different ways of thinking about retribution, see John Cottingham, "Varieties of Retribution," *Philosophical Quarterly* 29, no. 116 (1979): 238–46. For skepticism about the leading forms of the idea, see David Dolinko, "Some Thoughts about Retributivism," Ethics 101, no. 3 (1991): 537–59.
2. school for animal trainers: Amy Sutherland, *What Shamu Taught Me about Life, Love, and Marriage* (New York: Random House, 2009).
3. "What Shamu taught me": Amy Sutherland, "What Shamu Taught Me about a Happy Marriage," *New York Times*, June 25, 2006, www.nytimes.com/2019/10/11 /style/modern-love-what-shamu-taught-me-happy-marriage.html.
4. "a sea lion": Sutherland, "What Shamu Taught Me about a Happy Marriage."
5. It's called "Freedom and Resentment": P. F. Strawson, *Freedom and Resentment and Other Essays* (London: Methuen, 1974), 1–25.
6. "to be managed or handled": Strawson, *Freedom and Resentment*, 9.
7. "closer to perfect": Sutherland, "What Shamu Taught Me about a Happy Marriage."
8. we feel anger and resentment: Strawson, *Freedom and Resentment*, 6–7.

9. Feinberg saw a problem: Joel Feinberg, "The Expressive Function of Punishment," *The Monist* 49, no. 3 (1965): 397–423.
10. "hostility is self-righteous": Feinberg, "Expressive Function of Punishment," 403.
11. "slave of the passions": David Hume, *A Treatise of Human Nature* (London: Deighton and Sons, 1817), 106.
12. "managed or handled": Strawson, *Freedom and Resentment*, 9.
13. a fair bit of research: Adam Grant collects some of the studies together in "Raising a Moral Child," *New York Times*, April 11, 2014, www.nytimes.com/2014/04/12 /opinion/sunday/raising-a-moral-child.html. 81 you really are upset: As Strawson put it, "Rehearsals insensibly modulate toward true performances." Strawson, *Freedom and Resentment*, 19.
14. Punishment signals that: I develop this view of corrective and retributive justice in "Treating Wrongs as Wrongs: An Expressive Argument for Tort Law," *Journal of Tort Law* 10, no. 2 (2017): 405–47.
15. sentence handed down: Chanel Miller recounts her experience of the assault and its aftermath in *Know My Name: A Memoir* (New York: Viking, 2019). 83 sentence sparked outrage: See Liam Stack, "Light Sentence for Brock Turner in Stanford Rape Case Draws Outrage," *New York Times*, June 6, 2016.
16. more people per capita: Roy Walmsley, "World Prison Population List," 12th ed., Institute for Criminal Policy Research, June 11, 2018, www.prisonstudies.org /sites/default/files/resources/downloads/wppl_12.pdf.
17. "In every good marriage": Ruth Bader Ginsburg, "Ruth Bader Ginsburg's Advice for Living," *New York Times*, October 1, 2016, www.nytimes.com/2016/10/02 /opinion/sunday/ruth-bader-ginsburgs-advice-for-living.html.
18. "take his faults personally": Sutherland, "What Shamu Taught Me about a Happy Marriage."
19. "too entrenched, too instinctive": Sutherland, "What Shamu Taught Me about a Happy Marriage."
20. "strains of involvement": Strawson, *Freedom and Resentment*, 10.

第四章

1. distinction between power and authority: See Joseph Raz, *The Authority of Law: Essays on Law and Morality,*

2nd ed. (Oxford: Oxford University Press, 2009), 19–20.

2. power over a person's: See, e.g., Joseph Raz, *Ethics in the Public Domain* (Oxford: Oxford University Press, 1994), 341（「擁有權威就是有權統治受其統治的人，統治權則蘊涵著服從的義務。」）; Robert Paul Wolff, *In Defense of Anarchism* (Berkeley: University of California Press, 1998), 4 ("Authority is the right to command, and correlatively, the right to be obeyed").
3. with a stickup: See Wolff, *In Defense of Anarchism,* 4.
4. obligated to *take responsibility*: Wolff, *In Defense of Anarchism*, 12–15.
5. aims to act *autonomously*: Wolff, *In Defense of Anarchism*, 13.
6. she has responsibilities: Wolff, *In Defense of Anarchism*, 13.
7. autonomy and authority are incompatible: Wolff, *In Defense of Anarchism*, 18–19.
8. responsibility in proportion: Re the footnote, see Wolff, *In Defense of Anarchism*, 12–13.
9. reason to defer: Raz, *Authority of Law*, 13–15.
10. only because you decided: See Scott J. Shapiro, "Authority," in *The Oxford Handbook of Jurisprudence and Philosophy of Law*, ed. Jules L. Coleman, Kenneth Einar Himma, and Scott J. Shapiro (New York: Oxford University Press, 2002), 383–439; and Raz, *Authority of Law*, 3–36.
11. help you do a better job: Raz calls this the *normal justification thesis*. See Joseph Raz, *Morality of Freedom* (Oxford: Clarendon, 1986), 53. For my sketch of the thesis—and concerns about it—see Scott Hershovitz, "Legitimacy, Democracy, and Razian Authority," *Legal Theory* 9, no. 3 (2003): 206–8.
12. *service conception of authority*: Raz, *Morality of Freedom*, 56.
13. might know better: Raz, *Morality of Freedom*, 74–76.
14. call these situations *coordination problems*: Raz, *Morality of Freedom*, 49–50.
15. a reason for the players: Raz, *Morality of Freedom*, 47.
16. set out to show: My critique of Raz's view of authority is spread across three papers: Hershovitz, "Legitimacy, Democracy, and Razian Authority," 201–20; and Scott Hershovitz, "The Role of Authority," *Philosophers'*

Imprint 11, no. 7 (2011): 1–19; and "The Authority of Law," in The *Routledge Companion to the Philosophy of Law,* ed. Andrei Marmor (New York: Routledge, 2012), 65–75.

17. right to boss you around: See Hershovitz, "Role of Authority"; Stephen Darwall, "Authority and Second-Personal Reasons for Acting," *in Reasons for Action*, ed. David Sobel and Steven Wall (Cambridge: Cambridge University Press, 2009), 150–51; and Ken Himma, "Just 'Cause You're Smarter Than Me Doesn't Give You a Right to Tell Me What to Do: Legitimate Authority and the Normal Justification Thesis," *Oxford Journal of Legal Studies* 27, no. 1 (2007): 121–50.
18. rest of the role: The view set out in this section is developed at length in my paper "Role of Authority."
19. Peter Parker principle: Massimo Pigliucci, "The Peter Parker Principle," *Medium*, August 3, 2020, https://medium.com/@MassimoPigliucci/the-peter-parker -principle-9f3f33799904.
20. some role of authority: On the idea that ownership is a role of authority, see Christopher Essert, "The Office of Ownership," *University of Toronto Law Journal* 63, no. 3 (2013): 418–61.
21. political sign on your lawn: Robert McGarvey, "You Can Be Fired for Your Political Beliefs," *The Street,* April 28, 2016, www.thestreet.com/personal-finance /you-can-be-fired-for-your-political-beliefs-13547984.
22. wear your hair: Roger S. Achille, "Policy Banning Extreme Hair Colors Upheld," Society for Human Resource Management, March 14, 2018, www.shrm.org/resourcesandtools/legal-and-compliance/employment-law/pages/court -report-policy-banning-extreme-hair-colors-upheld.aspx.
23. most oppressive government: Elizabeth Anderson, *Private Government: How Employers Rule Our Lives (and Why We Don't Talk about It)* (Princeton, NJ: Princeton University Press, 2017).
24. search employees' belongings: See *Frlekin v. Apple, Inc.*, 2015 U.S. Dist. LEXIS 151937, cited in Anderson, *Private Government,* xix.
25. They schedule shifts: Stephanie Wykstra, "The Movement to Make Workers' Schedules More Humane," *Vox*, November 5, 2019, www.vox.com/future-perfect /2019/10/15/20910297/fair-workweek-laws-unpredictable-scheduling-retail -restaurants.

26. rules for hair and makeup: Achille, "Policy Banning Extreme Hair Colors Upheld."
27. Workers in warehouses: Colin Lecher, "How Amazon Automatically Tracks and Fires Warehouse Workers for 'Productivity,' " *The Verge*, April 25, 2019, www.theverge.com/2019/4/25/18516004/amazon-warehouse-fulfillment-centers-pro ductivity-firing-terminations.
28. even their trips: See Oxfam America, *No Relief: Denial of Bathroom Breaks in the Poultry Industry* (Washington, DC, 2016), 2, https://s3.amazonaws.com/oxfam -us/www/static/media/files/No_Relief_Embargo.pdf, cited in Anderson, *Private Government*, xix.
29. "war of every man": Thomas Hobbes, *Leviathan*, ed. A. R. Walker (Cambridge: Cambridge University Press, 1904), 137.
30. "The weakest has strength": Hobbes, *Leviathan*, 81.
31. no machines, no buildings: Hobbes, *Leviathan*, 84.
32. In the state of nature, life: Hobbes, *Leviathan*, 84.
33. saw a way out: Hobbes, *Leviathan*, 84–89.
34. separation of powers: John Locke, *Two Treatises on Civil Government* (London: Routledge, 1884), 267–75.
35. popular representation in the legislature: Locke, *Two Treatises*, 306–7.

第五章

1. "For a simple demonstration": Neil deGrasse Tyson, *Astrophysics for Young People in a Hurry* (New York: Norton Young Readers, 2019), 16.
2. "slam a door": Rebecca Roache, "Naughty Words," *Aeon*, February 22, 2016, https://aeon.co/essays/where-does-swearing-get-its-power-and-how-should-we -use-it.
3. calls *offense escalation*: Roache, "Naughty Words."
4. aren't the sorts of stories: See Melissa Mohr's *Holy Shit: A Brief History of Swearing* (New York: Oxford University Press, 2013).

5. called this conventional morality: Ronald Dworkin, *Taking Rights Seriously* (London: Duckworth, 1978), 73.
6. perceived less pain: Richard Stephens, John Atkins, and Andrew Kingston, "Swearing as a Response to Pain," *Neuroreport* 20, no. 12 (2009): 1056–60, summarized in Emma Byrne, *Swearing Is Good for You: The Amazing Science of Bad Language* (New York: W. W. Norton, 2017), 46–48.
7. stronger swear words: Richard Stephens summarizes these unpublished studies in Byrne, *Swearing Is Good for You*, 58.
8. pain caused by social exclusion: Michael C. Philipp and Laura Lombardo, "Hurt Feelings and Four Letter Words: Swearing Alleviates the Pain of Social Distress," *European Journal of Social Psychology* 47, no. 4 (2017): 517–23, summarized by Byrne in *Swearing Is Good for You*, 61.
9. Chimps that learn: Byrne, *Swearing Is Good for You*, 120.
10. emotionally laden language: Byrne, *Swearing Is Good for You*, 21–45.
11. "good for group bonding": Byrne, *Swearing Is Good for You*, 94.
12. linguist named James D. McCawley: Re the footnote, for an overview of McCawley's argument and a bit of the history behind the paper, see Gretchen McCulloch, "A Linguist Explains the Syntax of 'Fuck,' " *The Toast*, December 9, 2014, https://the-toast.net/2014/12/09/linguist-explains-syntax-f-word.
13. *fuck* acts funny: Throughout this section, I am following the lead of McCulloch, "A Linguist Explains the Syntax of 'Fuck.' " Many of the papers she is relying on are collected in *Studies Out in Left Field: Defamatory Essays Presented to James D. McCawley on the Occasion of His 33rd or 34th Birthday*, ed. Arnold M. Zwicky, Peter H. Salus, Robert I. Binnick, and Anthony L. Vanek (Philadelphia: John Benjamins Publishing Company, 1992).
14. John J. McCarthy's epic paper: John J. McCarthy, "Prosodic Structure and Expletive Infixation," *Language* 58, no. 3 (1982): 574–90.
15. predict how they'll react: Byrne, *Swearing Is Good for You*, 37–38.
16. by five or six: Re the footnote, see Kristin L. Jay and Timothy B. Jay, "A Child's Garden of Curses: A Gender,

Historical, and Age-Related Evaluation of the Taboo Lexicon," *American Journal of Psychology* 126, no. 4 (2013): 459–75.

17. the sacred, the profane: The contrast between the sacred and the profane was introduced by Émile Durkheim, but I'm using the phrase differently than he did. See his *Elementary Forms of the Religious Life*, trans. Joseph Ward Swain (Mineola, NY: Dover, 2008).

18. is a scandal: John McWhorter makes this point in "The F-Word Is Going the Way of *Hell,*" *The Atlantic*, September 6, 2019, www.theatlantic.com/ideas /archive/2019/09/who-cares-beto-swore/597499. 他認為「幹」（fuck）這個髒話已經快被淘汰了，它很快就會淪為「見鬼了」（hell）——一個只有小孩子才會反感的詞。延伸羅奇的觀點，我們可以把這個過程稱為「冒犯度降級」：某個詞說得越多，我們就越習慣它，而它的冒犯程度就越小。

19. what a kike is: For discussion, see Geoffrey K. Pullum, "Slurs and Obscenities: Lexicography, Semantics, and Philosophy," in *Bad Words: Philosophical Perspectives on Slurs*, ed. David Sosa (New York: Oxford University Press, 2018), 168–92.

20. key to understanding slurs: Eric Swanson, "Slurs and Ideologies," in *Analyzing Ideology: Rethinking the Concept*, ed. Robin Celikates, Sally Haslanger, and Jason Stanley (Oxford: Oxford University Press, forthcoming).

21. interlocking set of ideas: Swanson, "Slurs and Ideologies."

22. slurs *cue* ideologies: Swanson, "Slurs and Ideologies."

23. operate within the ideology: Swanson, "Slurs and Ideologies."

24. James Baldwin's letter: James Baldwin, "The Fire Next Time," in *Collected Essays*, ed. Toni Morrison (New York: Library of America, 1998), 291.

25. Martin Luther King Jr.'s: Martin Luther King Jr., *Letter from the Birmingham Jail* (San Francisco: Harper San Francisco, 1994).

26. Ta-Nehisi Coates's letter: Ta-Nehisi Coates, *Between the World and Me* (New York: Spiegel & Grau, 2015).

27. moral seriousness of a slur: Re the footnote, see Swanson, "Slurs and Ideologies."
28. sparing is the key word: For further discussion sympathetic to the use/mention distinction, see John McWhorter, "The Idea That Whites Can't Refer to the N-Word," *The Atlantic*, August 27, 2019, www.theatlantic.com/ideas/archive /2019/08/whites-refer-to-the-n-word/596872.
29. "help his mom": Swanson, "Slurs and Ideologies."

第六章

1. question their femininity: Re the footnote, see Emilia Bona, "Why Are Female Athletes Criticised for Developing a 'Masculine' Physique?" *Vice*, July 29, 2016, www.vice.com/en_us/article/pgnav7/why-are-female-athletes-criticised-for -developing-a-masculine-physique.
2. "no grown-up ever says it": 成年人有時確實會這麼說，在婦女體育基金會的一項研究中，近三分之一的家長認同「男孩比女孩更擅長體育運動的觀點」。N. Zarrett, P. T. Veliz, and D. Sabo, *Keeping Girls in the Game: Factors That Influence Sport Participation* (New York: Women's Sports Foundation, 2020), 5.
3. That time is disputed: Re the footnote, see Nicholas P. Linthorne, *The 100-m World Record by Florence Griffith-Joyner at the 1988* U.S. Olympic Trials, report for the International Amateur Athletic Federation, June 1995, www.brunel.ac .uk/~spstnpl/Publications/IAAFReport(Linthorne).pdf; and "Senior Outdoor 100 Metres Women All Time Top List," World Athletics, accessed August 22, 2021, www.worldathletics.org/records/all-time-toplists/sprints/100-metres/outdoor /women/senior.
4. season ranked 801st: "Senior Outdoor 2019 100 Metres Men Top List," World Athletics, accessed January 27, 2021, www.worldathletics.org/records/toplists /sprints/100-metres/outdoor/men/senior/2019. 141 a dozen boys under eighteen: "U18 Outdoor 2019 100 Metres Men Top List," World Athletics, accessed January 17, 2021, www.worldathletics.org/records/toplists/sprints/100-metres/outdoor/men/u18/2019.
5. third in the world: 至少家族傳說是這麼說的，我們無法找到排名紀錄，但我們從新聞報導中得知，班尼曾為了爭奪蠅量級冠軍頭銜進行了一場淘汰賽。如果他贏了，他將對陣小個兒沃加斯特（Midget

Wolgast），但他其實比班尼高了四公分。班尼慘遭淘汰，所以倆人沒機會對壘。 A list of his pro fights is available on BoxRec, accessed January 17, 2020, https://boxrec.com/en/proboxer/431900.

6. “two separate sports”: 小威廉斯還說：「我喜歡打女子網球賽，我只想和女孩子打，因為我不想丟臉。」 Chris Chase, “Serena Tells Letterman She’d Lose to Andy Murray in ‘Five or Six’ Minutes,” *For the Win*, August 23, 2013, https://ftw.usatoday.com/2013/08/serena-williams-playing -men-andy-murray.
7. running set plays: Sarah Ko, “Off the Rim: The WNBA Is Better Than the NBA,” *Annenberg Media*, September 20, 2019, www.uscannenbergmedia.com/2019/09/20 /off-the-rim-the-wnba-is-better-than-the-nba.
8. appear to be biomechanical differences: Re the footnote, see Reed Ferber, Irene McClay Davis, and Dorsey S. Williams 3rd, “Gender Differences in Lower Extremity Mechanics During Running,” *Clinical Biomechanics* 18, no. 4 (2003): 350–57.
9. died tragically young: Michael D. Resnik, E. Maynard Adams, and Richard E. Grandy, “Jane English Memorial Resolution, 1947–1978,” *Proceedings and Addresses of the American Philosophical Association* 52, no. 3 (1979): 376.
10. she published an article: Jane English, “Sex Equality in Sports,” *Philosophy & Public Affairs* 7, no. 3 (1978): 269–77.
11. “just plain fun”: English, “Sex Equality in Sports,” 270.
12. “no reason to deny Matilda”: English, “Sex Equality in Sports,” 270.
13. “people of all ages”: English, “Sex Equality in Sports,” 274.
14. set a 10K record: Resnik, Adams, and Grandy, “Jane English Memorial Resolution,” 377.
15. let alone first place: English, “Sex Equality in Sports,” 271.
16. prominent role in sports: English, “Sex Equality in Sports,” 273.
17. won a silver medal: “Angela Schneider to Serve as New Director of ICOS,” International Centre for Olympic Studies, accessed January 17, 2020, www.uwo .ca/olympic/news/2019/angela_schneider_to_serve_as_new_director_of_icos .html.

18. "positions of power": Angela J. Schneider, "On the Definition of 'Woman' in the Sport Context," in *Values in Sport: Elitism, Nationalism, Gender Equality and the Scientific Manufacturing of Winners*, ed. Torbjörn Tännsjö and Claudio Tamburrini (London: E & FN Spon, 2000), 137.
19. "systematically denied positions": Schneider, "On the Definition of 'Woman,'" 137.
20. fight racial inequality: Cindy Boren, "Michael Jordan Pledged $100 Million to Improve Social Justice Because 'This Is a Tipping Point,' " *Washington Post,* June 7, 2020, www.washingtonpost.com/sports/2020/06/07/michael-jordan-pledged -100-million-improve-social-justice-because-this-is-tipping-point.
21. "shape and define our images": Schneider, "On the Definition of 'Woman,' " 137.
22. they'd excel, equally: Schneider, "On the Definition of 'Woman,' " 134.
23. Men don't bother: Melissa Cruz, "Why Male Gymnasts Don't Do the Balance Beam," *Bustle*, August 11, 2016, www.bustle.com/articles/178101-why-dont-male -gymnasts-do-the-balance-beam-this-olympic-event-could-use-a-modern -update.
24. crushed the competition: Jason Sumner, "Fiona Kolbinger, 24-Year-Old Medical Student, Becomes First Woman to Win the Transcontinental Race," *Bicycling*, August 6, 2019, www.bicycling.com/racing/a28627301/fiona-kolbinger-transcon tinental-race.
25. twelve hours faster: Angie Brown, "Nursing Mother Smashes 268-mile Montane Spine Race Record," BBC News, January 17, 2019, www.bbc.com/news /uk-scotland-edinburgh-east-fife-46906365.
26. what traits researchers count: Re the footnote, see Claire Ainsworth, "Sex Redefined," *Nature*, February 18, 2015, www.nature.com/articles/518288a.
27. two started wildfires: Sarah Moon and Hollie Silverman, "California Fire Sparked by a Gender Reveal Party Has Grown to More Than 10,000 Acres," CNN, September 8, 2020, www.cnn.com/2020/09/08/us/el-dorado-fire-gender -reveal-update-trnd/index.html.
28. killed by a cannon: Nour Rahal, "Michigan Man Dead after Explosion at Baby Shower," *Detroit Free Press*, February 8, 2021, www.freep.com/story/news/local /michigan/2021/02/07/harland-cannon-explosion-baby-

shower/4429175001.

29. homemade pipe bomb: Sandra E. Garcia, "Explosion at Gender Reveal Party Kills Woman, Officials Say," *New York Times*, October 28, 2019, www.nytimes .com/2019/10/28/us/gender-reveal-party-death.html.
30. "The generally accepted rule": Quoted in Jeanne Maglaty, "When Did Girls Start Wearing Pink?" *Smithsonian Magazine*, April 7, 2011, www.smithsonia nmag.com/arts-culture/when-did-girls-start-wearing-pink-1370097.
31. Some kids don't identify: For a helpful overview of current research on trans kids, see Kristina R. Olson, "When Sex and Gender Collide," *Scientific American*, September 1, 2017, www.scientificamerican.com/article/when-sex-and-gender -collide.
32. In a recent Gallup poll: On the poll in the footnote, see Jeffrey M. Jones, "LGBT Identification Rises to 5.6% in Latest U.S. Estimate," Gallup, February 24, 2021, https://news.gallup.com/poll/329708/lgbt-identification-rises-latest -estimate.aspx.
33. trans men playing men's sports: See, for instance, Talya Minsberg, "Trans Athlete Chris Mosier on Qualifying for the Olympic Trials," *New York Times*, January 28, 2020, www.nytimes.com/2020/01/28/sports/chris-mosier-trans-athlete-olympic -trials.html.
34. performance of trans athletes: Katherine Kornei, "This Scientist Is Racing to Discover How Gender Transitions Alter Athletic Performance—Including Her Own," *Science*, July 25, 2018, www.sciencemag.org/news/2018/07/scientist -racing-discover-how-gender-transitions-alter-athletic-performance-including.
35. issue is testosterone: Joanna Harper, "Athletic Gender," *Law and Contemporary Problems* 80 (2018): 144.
36. reduced her speed: Briar Stewart, "Canadian Researcher to Lead Largest Known Study on Transgender Athletes," CBC News, July 24, 2019, www.cbc.ca/news /health/trans-athletes-performance-transition-research-1.5183432.
37. competition was slower: Joanna Harper, "Do Transgender Athletes Have an Edge? I Sure Don't," *Washington Post*, April 1, 2015, www.washingtonpost.com/opinions/do-transgender-athletes-have-an-edge-i-sure-dont/2015/04/01 /ccacb1da-c68e-11e4-b2a1-bed1aaea2816_story.html.

38. Harper has gathered data: Joanna Harper, “Race Times for Transgender Athletes,” *Journal of Sporting Cultures and Identities* 6, no. 1 (2015): 1–9.
39. study is controversial: For concerns about Harper’s study, see Rebecca M. Jordan-Young and Katrina Karkazis, *Testosterone: An Unauthorized Biography* (Cambridge, MA: Harvard University Press, 2019), 188–89
40. no consistent relationship: The chapter on athleticism in Jordan-Young and Karkazis, *Testosterone*, 159–201, provides a comprehensive review of the research on testosterone and performance in sports.
41. “to provide women athletes”: Harper, “Athletic Gender,” 148.
42. “not unduly alter”: Harper, “Athletic Gender,” 148.
43. key eligibility for women’s sports:“Eligibility Regulations for the Female Classification (Athletes with Differences of Sex Development),” International Association of Athletics Federations, May 1, 2019, www.sportsintegrityinitiative.com/wp-content/uploads/2019/05/IAAF-Eligibility-Regulations-for-the -Female-Classi-2-compressed.pdf.
44. “depression, fatigue, osteoporosis”: Jordan-Young and Karkazis, *Testosterone*, 199.
45. This is a point that Veronica Ivy has made: Ivy was previously known as Rachel McKinnon. For her argument about Phelps, see Fred Dreier, “Q&A: Dr. Rachel McKinnon, Masters Track Champion and Transgender Athlete,” *VeloNews*, October 15, 2018, www.velonews.com/news/qa-dr-rachel-mckinnon-masters-track-champion-and-transgender-athlete. 艾薇寫道：「如果你看看菁英運動員，每一個菁英運動員都有某種基因突變，使他們在自己的運動項目中表現驚人。菲爾普斯的關節結構和身體比例讓他像一條魚，這很了不起，但我們不應該說他擁有不公平的競爭優勢。」
46. eight inches taller: See Rachel McKinnon, “I Won a World Championship. Some People Aren’t Happy,” *New York Times*, December 5, 2019, www.nytimes.com/2019/12/05/opinion/i-won-a-world-championship-some-people-arent -happy.html.
47. received legal recognition: McKinnon, “I Won a World Championship.”
48. If a person sees herself: For a similar argument, see Rebecca Jordan-Young and Katrina Karkazis, “You Say

You're a Woman? That Should Be Enough," *New York Times*, June 17, 2012, www.nytimes.com/2012/06/18/sports/olympics /olympic-sex-verification-you-say-youre-a-woman-that-should-be-enough.html.

49. Men can't capture: Thanks to Daniel Halberstam and Ellen Katz for help on this point.
50. athletes involved were intersex: Harper, "Athletic Gender," 141.
51. marking out that category: Robin Dembroff, "Real Talk on the Metaphysics of Gender," *Philosophical Topics* 46, no. 2 (2018): 21–50.
52. known as conceptual ethics: See Alexis Burgess and David Plunkett, "Conceptual Ethics I," *Philosophy Compass* 8, no. 12 (2013): 1091–1101.
53. defer to self-identification: For further reflections on the meaning of the word *woman* and another argument in favor of using the word in a way that tracks selfidentification, see Talia Mae Bettcher, "Trans Women and the Meaning of 'Woman,' " in *The Philosophy of Sex: Contemporary Readings*, 6th ed., ed. Nicholas Power, Raja Halwani, and Alan Soble (Lanham, MD: Rowman & Littlefield, 2013), 233–50.
54. In a 2015 survey: Re the footnote, see S. E. James, J. L. Herman, S. Rankin, M. Keisling, L. Mottet, and M. Anafi, *The Report of the 2015 U.S. Transgender Survey* (Washington, DC: National Center for Transgender Equality, 2016), 44, https://transequality.org/sites/default/files/docs/usts/USTS-Full-Report-Dec17 .pdf.
55. embrace the identity: Robin Dembroff, "Why Be Nonbinary?" *Aeon*, October 30, 2018, https://aeon.co/essays/nonbinary-identity-is-a-radical-stance-against-gender -segregation.
56. organizing our social relations: See Dembroff, "Why Be Nonbinary?" See also Dembroff, "Real Talk on the Metaphysics of Gender," 38:「他們擔心，如果性別成為自我認同的基礎，那麼順利決定社會期望、家庭結構、性可得性（sexual availability），以及基於性別之勞動分工的社會體系，就會變得模糊不清且效率低下。在我看來，判定一個男人的方式（modus ponens）就是判定一個同性戀者的方式。」
57. choose which competition: At least one nonbinary athlete plays both men's and women's hockey. See Donna Spencer, "Non-binary Athletes Navigating Canadian Sport with Little Policy Help," CBC Sports, May 26, 2020, www.cbc.ca /sports/canada-non-binary-athletes-1.5585435.

第七章

1. *I Am Rosa*: Brad Meltzer, *I Am Rosa Parks* (New York: Dial Books, 2014).
2. *I Am Martin*: Brad Meltzer, *I Am Martin Luther King, Jr.* (New York: Dial Books, 2016).
3. *I Am Jackie*: Brad Meltzer, *I Am Jackie Robinson* (New York: Dial Books, 2015).
4. *When Jackie and Hank*: Cathy Goldberg Fishman, *When Jackie and Hank Met* (Tarrytown, NY: Marshall Cavendish, 2012).
5. these superficial differences: K. Anthony Appiah traces the history of these sorts of views in his "Race, Culture, Identity: Misunderstood Connections," in K. Anthony Appiah and Amy Gutmann, *Color Conscious: The Political Morality of Race* (Princeton, NJ: Princeton University Press, 1996), 30–105.
6. biology doesn't work: Appiah, "Race, Culture, Identity," 68–71.
7. it's all bunk: For helpful overviews, see Gavin Evans, "The Unwelcome Revival of 'Race Science,' " *The Guardian*, March 2, 2018, www.theguardian.com/news /2018/mar/02/the-unwelcome-revival-of-race-science; and William Saletan, "Stop Talking About Race and IQ," *Slate*, April 27, 2018, https://slate.com/news-and -politics/2018/04/stop-talking-about-race-and-iq-take-it-from-someone-who -did.html.
8. "no basis in scientific fact": Evans, "Unwelcome Revival of 'Race Science.' "
9. variation within racial groups: Paul Hoffman, "The Science of Race," Discover, November 1994, 4, cited in Appiah, "Race, Culture, Identity," 69.
10. a common ancestor: See Douglas L. T. Rohde, Steve Olson, and Joseph T. Chang, "Modelling the Recent Common Ancestry of All Living Humans," *Nature* 431 (2004): 562–66.
11. how ancestry works: See Scott Hershberger, "Humans Are More Closely Related Than We Commonly Think," *Scientific American*, October 5, 2020, www.scientificamerican.com/article/humans-are-all-more-closely-related-than-we-commonly-think.
12. Adam Rutherford explains: Quoted in Hershberger, "Humans Are More Closely Related."
13. descended from a single population: L. Luca Cavalli-Sforza and Marcus W. Feldman, "The Application of

Molecular Genetic Approaches to the Study of Human Evolution," *Nature Genetics Supplement* 33 (2003): 270.

14. the *genetic isopoint*: Douglas Rohde, quoted in Hershberger, "Humans Are More Closely Related."

15. anything like a rigid division: For a contrary view, see Quayshawn Spencer, "How to Be a Biological Racial Realist," in *What Is Race?: Four Philosophical Views*, ed. Joshua Glasgow, Sally Haslanger, Chike Jeffers, and Quayshawn Spencer (New York: Oxford University Press, 2019), 73–110. 史賓塞認為，人口遺傳學揭示了人類分為五個種族群體：非洲人、東亞人、歐亞人、美洲原住民和大洋洲人。但他也明確指出，這種聚類並不意味著這些群體「在任何重要的社會特徵（如智力、美貌、道德品質等）上存在差異」。

16. don't match up: See Ron Mallon, " 'Race': Normative, Not Metaphysical or Semantic," *Ethics* 116 (2006): 525–51; Naomi Zack, *Philosophy of Science and Race* (New York: Routledge, 2002); and Appiah, "Race, Culture, Identity."

17. structures a hierarchy: For an articulation of this sort of view, see Sally Haslanger, "Tracing the Sociopolitical Reality of Race," in Glasgow et al., *What Is Race?*, 4–37.

18. "must ride 'Jim Crow' ": W. E. B. Du Bois, *Dusk of Dawn: An Essay Toward an Autobiography of a Race Concept* (New Brunswick, NJ: Transaction Publishers, 2011), 153.

19. other people became White: "The racial designations 'white' and 'Black' were born twins." Kwame Anthony Appiah, "I'm Jewish and Don't Identify as White. Why Must I Check That Box?" *New York Times Magazine*, October 13, 2020, www.nytimes.com/2020/10/13/magazine/im-jewish-and-dont-identify-as-white -why-must-i-check-that-box.html.

20. "No one was white": James Baldwin, "On Being White . . . and Other Lies," *Essence*, April 1984, 90–92.

21. were sometimes lynched: Brent Staples, "How Italians Became 'White,'" *New York Times*, October 12, 2019, www.nytimes.com/interactive/2019/10/12/opinion /columbus-day-italian-american-racism.html.

22. establishment of Columbus Day: Staples, "How Italians Became 'White.'"

23. "Race does not travel": The quote in the footnote is from Michael Root, "How We Divide the World," *Philosophy of Science* 67, no. 3 (2000), S631–S632.

24. race is *socially constructed*: See Sally Haslanger, "A Social Constructionist Analysis of Race," in *Resisting Reality: Social Construction and Social Critique* (New York: Oxford University Press, 2012), 298–310; and Haslanger, "Tracing the Sociopolitical Reality of Race," 4–37.
25. other Pluto-sized objects: Adam Mann, "Why Isn't Pluto a Planet Anymore?" *Space*, March 28, 2019, www.space.com/why-pluto-is-not-a-planet.html.
26. "clear the neighborhood": Science Reference Section, Library of Congress, "Why Is Pluto No Longer a Planet?" Library of Congress, November 19, 2019, www .loc.gov/everyday-mysteries/astronomy/item/why-is-pluto-no-longer-a-planet.
27. When these conversations: The book mentioned in the footnote is Beverly Daniel Tatum, *Why Are All the Black Kids Sitting Together in the Cafeteria? And Other Conversations About Race*, rev. ed. (New York: Basic Books, 2003), 31–51.
28. less than 15 percent: Neil Bhutta, Andrew C. Chang, Lisa J. Dettling, and Joanne W. Hsu, "Disparities in Wealth by Race and Ethnicity in the 2019 Survey of Consumer Finances," *FEDS Notes*, Federal Reserve, September 28, 2020, www.federalreserve.gov/econres/notes/feds-notes/disparities-in-wealth-by -race-and-ethnicity-in-the-2019-survey-of-consumer-finances-20200928.htm.
29. unemployed at twice the rate: Jhacova Williams and Valerie Wilson, "Black Workers Endure Persistent Racial Disparities in Employment Outcomes," *Economic Policy Institute*, August 27, 2019, www.epi.org/publication/labor-day-2019 -racial-disparities-in-employment.
30. spend more to teach: Clare Lombardo, "Why White School Districts Have So Much More Money," NPR, February 26, 2019, www.npr.org/2019/02/26/696794 821/why-white-school-districts-have-so-much-more-money.
31. White people live longer: Max Roberts, Eric N. Reither, and Sojung Lim, "Contributors to the Black-White Life Expectancy Gap in Washington D.C.," *Scientific Reports* 10 (2020): 1–12.
32. better health care: David R. Williams and Toni D. Rucker, "Understanding and Addressing Racial Disparities

in Health Care," *Health Care Financing Review* 21, no. 4 (2000): 75–90.

33. Black men were incarcerated: Becky Pettit and Bryan Sykes, "Incarceration," *Pathways* (Special Issue 2017), inequality.stanford.edu/sites/default/files/Path ways_SOTU_2017.pdf.
34. Tulsa Race Riot: History.com editors, "Tulsa Race Massacre," *History*, March 8, 2018, www.history.com/topics/roaring-twenties/tulsa-race-massacre.
35. arrested for drug offenses: Equal Justice Initiative, "Study Finds Racial Disparities in Incarceration Persist," June 15, 2016, https://eji.org/news/sentencing -project-report-racial-disparities-in-incarceration.
36. origins in oppression: Chike Jeffers, "Cultural Constructionism," in Glasgow et al., *What Is Race?*, 75
37. "stigmatization, discrimination, marginalization": Chike Jeffers, "The Cultural Theory of Race: Yet Another Look at Du Bois's 'The Conservation of Races,' " *Ethics* 123, no. 3 (2013): 422.
38. "joy in blackness": Jeffers, "Cultural Theory of Race," 422
39. present in Black culture: Jeffers, "Cultural Constructionism," 74–88.
40. "race is not just": Belle previously published as Kathryn T. Gines. This quote is from her "Fanon and Sartre 50 Years Later: To Retain or Reject the Concept of Race," *Sartre Studies International* 9, no. 2 (2003): 56.
41. "positive category that encompasses": Gines, "Fanon and Sartre," 56.
42. Whiteness was forged: 詹姆斯・鮑德溫在《論身為白人……和其他謊言》一文中的第九一頁寫道：「美國之所以能變白——那些聲稱他們『定居』在這個國家的人之所以成為白人——是出於否認黑人存在的必要性，並為黑人被征服辯解。任何社會都不能建立在這樣的原則之上——或者換句話說，任何社會都不能建立在如此滅絕種族般的謊言之上。例如來自挪威的挪威人，竟能透過屠殺牲畜、在井裡下毒、屠殺美洲原住民、強姦黑人婦女，而成了白人。」
43. actions reveal defects: Judith Jarvis Thomson, "Morality and Bad Luck," *Metaphilosophy* 20, nos. 3–4 (July/October 1989): 203–21.
44. The company cut corners: See David Schaper, "Boeing to Pay $2.5 Billion Settlement Over Deadly 737 Max Crashes," NPR, January 8, 2021, www.npr .org/2021/01/08/954782512/boeing-to-pay-2-5-billion-settlement-

over-deadly -737-max-crashes; and Dominic Gates, "Boeing's 737 MAX 'Design Failures' and FAA's 'Grossly Insufficient' Review Slammed," *Seattle Times*, March 6, 2020, www.seattletimes.com/business/boeing-aerospace/u-s-house-preliminary -report-faults-boeing-faa-over-737-max-crashes.

45. Thomas says corporations changed: W. Robert Thomas, "How and Why Corporations Became (and Remain) Persons under Criminal Law," *Florida State University Law Review* 45, no. 2 (2018): 480–538.
46. so says David Enoch: David Enoch, "Being Responsible, Taking Responsibility, and Penumbral Agency," in *Luck, Value, & Commitment: Themes from the Ethics of Bernard Williams*, ed. Ulrike Heuer and Gerald Lang (Oxford: Oxford University Press, 2012), 95–132.
47. person who is put off: Enoch, "Being Responsible," 120–23.
48. "stress cracks and bowed walls": Isabel Wilkerson, *Caste: The Origins of Our Discontents* (New York: Random House, 2020), 15–20.
49. "Many people may rightly say": Wilkerson, *Caste*, 16.
50. "we are the heirs": Wilkerson, *Caste*, 16.
51. "The signers of the Declaration": Frederick Douglass, "The Meaning of July Fourth for the Negro," *Frederick Douglass: Selected Speeches and Writings,* ed. Philip S. Foner (Chicago: Lawrence Hill, 1999), 192.
52. "bequeathed by your fathers": Douglass, "Meaning of July Fourth," 194.
53. "the great sin and shame": Douglass, "Meaning of July Fourth," 195.
54. "What, to the American slave": Douglass, "Meaning of July Fourth," 196.
55. "I do not despair": Douglass, "Meaning of July Fourth," 204.
56. never taken responsibility: 眾議院曾於二〇〇八年，就奴隸制發表了道歉聲明，這是件好事，但它本身並不能代表美國行事。Danny Lewis, "Five Times the United States Officially Apologized," *Smithsonian Magazine*, May 27, 2016, www.smithsonianmag.com/smart -news/five-times-united-states-officially-apologized.
57. Ta-Nehisi Coates published: Ta-Nehisi Coates, "The Case for Reparations," *The Atlantic*, June 2014, www.

theatlantic.com/magazine/archive/2014/06/the-case -for-reparations/361631.

58. repair our relationships: Daniel Fryer, "What's the Point of Reparation?" (unpublished manuscript, May 11, 2021).

59. first at bat: Stephen H. Norwood and Harold Brackman, "Going to Bat for Jackie Robinson: The Jewish Role in Breaking Baseball's Color Line," *Journal of Sport History* 26, no. 1 (1999): 131.

60. collided with Robinson: Jackie Robinson and Wendell Smith, *Jackie Robinson: My Own Story* (New York: Greenberg, 1948), 96.

61. "Listen, don't pay attention" : Robinson and Smith, *Jackie Robinson*, 96–97.

62. invited Robinson to dinner: Robinson declined the invitation. He didn't want to make trouble for Greenberg. See Hank Greenberg's autobiography, *The Story of My Life*, ed. Ira Berkow (Chicago: Ivan R. Dee, 1989), 183.

63. the first encouragement: See Robinson and Smith, Jackie Robinson, 96; and "Hank Greenberg a Hero to Dodgers' Negro Star," *New York Times*, May 18, 1947, https://timesmachine.nytimes.com/timesmachine/1947/05/18/99271179.html.

64. "We killed him": Lenny Bruce, *How to Talk Dirty and Influence People* (Boston: Da Capo Press, 2016), 155.

65. "Everybody blames the Jews": Quoted in Dana Goodyear, "Quiet Depravity," *New Yorker*, October 17, 2005, www.newyorker.com/magazine/2005/10/24/quiet -depravity.

66. "Jews will not replace us": Emma Green, "Why the Charlottesville Marchers Were Obsessed with Jews," *The Atlantic*, August 15, 2017, www.theatlantic.com /politics/archive/2017/08/nazis-racism-charlottesville/536928.

67. in both directions: And Jews who are Black are often caught in the middle. Deena Yellin, "Subjected to Anti-Semitism and Racism, Jews of Color Feel 'Stuck in the Middle,'" NorthJersey.com, August 27, 2020, www.northjersey.com /story/news/local/2020/08/27/jewish-people-of-color-grapple-with-bigotry-two -fronts/5444526002.

68. James Baldwin's 1967 essay: Re the footnote, see James Baldwin, "Negroes Are Anti-Semitic because They're Anti-White," *New York Times*, April 9, 1967, https://movies2.nytimes.com/books/98/03/29/specials/baldwin-

antisem.html.

69. integrated the Texas League: Norwood and Brackman, "Going to Bat," 133–34.

70. castigated other Black leaders: Ami Eden, "Remembering Jackie Robinson's Fight with Black Nationalists over Anti-Semitism," *Jewish Telegraphic Agency*, April 15, 2013, www.jta.org/2013/04/15/culture/remembering-jackie-robinsons -fight-with-black-nationalists-over-anti-semitism.

71. "How could we stand": Jackie Robinson, *I Never Had It Made* (New York: G. P. Putnam's Sons, 1972), 159.

72. Jackie had it far worse: 漢克．格林伯格在他的自傳中寫道：「傑基的處境很艱難，比任何球員都要艱難。我碰巧是個猶太人，是棒球界為數不多的猶太人之一，但我是白人，而且我不像有些人認為的那樣長著犄角。……但我認同傑基．羅賓森，我很同情他，因為他們也是這樣對待我的；雖然沒那麼糟糕，但他們總說我是個白人和猶太人。」Greenberg, *Story of My Life*, 183.

第八章

1. "Once Zhuang Zhou dreamed": Zhuangzi, The Complete Works of *Zhuangzi*, trans. Burton Watson (New York: Columbia University Press, 2013), 18.
2. Descartes set out to doubt: René Descartes, *Meditations on First Philosophy: With Selections from the Objections and Replies*, 2nd ed., ed. and trans. John Cottingham (Cambridge: Cambridge University Press, 2017), 15.
3. deluded by a dream: Descartes, *Meditations on First Philosophy*, 16.
4. sleeping doesn't change: Descartes, *Meditations on First Philosophy*, 17.
5. imagined that an evil genius: Descartes, *Meditations on First Philosophy*, 19.
6. Descartes saw it too: Descartes, *Meditations on First Philosophy*, 21.
7. cool bit of reasoning: 並非所有人都這麼認為，尼采就認為笛卡爾頂多只能得出「有思想」的結論，並不能得出有一個「我」在思考的結論。但是在這一點上，我傾向於認為笛卡爾的推理是正確的。For Nietzsche's doubts, see his *Beyond Good and Evil: Prelude to a Philosophy of the Future*, trans. Helen

Zimmern (New York: Macmillan, 1907), 22–25. For a defense of Descartes's position, see Christopher Peacocke, "Descartes Defended," *Proceedings of the Aristotelean Society, Supplementary Volumes* 86 (2012): 109–25.

8. have a *justified true belief*: For an overview of the traditional analysis of knowledge, and the problems with it, see Jonathan Jenkins Ichikawa and Matthew Steup, "The Analysis of Knowledge," *Stanford Encyclopedia of Philosophy* (Summer 2018 edition), ed. Edward N. Zalta, https://plato.stanford.edu/archives/ sum2018/entries/knowledge-analysis.
9. hadn't written anything: David Edmonds, "A Truth Should Suffice," *Times Higher Education*, January 24, 2013, www.timeshighereducation.com/a-truth-should -suffice/2001095.article.
10. Gettier said no: Edmund L. Gettier, "Is Justified True Belief Knowledge?" Analysis 23, no. 6 (1963): 121–23.
11. none of them work: For an overview of possible responses and problems with them, see Ichikawa and Steup, "Analysis of Knowledge."
12. wrote a recipe: Linda Zagzebski, "The Inescapability of Gettier Problems," *Philosophical Quarterly* 44, no. 174 (1994): 69.
13. One of Zagzebski's stories: Zagzebski, "Inescapability of Gettier Problems," 67–68.
14. a mistake to try: Timothy Williamson argues for this view in *Knowledge and Its Limits* (New York: Oxford University Press, 2000).
15. "nothing more to say": Gettier, quoted in Edmonds, "A Truth Should Suffice."
16. Dharmottara says no: This story is relayed in Georges B. J. Dreyfus, *Recognizing Reality: Dharmakirti's Philosophy and Its Tibetan Interpretations* (Albany, NY: SUNY Press, 1997), 292. I was introduced to this story (and the one in the following note) by Ichikawa in "Analysis of Knowledge."
17. Peter of Mantua: 彼得說的故事是這樣的：「假設柏拉圖就在你身邊，你知道他在跑步，但你誤以為他是蘇格拉底，所以你堅信是蘇格拉底在跑步。然而，蘇格拉底其實是在羅馬跑步，但你並不知道這一點。」The story is relayed in Ivan Boh, "Belief Justification and Knowledge: Some Late Medieval Epistemic

Concerns," *Journal of the Rocky Mountain Medieval and Renaissance Association* 6 (1985): 95.

18. Teresa of Ávila: Christia Mercer, "Descartes' Debt to Teresa of Ávila, or Why We Should Work on Women in the History of Philosophy," *Philosophical Studies* 174, no. 10 (2017): 2539–55.
19. celebrate the work of women: See, for instance, *The Philosopher Queens: The Lives and Legacies of Philosophy's Unsung Women,* ed. Rebecca Buxton and Lisa Whiting (London: Unbound, 2020).
20. died too young: "Notes and News," *Journal of Philosophy* 75, no. 2 (1978): 114.
21. Stine had an idea: G. C. Stine, "Skepticism, Relevant Alternatives, and Deductive Closure," *Philosophical Studies* 29 (1976): 249–61.
22. *know* is context-sensitive: 關於知識的標準會改變這個概念，史坦恩算是一個早期的宣導者，且頗具影響力，但她並非第一人，也絕非最後一人。For a thorough introduction to the view, see Patrick Rysiew, "Epistemic Contextualism," *Stanford Encyclopedia of Philosophy* (Spring 2021 edition), ed. Edward N. Zalta, https://plato.stanford.edu/archives/spr2021/entries /contextualism-epistemology.
23. looking at a zebra: Stine, "Skepticism, Relevant Alternatives, and Deductive Closure," 252.
24. In Tijuana, Mexico: Amy Isackson, "Working to Save the Painted 'Zonkeys' of Tijuana," NPR, August 8, 2013, www.npr.org/2013/08/08/209969843/working-to -save-the-painted-zonkeys-of-tijuana.
25. A zonkey is a hybrid: Re the footnote, see Emily Lodish, "Here's Everything You Wanted to Know about Zonkeys, the Great Zebra-Donkey Hybrids," *The World*, April 30, 2014, www.pri.org/stories/2014-04-30/heres-everything-you-wanted-know -about-zonkeys-great-zebra-donkey-hybrids
26. shift the conversational context: Stine, "Skepticism, Relevant Alternatives, and Deductive Closure," 256–57.
27. There's lots we know: Stine, "Skepticism, Relevant Alternatives, and Deductive Closure," 254.
28. context of climate change: N. Ángel Pinillos, "Knowledge, Ignorance and Climate Change," *New York Times*, November 26, 2018, www.nytimes.com/2018/11 /26/opinion/skepticism-philosophy-climate-change.html.
29. our carbon emissions are responsible: For an overview of the evidence, see Renee Cho, "How We Know Today's Climate Change Is Not Natural," *State of the Planet*, Columbia Climate School, April 4, 2017, https://

blogs.ei.columbia.edu/2017/04/04 /how-we-know-climate-change-is-not-natural.

30. “I don’t know for sure”: On Energy, Election Commission, & Education, Sununu Casts Himself as More Pragmatist Than Politician,” New Hampshire Public Radio, July 10, 2017, www.nhpr.org/post/energy-election-commission-education -sununu-casts-himself-more-pragmatist-politician.

31. “emphasize the uncertainty”: David Roberts, “Exxon Researched Climate Science. Understood It. And Misled the Public,” *Vox,* August 23, 2017, www.vox .com/energy-and-environment/2017/8/23/16188422/exxon-climate-change.

32. “Doubt is our product”: Phoebe Keane, “How the Oil Industry Made Us Doubt Climate Change,” BBC News, September 20, 2020, www.bbc.com/news/stories -53640382.

33. can’t doubt everything: 路德維希・維根斯坦這樣說：「也就是說，我們提出的問題和我們的懷疑取決於此事實——某些命題就跟那些轉動它們的鉸鏈一樣是不容懷疑的。」Wittgenstein, *On Certainty*, ed. G. E. M. Anscombe and G. H. von Wright, trans. Denis Paul and G. E. M. Anscombe (New York: Harper & Row, 1975), 44.

34. Pinillos suggests another strategy: Pinillos, “Knowledge, Ignorance and Climate Change.”

35. including Elon Musk: Rich McCormick, “Odds Are We’re Living in a Simulation, Says Elon Musk,” *The Verge*, June 2, 2016, www.theverge.com/2016/6/2/118 37874/elon-musk-says-odds-living-in-simulation.

36. a rough version: The full argument is set out in Nick Bostrom, “Are You Living in a Computer Simulation?” *Philosophical Quarterly* 53, no. 211 (2003): 243–55. That article and many others examining the hypothesis are collected at https:// www.simulation-argument.com.

37. one of these propositions: I’ve simplified Bostrom’s alternatives a bit. For the original, see Bostrom, “Are You Living in a Computer Simulation?”

38. in some sense, enslaved: These concerns are raised in James Pryor, “What’s So Bad about Living in the Matrix?” in *Philosophers Explore the Matrix,* ed. Christopher Grau (New York: Oxford University Press, 2005), 40–61.

39. made of something surprising: David J. Chalmers, "The Matrix as Metaphysics," in *The Character of Consciousness* (New York: Oxford University Press, 2010), 455–78.
40. a subtle confusion: Chalmers explains the confusion in "Matrix as Metaphysics," 471–72.

第九章

1. claim to believe: See Seana Valentine Shiffrin, *Speech Matters: On Lying, Morality, and the Law* (Princeton, NJ: Princeton University Press, 2014), 12–14.
2. a witness at trial: Shiffrin, *Speech Matters*, 13–14. She credits the example to Thomas L. Carson, "Lying, Deception, and Related Concepts," in *The Philosophy of Deception*, ed. Clancy Martin (New York: Oxford University Press, 2009), 159–61.
3. a person lies: 我簡化了西佛林對說謊的描述，以下是她對謊言的完整描述（Speech Matters, 12）：A故意對B說了一個命題P，使得A不相信P，且A知道A不相信P，且A故意以某種方式或脈絡展示P，以客觀表明A的意圖是要讓B將P當作是A的信念之準確表述。
4. improv comedy show: See Shiffrin, *Speech Matters*, 16.
5. Shiffrin calls situations: Shiffrin, *Speech Matters*, 16–19.
6. If you lie to me: 西佛林會說，脈絡在認識論上是暫停的，但這並不能免除你說出真相的義務。See Shiffrin, *Speech Matters*, 16.
7. she calls those justified suspended contexts: Shiffrin, *Speech Matters*, 16.
8. falsifications won't count: Shiffrin, *Speech Matters*, 18.
9. "demanded by the social context": Shiffrin, *Speech Matters*, 33.
10. a "competent listener": Shiffrin, *Speech Matters*, 33.
11. manifest their will: Shiffrin, *Speech Matters*, 22.
12. Athanasius of Alexandria: See, e.g., Alasdair MacIntyre, "Truthfulness, Lies, and Moral Philosophers: What Can We Learn from Mill and Kant?" (Tanner Lectures on Human Values, Princeton University, April 6 and 7,

1994), 336, https://tannerlectures.utah.edu/_documents/a-to-z/m/macintyre_1994.pdf.

13. a paper with that advice: Jennifer Saul, “Just Go Ahead and Lie,” *Analysis* 72, no. 1 (2012), 3–9.
14. Dave and Charla: Jennifer Mather Saul, *Lying, Misleading, and What Is Said: An Exploration in Philosophy of Language and in Ethics* (Oxford: Oxford University Press, 2012), 72.
15. “It seems completely absurd”: Saul, *Lying, Misleading, and What Is Said*, 72.
16. might as well lie: Saul does carve out some exceptions, like lying in court. Saul, *Lying, Misleading, and What Is Said*, 99.
17. lose “reliable access”: Shiffrin, *Speech Matters*, 23.
18. his short essay: Immanuel Kant, “On a Supposed Right to Tell Lies from Benevolent Motives,” in *Kant’s Critique of Practical Reason and Other Works on the Theory of Ethics*, trans. Thomas Kingsmill Abbott (London: Longmans, Green, 1879), 431–36.
19. “duty to speak truthfully”: Allen W. Wood, *Kantian Ethics* (New York: Cambridge University Press, 2008), 245.
20. police officer demanding information: Wood, *Kantian Ethics*, 244–48.
21. the French Revolution: Wood, *Kantian Ethics*, 249.
22. “conviction of your friend”: Wood, *Kantian Ethics*, 249.
23. “legal process is illegitimate”: Wood, *Kantian Ethics*, 249.
24. “turning the process into a sham”: Wood, *Kantian Ethics*, 249.
25. “duty of politicians”: Wood, *Kantian Ethics*, 249.
26. list of lies: See, e.g., David Leonhardt and Stuart A. Thompson, “Trump’s Lies,” *New York Times*, December 14, 2017, www.nytimes.com/interactive/2017/06/23 /opinion/trumps-lies.html; and Daniel Dale, “The 15 Most Notable Lies of Donald Trump’s Presidency,” CNN, January 16, 2021, www.cnn.com/2021/01/16/politics /fact-check-dale-top-15-donald-trump-lies/index.html.
27. he lied about the rain: Dale, “The 15 Most Notable Lies”; and Nicholas Fandos, “White House Pushes

'Alternative Facts.' Here Are the Real Ones," *New York Times*, January 22, 2017, www.nytimes.com/2017/01/22/us/politics/president-trump -inauguration-crowd-white-house.html.

28. election had been stolen: Jim Rutenberg, Jo Becker, Eric Lipton, Maggie Haberman, Jonathan Martin, Matthew Rosenberg, and Michael S. Schmidt, "77 Days: Trump's Campaign to Subvert the Election," *New York Times*, January 31, 2021, www.nytimes.com/2021/01/31/us/trump-election-lie.html.
29. the ump tracks the truth: See H. L. A. Hart, *The Concept of Law* (Oxford: Clarendon Press, 1961), 141–47.
30. philosophers think thoroughgoing relativism: See Paul Boghossian, *Fear of Knowledge: Against Relativism and Constructivism* (Oxford: Clarendon Press, 2006), 52–54. 作家、哲學家、無神論活動家彼得・博格西安（Peter Boghossian）認為，全球相對主義可能會克服文中提出的論點，但還是認為它不連貫，因為它需要關於人們接受哪種觀點的非相對事實。(pp. 54–56).
31. what Ronald Dworkin thought: See Ronald Dworkin, "Objectivity and Truth: You'd Better Believe It," *Philosophy and Public Affairs* 25, no. 2 (1996): 87–139.
32. "the universe houses": Dworkin, "Objectivity and Truth," 104.
33. woven into the fabric of the universe: Dworkin, "Objectivity and Truth," 105.
34. "We can do no better": Dworkin, "Objectivity and Truth," 118.
35. "*an informational network*": C. Thi Nguyen, "Escape the Echo Chamber," *Aeon*, April 9, 2018, https://aeon.co/essays/why-its-as-hard-to-escape-an-echo-chamber -as-it-is-to-flee-a-cult.
36. They are "easily shattered": Nguyen, "Escape the Echo Chamber."
37. "a social structure": Nguyen, "Escape the Echo Chamber."
38. Limbaugh taught his listeners: For a deeper analysis of the echo chamber Limbaugh created, see Kathleen Hall Jamieson and Joseph N. Cappella, *Echo Chamber: Rush Limbaugh and the Conservative Media Establishment* (New York: Oxford University Press, 2008).
39. Robin DiAngelo offers up a list: Robin DiAngelo, *Nice Racism: How Progressive White People Perpetuate Racial Harm* (Boston: Beacon Press, 2021), 45–47.

40. organization's "diversity work": DiAngelo, *Nice Racism*, 46.
41. "not understanding why": DiAngelo, *Nice Racism*, 47.
42. "attempting to insulate her views": 狄安吉羅在接受《紐約客》專欄作家艾薩克・柯提納（Isaac Chotiner）的訪問時，至少稍微迴避了她在清單中的說法，允許接受其核心觀點的人中，可能存在善意的歧見。Isaac Chotiner, "Robin DiAngelo Wants White Progressives to Look Inward," *New Yorker*, July 14, 2021, www.newyorker.com/news/q-and-a/robin -diangelo-wants-white-progressives-to-look-inward.
43. as Nguyen points out: Nguyen, "Escape the Echo Chamber."
44. "Does a community's belief system" : Nguyen, "Escape the Echo Chamber."
45. Nguyen suggests a reboot: Nguyen, "Escape the Echo Chamber."
46. not in a justified suspended context: 西佛林在《言語很重要》（*Speech Matters*）一書中解釋，在合理的暫停語境中，「真實性的規範推定被暫停了，因為這些語境服務於其他有價值的目的，而這些目的的實現取決於推定的暫停，而且暫停的事實和理由是公開的」。不過西佛林在後面的論述中，對於我們處於暫停的語境是否有助於促進「藝術、戲劇、隱私和人際間的自我探索」，並未明確界定（第四三頁），因此她對於公眾必須可以無障礙地進入之要求，可能比第一段引文所暗示的更為靈活。
47. lift the suspension: Shiffrin, *Speech Matters*, 42.
48. after assuring someone: Shiffrin, *Speech Matters*, 42–43.
49. It's a war crime: Shiffrin, *Speech Matters*, 24–25.
50. "at each other's throats": Shiffrin, *Speech Matters*, 24–25.

第十章

1. a dog's nose: Peter Tyson, "Dogs' Dazzling Sense of Smell," PBS, October 4, 2012, www.pbs.org/wgbh/nova/article/dogs-sense-of-smell.
2. Dogs see mostly: Stanley Coren, "Can Dogs See Colors?" *Psychology Today*, October 20, 2008, www.psychologytoday.com/us/blog/canine-corner/200810/can-dogs -see-colors.

3. “Children aren’t just defective adults”: Alison Gopnik, *The Philosophical Baby: What Children’s Minds Tell Us about Truth, Love, and the Meaning of Life* (New York: Farrar, Straus and Giroux, 2009), 9–10.
4. “trade all his degrees”: Gopnik, *The Philosophical Baby*, 106.
5. shrouded in secrecy: For an informed guess about what it’s like to be a baby, see Gopnik, *The Philosophical Baby*, 125–32.
6. That sonar sense: Thomas Nagel, “What Is It Like to Be a Bat?” *Philosophical Review* 83, no. 4 (1974): 438. 243 “It will not help”: Nagel, “What Is It Like to Be a Bat?,” 439.
7. “for a bat to be a bat”: Nagel, “What Is It Like to Be a Bat?,” 439.
8. real-life Batman: Tania Lombrozo, “Be Like a Bat? Sound Can Show You the Way,” NPR, January 28, 2013, www.npr.org/sections/13.7/2013/01/28/170355712 /be-like-a-bat-sound-can-show-you-the-way.
9. scans of Kish’s brain: Kish is featured in Alix Spiegel and Lulu Miller, “How to Become Batman,” *Invisibilia* (podcast), produced by NPR, January 23, 2015, www.npr.org/programs/invisibilia/378577902/how-to-become-batman.
10. Nagel would say: Nagel, “What Is It Like to Be a Bat?,” 442, n. 8.
11. f you stay yourself: 英國哲學家艾耶爾（A. J. Ayer）是這樣說的：「有人提出，為了真正了解另一個人的想法或感受，我必須分享他的經驗；然後事實證明，分享他的經驗就是擁有他的經驗，而為了擁有他的經驗，我必須成為那個人。我必須成為另一個人，同時保持我自己，這挺矛盾的。」A. J. Ayer, “One’s Knowledge of Other Minds,” Theoria 19, no. 1–2 (1953): 5. 245 can’t have experiences: Ayer, “One’s Knowledge of Other Minds,” 6.
12. he’s not conscious: Here, I’m following David J. Chalmers, *The Conscious Mind: In Search of a Fundamental Theory* (New York: Oxford University Press, 1996), 94.
13. “How it is”: Thomas H. Huxley and William Jay Youmans, *The Elements of Physiology and Hygiene* (New York: D. Appleton, 1868), 178.
14. the Hard Problem of consciousness: David J. Chalmers, *The Character of Consciousness* (New York: Oxford

University Press, 2010), 1–28.

15. body without a mind: René Descartes, *Meditations on First Philosophy with Selections from the Objections and Replies*, rev. ed., trans. John Cottingham (Cambridge: Cambridge University Press, 1996), 50–62.
16. The body is a thing: 笛卡爾寫道：「我能清晰明確地理解一個事物與另一個事物的區別，這足以讓我確信這兩個事物是有區別的，因為它們能夠被分開，至少是被上帝分開。」*Meditations on First Philosophy*, 54.
17. mind is not in the body: Descartes, *Meditations on First Philosophy*, 56.
18. happened in the pineal gland: See Gert-Jan Lokhorst, "Descartes and the Pineal Gland," *Stanford Encyclopedia of Philosophy* (Fall 2020 edition), ed. Edward N. Zalta, https://plato.stanford.edu/archives/fall2020/entries/pineal-gland.
19. Elisabeth of Bohemia: For an overview of Elisabeth's contributions to philosophy and her correspondence with Descartes, see Lisa Shapiro, "Elisabeth, Princess of Bohemia," *Stanford Encyclopedia of Philosophy* (Winter 2014 edition), ed. Edward N. Zalta, https://plato.stanford.edu/archives/win2014/entries/elisabeth -bohemia.
20. Every physical event: 量子力學可能會讓這個故事變得更加複雜，但不會為非物理的思維造成物理身體的行為提供空間。See Chalmers, *Conscious Mind*, 156–58.
21. How did the ghost: The metaphor of the ghost in the machine comes from Gilbert Ryle, *The Concept of Mind* (New York: Barnes & Noble, 1950), 15–16.
22. mental states are the functions of brain states: For an overview of functionalist approaches to the mind, mentioned in the footnote, see Janet Levin, "Functionalism," *Stanford Encyclopedia of Philosophy* (Fall 2018 edition), ed. Edward N. Zalta, https://plato.stanford.edu/archives/fall2018/entries/functionalism.
23. most influential stories: Frank Jackson first presented Mary's Room in "Epiphenomenal Qualia," *Philosophical Quarterly* 32, no. 127 (1982): 130.
24. How much work: Saul A. Kripke frames the issue this way in *Naming and Necessity* (Cambridge, MA: Harvard University Press, 1980), 153–54.

25. tug some philosophers: Chalmers elaborates on these arguments and adds more in Conscious Mind, 94–106.
26. the basic building block: Chalmers, *Conscious Mind*, 276–308.
27. view known as panpsychism: Chalmers, *Conscious Mind*, 293–99.
28. she'd recognize the ruse: Daniel C. Dennett, *Consciousness Explained* (Boston: Little, Brown, 1991), 398–401.
29. denies that qualia exist: See Daniel C. Dennett, "Quining Qualia," in *Consciousness in Contemporary Science*, ed. A. J. Marcel and E. Bisiach (Oxford: Oxford University Press, 1988), 42–77.
30. judgments and dispositions: Dennett, *Consciousness Explained*, 398.
31. "most virulent memes": Dennett, *Consciousness Explained*, 389.
32. "Are zombies possible?": Dennett, *Consciousness Explained*, 406.
33. "desperate intellectual dishonesty": Dennett, *Consciousness Explained*, 406, n. 6.
34. But to be honest: For more on the question whether qualia are epiphenomenal, see Chalmers, *Conscious Mind*, 150–60.
35. "the sum total": The quote in the footnote is from Dennett, *Consciousness Explained*, 398.
36. Chalmers wonders whether: Chalmers, *Conscious Mind*, 189–91.
37. he changed his mind: Re the footnote, see Frank Jackson, "Mind and Illusion," *Royal Institute of Philosophy Supplement* 53 (2003): 251–71.
38. "the silliest claim": Galen Strawson, *Things That Bother Me: Death, Freedom, the Self, Etc.* (New York: New York Review of Books, 2018), 130–53.
39. physical stuff experiences the world: Strawson, *Things That Bother Me*, 154–76.
40. all matter experiences the world: Strawson, *Things That Bother Me*, 173.
41. a constant "bzzzz": Strawson explains his view in an interview with Robert Wright, "What Is It Like to Be an Electron? An Interview with Galen Strawson," *Nonzero*, June 28, 2020, https://nonzero.org/post/electron-strawson.
42. We're at the stage: Chalmers, *Conscious Mind*, 277.

43. who say we won't: See, for instance, Colin McGinn, "Can We Solve the MindBody Problem?" *Mind* 98, no. 391 (1989): 346–66.

第十一章

1. philosopher named Archytas: 感謝戈登・貝洛特（Gordon Belot）讓我知道阿基塔斯是第一個提出雷克斯之論點的人。
2. ship to rescue him: Carl Huffman, "Archyatas," *Stanford Encyclopedia of Philosophy* (Winter 2020 edition), ed. Edward N. Zalta, https://plato.stanford.edu/archives /win2020/entries/archytas.
3. "If I arrived": This is an excerpt from Eudemus's report of Archytas's argument. Carl A. Huffman, *Archytas of Tarentum: Pythagorean, Philosopher and Mathematician King* (Cambridge: Cambridge University Press, 2005), 541.
4. something stops the javelin: Lucretius, *De Rerum Natura*, I.968–979. For discussion, see David J. Furley, "The Greek Theory of the Infinite Universe," *Journal of the History of Ideas* 42, no. 4 (1981): 578.
5. "Space extends infinitely": Isaac Newton, *Unpublished Scientific Papers of Isaac Newton: A Selection from the Portsmouth Collection in the University Library, Cambridge*, ed. and trans. A. Rupert Hall and Marie Boas Hall (Cambridge: Cambridge University Press, 1962), 133.
6. there is only one thing: For an overview of Parmenides's thought, see John Palmer, "Parmenides," *Stanford Encyclopedia of Philosophy* (Winter 2020 edition), ed. Edward N. Zalta, https://plato.stanford.edu/archives/win2020/entries /parmenides.
7. Diogenes is said simply: Simplicius, *On Aristotle's Physics* 6, trans. David Konstan (London: Bloomsbury, 1989), 114, s. 1012.20.
8. Aristotle had also suggested:「因此芝諾的論證提出了一個錯誤的假設，他斷言一個事物不可能在有限的時間內，越過或接觸到無限的事物，因為長度和時間及一般連續的事物，被稱為『無限』有兩種意義——它們之所以被稱為無限，要麼是因為它們的可分性，要麼是因為它們的極點。因此，雖然在有限時間內的事物，不能與在數量上無限的事物接觸，但它可以與在可分割性上無限的事物接觸——因為在這個意義上，時間本身也是無限的，所以我們發現，經過無限事物所占用的時間，並非有限時間，而是無限時間；而與無限事物的接觸，是透過在數量上不是有限而是無限的時刻進行的。」Aristotle, *Physics*, trans. R. P. Hardie and R. K. Gaye (Cambridge, MA: MIT, n.d.), Book 6.2; available at https://www.google.com/books/edition/Physica_by_R_P _Hardie_and_R_K_Gaye_De_ca/A1RHAQAAMAAJ?hl=en&gbpv=1& bsq=1930.

9. doesn't completely solve the mystery: See Aristotle, *Physics*, Book 8.8.
10. even a single second: Here and throughout the discussion of Zeno's paradox, I've been helped by Nick Huggett, "Zeno's Paradoxes," Stanford Encyclopedia of *Philosophy* (Winter 2019 edition), ed. Edward N. Zalta, https://plato.stanford.edu /archives/win2019/entries/paradox-zeno.
11. disagreement on the details: For discussion of the standard solution and alternatives, see Bradley Dowden, "Zeno's Paradoxes," *Internet Encyclopedia of Philosophy*, accessed November 8, 2020, https://iep.utm.edu/zeno-par.
12. distances don't pile up: Carlo Rovelli explains this point clearly in *Reality Is Not What It Seems: The Journey to Quantum Gravity*, trans. Simon Carnell and Erica Segre (New York: Riverhead Books, 2017), 26–28.
13. super small bits of space: For discussion, see Rovelli, *Reality Is Not What It Seems*, 169–71.
14. we experiment with ethical ideas: For an introduction to Dewey's moral philosophy, mentioned in the footnote, see Elizabeth Anderson, "Dewey's Moral Philosophy," *Stanford Encyclopedia of Philosophy* (Winter 2019 edition), ed. Edward N. Zalta, https://plato.stanford.edu/archives/win2019/entries/dewey-moral.
15. leads some scientists to doubt: 奈爾・德葛拉司・泰森（Neil deGrasse Tyson）也許是摒棄哲學的科學家中最知名的，但絕非唯一一例。See George Dvorsky, "Neil deGrasse Tyson Slammed for Dismissing Philosophy as 'Useless,'" *Gizmodo*, May 12, 2014, https://io9.gizmodo.com/neil-degrasse-tyson-slammed-for-dismissing-philosophy-a-1575178224.
16. 93 billion light-years: Chris Baraniuk, "It Took Centuries, but We Now Know the Size of the Universe," BBC

Earth, June 13, 2016, www.bbc.com/earth/story /20160610-it-took-centuries-but-we-now-know-the-size-of-the-universe.

17. turns out to be infinite: Nick Bostrom, "Infinite Ethics," *Analysis and Metaphysics* 10 (2011): 9–59.
18. infinity plus any finite number: For an accessible introduction to Hilbert's Hotel, see World Science Festival, "Steven Strogatz and Hilbert's Infinite Hotel," YouTube video, 9:20, January 7, 2015, www.youtube.com/watch?v=wE 9fl6tUWhc.
19. Hundred Billion Trillion Stars: Seth Fishman, *A Hundred Billion Trillion Stars* (New York: HarperCollins, 2017).
20. thousand billion trillion stars: "How Many Stars Are There in the Universe?" European Space Agency, accessed November 8, 2020, www.esa.int/Science _Exploration/Space_Science/Herschel/How_many_stars_are_there_in_the _Universe.
21. air of absurdity: Thomas Nagel, "The Absurd," *Journal of Philosophy* 68, no. 20 (1971): 719; and Thomas Nagel, "Birth, Death, and the Meaning of Life," in *The View from Nowhere* (New York: Oxford University Press, 1986), 208–32.
22. absurd when there's a mismatch: Nagel, "The Absurd," 718.
23. it won't matter: Nagel, "Birth, Death, and the Meaning of Life," 215.
24. attempt is often absurd: Nagel, "The Absurd," 725–26.
25. little importance to themselves: Sarah Buss, "Some Musings about the Limits of an Ethics That Can Be Applied—A Response to a Question about Courage and Convictions That Confronted the Author When She Woke Up on November 9, 2016," *Journal of Applied Philosophy* 37, no. 1 (2020): 26.
26. hard trick to pull off: Buss, "Some Musings," 21–23.
27. love and sympathy: Buss, "Some Musings," 17.
28. presently feel your fear: Buss, "Some Musings," 21.
29. should expect others: Buss, "Some Musings," 18.

30. That's why I talk to them: 正如內格爾所指出的，宇宙的大小並不能成為我們認為自己渺小的充分理由，但是對它的反思有助於我們跳出自我，從而看到自己的渺小。"The Absurd," 717, 725.
31. doesn't matter much: Nagel also arrives at the view that our absurdity doesn't matter much in "The Absurd," 727.

第十二章

1. He told a story: The original is in John Wisdom, "Gods," *Proceedings of the Aristotelean Society* 45 (1944–1945): 185–206. Flew's adaptation is in Antony Flew, "Theology and Falsification," in *New Essays in Philosophical Theology*, ed. Antony Flew and Alasdair MacIntyre (New York: Macmillan, 1955), 96–98.
2. "invisible, intangible, insensible": Flew, "Theology and Falsification," 96–98.
3. "no gardener at all": Flew, "Theology and Falsification," 96–98.
4. "Suppose someone were a believer": Ludwig Wittgenstein, *Lectures and Conversations on Aesthetics, Psychology, and Religious Belief*, ed. Cyril Barrett (Berkeley: University of California Press, 1966), 53.
5. Buchak has pointed out: Lara Buchak, "Can It Be Rational to Have Faith?" in P*robability in the Philosophy of Religion*, ed. Jake Chandler and Victoria S. Harrison (Oxford: Oxford University Press, 2012), 225–27.
6. "If you gain": Blaise Pascal, *Thoughts, Letters, and Minor Works* (New York: P. F. Collier & Son, 1910), 85–87.
7. whether Pascal's Wager works: For an overview, see Alan Hájek, "Pascal's Wager," *Stanford Encyclopedia of Philosophy* (Summer 2018 edition), ed. Edward N. Zalta, https://plato.stanford.edu/archives/sum2018/entries/pascal-wager.
8. getting full credit: William James raised the same worry about the wager in *The Will to Believe and Other Essays in Popular Philosophy* (New York: Longmans, Green, 1986), 5.
9. proved that God existed: See Anselm, *Proslogion*, trans. David Burr, in "Anselm on God's Existence," Internet History Sourcebooks Project, January 20, 2021, https://sourcebooks.fordham.edu/source/anselm.asp.
10. mocked by a monk: For Gaunilo's reply, see "How Someone Writing on Behalf of the Fool Might Reply to All

This," trans. David Burr, in "Anselm on God's Existence." For analysis, see Kenneth Einar Himma, "Anselm: Ontological Arguments for God's Existence," *Internet Encyclopedia of Philosophy*, accessed August 20, 2019, https://iep.utm.edu/ont-arg.

11. improve the argument: For an overview, see Graham Oppy, "Ontological Arguments," *Stanford Encyclopedia of Philosophy* (Spring 2020 edition), ed. Edward N. Zalta, https://plato.stanford.edu/archives/spr2020/entries/ontological-arguments.
12. "whether God had any choice": Here, Einstein is quoted by his assistant, Ernst Straus. See Straus's "Memoir" in *Einstein: A Centenary Volume*, ed. A. P. French (Cambridge, MA: Harvard University Press, 1979), 31–32.
13. whether the laws of physics: On Einstein's question, see Dennis Overbye, "Did God Have a Choice?" *New York Times Magazine*, April 18, 1999, 434, https:// timesmachine.nytimes.com/timesmachine/1999/04/18/issue.html.
14. biggest question of all: For a fun romp through possible answers, see Jim Holt, *Why Does the World Exist: An Existential Detective Story* (New York: W. W. Norton, 2012).
15. "the problem is this": J. L. Mackie, "Evil and Omnipotence," *Mind* 64, no. 254 (1955): 200.
16. "These additional principles": Re the footnote, see Mackie, "Evil and Omnipotence," 201.
17. dropping the idea: Mackie, "Evil and Omnipotence," 201–2.
18. calling into question: Mackie, "Evil and Omnipotence," 203.
19. compassion, charity, and heroic acts: See Mackie, "Evil and Omnipotence," 206.
20. spite, malice, and callousness: See Mackie, "Evil and Omnipotence," 207.
21. "If God has made men": Mackie, "Evil and Omnipotence," 209.
22. Leibniz insisted that: For an overview of Leibniz's thought on the Problem of Evil, see Michael J. Murray and Sean Greenberg, "Leibniz on the Problem of Evil," *Stanford Encyclopedia of Philosophy* (Winter 2016 edition), ed. Edward N. Zalta, https://plato.stanford.edu/archives/win2016/entries/leibniz-evil.
23. So did Voltaire: Voltaire satirizes the view that we live in the best of all possible worlds in *Candide and Other Stories*, trans. Roger Pearson (New York: Alfred A. Knopf, 1992).

24. God had to answer: Marilyn McCord Adams, "Horrendous Evils and the Goodness of God," *Proceedings of the Aristotelian Society, Supplementary Volumes* 63 (1989): 302–4.
25. listed the sort of evils: Adams, "Horrendous Evils," 300.
26. "means to His end": Adams, "Horrendous Evils," 303.
27. "Could the truck driver": Adams, "Horrendous Evils," 302.
28. "good or loving": Adams, "Horrendous Evils," 302.
29. draw on religious ideas: Adams, "Horrendous Evils," 309–10.
30. *engulf* a person's life: Adams, "Horrendous Evils," 307.
31. *defeat* the evil: Adams, "Horrendous Evils," 307–9.
32. patch of a painting: Adams ("Horrendous Evils," 299) attributed the idea to Roderick Chisholm.
33. "human experience of horrors": Adams, "Horrendous Evils," 307.
34. God might express gratitude: 亞當斯將此觀點歸功於諾威奇的茱莉安（Julian of Norwich），她是已知第一位用英語寫書的女性（大約在十三世紀晚期）。For more on Julian, see "Julian of Norwich," *British Library*, accessed May 1, 2021, www.bl.uk/people/julian-of-norwich.
35. "too immature to fathom": Adams, "Horrendous Evils," 305.
36. convinced of his "mother's love": Adams, "Horrendous Evils," 305–6.
37. argued with God: 以下是《創世紀》十八章中亞伯拉罕與上帝的對話內容，但略有刪減。

第十三章

1. According to Plutarch: *Plutarch, Plutarch's Lives*, vol. 1, trans. Bernadotte Perrin (London: William Heinemann, 1914), 49.
2. Hobbes tacked a new puzzle: Thomas Hobbes, *The English Works of Thomas Hobbes*, vol. 1, ed. William Molesworth (London: John Bohn, 1839), 136–37.
3. Millions of dollars: For a fun exploration of questions about identity and art, listen to Michael Lewis's "The

Hand of Leonardo," *Against the Rules* (podcast), https://atrpodcast.com/episodes/the-hand-of-leonardo-s1!7616f.

4. Reason with your child: For more advice on talking to kids about philosophy— and a longer list of questions you might ask—see Jana Mohr Lone, *The Philosophical Child* (London: Rowman & Littlefield, 2012), 21–39.
5. "arguments so powerful": Robert Nozick, *Philosophical Explanations* (Cambridge, MA: Belknap Press, 1981), 4.
6. The way Bertrand Russell did: Bertrand Russell, *The Problems of Philosophy* (New York: Oxford University Press, 1998), 6.

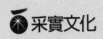

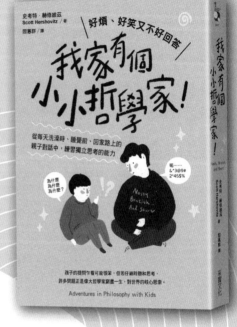

family field 親子田　親子田系列 061

我家有個小小哲學家！

從每天洗澡時、睡覺前、回家路上的親子對話中，練習獨立思考的能力

Nasty, Brutish, and Short : Adventures in Philosophy with Kids

作　　者　史考特．赫修維茲（Scott Hershovitz）
譯　　者　閻蕙群
封面設計　Dinner Illustration
內文排版　許貴華
主　　編　陳如翎
出版二部總編輯　林俊安

出 版 者　采實文化事業股份有限公司
業務發行　張世明．林踏欣．林坤蓉．王貞玉
國際版權　施維真．劉靜茹
印務採購　曾玉霞．莊玉鳳
會計行政　李韶婉．許俽瑀．張婕莛
法律顧問　第一國際法律事務所　余淑杏律師
電子信箱　acme@acmebook.com.tw
采實官網　www.acmebook.com.tw
采實臉書　www.facebook.com/acmebook01

ISBN　978-626-349-563-0
定　　價　480 元
初版一刷　2024 年 2 月
劃撥帳號　50148859
劃撥戶名　采實文化事業股份有限公司
104 台北市中山區南京東路二段 95 號 9 樓
電話：(02)2511-9798　傳真：(02)2571-3298

國家圖書館出版品預行編目資料

我家有個小小哲學家！：從每天洗澡時、睡覺前、回家路上的親子對話中，練習獨立思考的能力 / 史考特．赫修維茲 (Scott Hershovitz) 著 ; 閻蕙群譯 . -- 初版 . – 台北市 : 采實文化事業股份有限公司 , 2024.2

480 面 ; 14.8×21 公分 . -- (親子田系列 ; 61)

譯自 : Nasty, Brutish, and Short : Adventures in Philosophy with Kids

ISBN 978-626-349-563-0(平裝)

1.CST: 哲學 2.CST: 兒童教育 3.CST: 親職教育

103　　112022872